Gerhard Prause:
Genies ganz privat
Tratschkes aktuelle Weltgeschichten

Deutscher
Taschenbuch
Verlag

dtv

Von Gerhard Prause
sind im Deutschen Taschenbuch Verlag erschienen:
Tratschkes Lexikon für Besserwisser (10623)
Genies in der Schule (30067)
Niemand hat Kolumbus ausgelacht (30082)
Herodes der Große (30337)

Vom Autor durchgesehene Ausgabe
Juli 1994
Deutscher Taschenbuch Verlag GmbH & Co. KG,
München

ISBN 3-430-17609-3
Umschlaggestaltung: Klaus Meyer
Umschlagabbildung: Heinz Lauer
Umschlagfoto Rückseite: teutopress, Bielefeld
Gesamtherstellung: C. H. Beck'sche Buchdruckerei,
Nördlingen
Printed in Germany · ISBN 3-423-30418-9

Inhalt

Für alle,
die zuviel essen ...
Für alle,
die mit ihrem Geld nicht auskommen ...
Für alle,
die insgeheim an Horoskope glauben ...
Für alle,
die zu gerne trinken ...
Für alle,
die sich vor Tod und Krankheiten fürchten ...
Für alle,
die das Rauchen nicht lassen können, aber auch
für jene,
die das Rauchen hassen ...
Für Männer,
die manchmal Streit mit ihren Frauen haben, und
für Frauen,
die sich von ihren Männern schlecht behandelt fühlen.

Vorwort

Genies? Gottfried Benn hat diesen umstrittenen Begriff einmal andeutungsweise umschrieben: »Die schöpferischen, die vulkanischen Gehirne, sagen wir: die Genialen: manche steigen hoch, manche ergreift die Stunde, manche werden Genies, viele bleiben unten, wie nie geschehen.«

Hier geht es vor allem um jene, die hochstiegen, um die Berühmtesten der Weltgeschichte, die Großen aus Kunst, Literatur, Wissenschaft und Politik. Aber nicht ihre Ruhmestaten sollen beschrieben werden, sondern ihre großen und kleinen Sorgen, ihre alltäglichen Probleme und Ärgernisse, ihre Ängste und Eitelkeiten, ihre ganz privaten Seiten wie zum Beispiel, daß ...

... auch Genies Ärger mit den Frauen hatten (oder sie schlicht ausgenutzt haben), wie etwa Paul Gauguin, Leo Tolstoj, Jean-Jacques Rousseau, Charles Dickens, Arthur Schopenhauer, Joseph Haydn ...

... auch Genies zuviel gegessen haben und übergewichtig wurden wie Georg Friedrich Händel, Gustave Flaubert, Max Reger und vor allem Bismarck, der zweihundertfünfundvierzig Pfund auf die Waage brachte. Oder daß sie zuviel tranken, wie Goethe und viele andere. Oder dem Alkohol verfallen waren, wie zum Beispiel Edgar Allan Poe, Gottfried Keller, E. T. A. Hoffmann und William Faulkner ...

... auch Genies wie Mozart, Rembrandt, Marx und Balzac mit ihrem Geld nie ausgekommen sind, während wiederum andere es verstanden, Millionen zu machen, ganz besonders Shakespeare, Voltaire und Beaumarchais, der Autor der berühmten ›Hochzeit des Figaro‹ ...

... auch Genies an Orakel, Hexen, Horoskope glaubten, Angst hatten vor Tod und Krankheit oder nur vor Dieben, Opfer ihrer eigenen Denkfehler wurden, von der Zigarette nicht loskamen oder unter Schüchternheit litten, wie zum Beispiel Gandhi und George Bernard Shaw.

Genies – oder sagen wir: die Genialen – trotz ihrer überragenden Leistungen nicht als versteinerte Heldendenkmäler zu sehen, sondern als Menschen von Fleisch und Blut, darum geht es in diesen »aktuellen Weltgeschichten« (die nun allerdings nicht nur Genies behandeln). Genau dies, das heißt zu zeigen, wie die Großen mit den Anforderungen des Alltags fertig wurden, ist auch die Absicht meines seit nunmehr fast dreißig Jahren in der ›ZEIT‹ erscheinenden Spiels ›Tratschke fragt: Wer war's?‹, das mich auf diese Weltgeschichten brachte. Und genau wie dort werden auch hier nicht etwa Anekdoten erzählt, sondern es werden historisch gesicherte Tatsachen wiedergegeben, und zwar aktuelle Tatsachen.

»Aktuell« ist dabei nicht im publizistischen Sinn gemeint, dem es um den Neuigkeitswert geht, sondern in einem allgemeineren, der aktuell als gegenwartsnah versteht und Aktualität als Intensitätsgrad des Interesses meint, des Dabei- und Mitbetroffenseins. »Aktuelle Weltgeschichten« – dieser scheinbare Widerspruch soll andeuten, daß Geschichte, dargestellt an menschlichen Einzelschicksalen und Verhaltensweisen, nicht absolut vergangen ist, das heißt noch nachempfunden werden kann, und daß andererseits unsere menschlichen Probleme keineswegs so neu sind, wie es oft behauptet wird. Sie sind im Gegenteil meist ziemlich alt und waren eigentlich zu allen Zeiten aktuell.

Gerhard Prause

1. Kapitel
Genies sind auch bloß Menschen

Ihre Schrullen und kleinen Ängste, ihre ganz privaten Ansichten und Probleme: zum Beispiel Salvador Dali, Sigmund Freud, Picasso, Einstein, Newton, Leonardo da Vinci, Darwin, Thomas Alva Edison . . .

Genie ist 99 Prozent Transpiration
und 1 Prozent Inspiration.
Thomas Alva Edison

Salvador Dali war in diesem Punkt allerdings anderer Meinung, und zwar ganz entschieden. Für ihn waren Genies mit gewöhnlichen Menschen überhaupt nicht zu vergleichen: Denn wenn Salvador Dali von Genies redete, dann meinte er nur sich selbst, den »göttlichen« Dali. Er hat ein dickes Buch geschrieben, das ›Tagebuch eines Genies‹, um mit der Darstellung seiner eigenen Lebensweise, seiner Meinungen und Erkenntnisse zu beweisen, daß – so sagt er selbst – »das Alltagsleben eines Genies – sein Schlaf, seine Verdauung, seine Ekstasen, seine Nägel, sein Schnupfen, sein Blut, sein Leben und sein Tod – sich grundlegend unterscheidet vom Alltagsleben der restlichen Menschheit«.

Was Dali beweisen wollte, setzte er gleich an den Anfang seines Buches, und zwar nicht als These, sondern als unumstößliche Wahrheit, die eigentlich gar keines Beweises mehr bedarf. Da heißt es: »Seit der Französischen Revolution breitet sich immer mehr die verblödende Volksmeinung aus, daß die Genies – wenn man von ihrem Werk absieht – Menschen seien, die dem Rest der gewöhnlichen Sterblichen mehr oder weniger glichen. Das trifft nicht zu.« Nun geht es hier nicht darum, Dali zu widerlegen.

Seine Meinung über Genies (und über sich selbst) mag dahingestellt bleiben als eine der zahllosen Theorien über das Wesen der Genies, die seit der Antike, besonders aber seit dem geniereichen 18. Jahrhundert entwickelt und in einer kaum noch überschaubaren Literatur abgehandelt wurden. Hier geht es nur um die Meinung, daß Genies aller Verehrung und Vergötterung zum Trotz, die man seit eh und je nicht nur Persönlichkeiten wie Alexander und Cäsar entgegengebracht hat, sondern auch erfolgreichen Athleten und Rennfahrern, eben doch nicht Götter, sondern bloß Menschen sind – eitel und überheblich, ängstlich und voller Komplexe und befangen in Irrtümern und seltsamen Ansichten.

Oder ist es nicht seltsam, was Dali alles über Gott weiß? »Gott ist eine Person«, sagt er, »Gott ist ein Mensch von erhabener Schönheit und genau einen Meter groß.« Einen radikalsozialistischen Bart werde Gott vermutlich nicht haben, meint Dali, aber mit Bart oder ohne – die Größe stimmt, und das begründet er so: »Gott ist dicht, gesammelt, kompakt, aus zusammengepreßter Materie gebildet, wahrhaft materielle Materie. Gott ist ein Nukleus von meisterlicher, unvorstellbarer Dichte; auf diese einzigartige Weise würde eine menschliche Gestalt von einem Meter Größe die Gesamtheit der Energien des Weltalls enthalten. Die Suche nach dem Metermaßstab ... mitten in der Französischen Revolution wurde zur unbewußten Projektion des Maßes Gottes.«

Vielleicht hatte Dali recht. Wahrscheinlicher aber ist, daß er sich irrte. Und irren ist menschlich. Mit Sicherheit indessen half ihm ein kleines Stück Holz mehr als sein Meter-Gott. Jedenfalls sagte er: »Seit ich mein Stück Holz gefunden habe, bin ich von allen Manien und Riten befreit. Ich kann alles tun, was ich will, vorausgesetzt, daß mein Holzfetisch bei mir ist.« Er fand dieses besondere Stückchen Holz unter »außergewöhnlichen Umständen«, und seitdem trug er es immer bei sich. Einmal allerdings verlor er es. Das war im Covent Garden in London. Er fand es aber wieder. Ein zweites Mal kam es im Hotel St. Moritz in New York abhanden, und zwar war es mit der Bettwäsche weggebracht worden. Die Wäscherei mußte am nächsten Tag alles genauestens durchsuchen, bis das Holz, dessen Vorhandensein für Dali zu einer Lebensnotwendigkeit geworden war, gefunden wurde. Sobald er das Holz berühre, sagte Dali, lasse selbst die quälendste Angst nach.

Denn auch der göttliche Dali hatte Ängste. »Ich bin sehr feige«, gestand er, »ich habe ständig Furcht, daß sich die Dinge gegen mich wenden.« Dabei sagte er andererseits, daß er – wenn schon nicht ganz, so doch beinahe – den Schlüssel zum Weltall besitze: »Bei mir ist es so, daß ich bei der Mittagsruhe, kurz bevor ich einschlafe, wesentliche, geordnete und dennoch nicht zu entziffernde Informationen erhalte. Wenn ich die hypnagogischen Bilder, die ich erhalte, verstünde, besäße ich die Schlüssel zum Weltall. Ich sehe, wie sich Strukturen abprägen ... Ich bin mir bewußt, daß Gott mir Momentaufnahmen der Wahrheit schickt ...« Um jene göttlichen Informationen besser empfangen zu können, hatte sich der Göttliche seinen berühmten Bart mit den langen Spitzen wachsen lassen, auf deren Pflege er viel Zeit verwendete: Antennen nannte er sie, Antennen zum Empfang der Momentaufnahmen Gottes, bestimmt einzig für Salvador Dali, der mit sechs Jahren Koch werden wollte, mit sieben Napoleon und der behauptete, es könne keinen größeren Ehrgeiz geben, als der sein zu wollen, der er sei, und der denen, die ihn schlicht für verrückt hielten, erwiderte: »Der einzige Unterschied zwischen mir und einem Verrückten besteht darin, daß ich nicht verrückt bin!«

Daß Genies sich ganz gewaltig irren können, dafür gibt es im Leben des Philosophen Immanuel Kant ein Beispiel. Kants Stärke lag darin, aufgrund von gedachten oder gesehenen Voraussetzungen Schlüsse zu ziehen und so allgemeingültige Erkenntnisse zu gewinnen. Eine seiner fundamentalen Erkenntnisse bestand nun darin, daß er die Unmöglichkeit einsah, nur mit Hilfe der Vernunft, das heißt bloß durch logisch-begriffliche Operationen irgend etwas über die Existenz oder das Kausalverhältnis wirklicher Dinge »auszumachen«. Andererseits könne man jedoch, so lehrte er, aus den »gegebenen« Begriffen allein der Realität nicht beikommen. Also müsse es, meinte er zu Recht, ein ziemlich komplizierter Vorgang sein, zu erkennen, was wirklich ist.

Wie schwierig eben dies auch für Kant gewesen sein muß, zeigt dessen eigenwillige Hypothese über die Entstehung von Wanzen, zu der er durch einen Beobachtungs- beziehungsweise Denkfehler gekommen war. Um sein Schlafzimmer, das ziemlich sonnig lag, kühl zu halten, ließ Kant tagsüber die Fensterläden dicht geschlossen. Einmal jedoch, als er für ein paar Tage verreiste, vergaß er oder sein Diener, die Läden zu schließen. Als Kant wieder nach Hause kam, merkte er, daß er Wanzen hatte. Da er wußte, daß er vor der Reise keine Wanzen gehabt hatte, zugleich aber die Möglichkeit ausschloß, sie von der Reise mitgebracht zu haben, kam er zu dem logisch richtigen Schluß, das durch die Fenster eingedrungene Sonnenlicht habe die Wanzenplage hervorgerufen. Und weiter schloß er nun: Wenn man das Schlafzimmer nur wieder – wie zuvor – dunkel halte, dann könnte sich das Ungeziefer nicht weiter vermehren und würde also aussterben.

Von dieser Erkenntnis ließ sich Kant nicht abbringen. Wenn Zweifel vorgebracht wurden, führte er als Beweis den Erfolg an. Nach jener Reise waren die Fensterläden wieder sorgfältig geschlossen geblieben, und schon bald brauchte Kant nicht mehr über Wanzen zu klagen. Er blieb fest davon überzeugt, daß die Wanzen durch die Finsternis vertilgt worden seien. Die Wahrheit hat er nie erfahren. »Ich ließ ihn bei seiner Meinung«, berichtete später sein Schüler Wasianski, der sich (seit 1794) um das Hauswesen des alternden Philosophen kümmerte, »sorgte für die Reinigung seines Schlafzimmers und Bettes, wodurch die Wanzen sich verminderten, obgleich die Laden und Fenster, um frische Luft zu schaffen, fast täglich – freilich ohne sein Mitwissen – geöffnet wurden.«

Während der Irrtum des Philosophen Kant niemandem Schaden brachte, war ein Irrtum des jungen Sigmund Freud von verhängnisvollen Folgen. Der Gründer der Psychoanalyse stand damals noch ganz am Anfang seiner Laufbahn. Er war verlobt, aber um heiraten zu können, fehlte es ihm an materieller Sicherheit, die die Eltern seiner Braut jedoch zur Bedingung machten. Kein Wunder, daß der Assistenzarzt von dem Gedanken, berühmt zu werden und zugleich möglichst rasch zu Geld zu kommen, geradezu besessen war. In den Briefen an seine Braut Martha Bernays, die von ihm weit entfernt lebte und der er in der langen Verlobungszeit mehr als neunhundertmal schrieb, ist immer wieder von neuen Entdekkungen die Rede, die ihn und sie bald ans Ziel ihrer Wünsche bringen würden. Von einem solchen »Projekt und einer Hoffnung« schrieb der Siebenundzwanzigjährige:

»Ich lese vom Cocain, dem wirksamen Bestandteil der Cocablätter, welche manche Indianerstämme kauen, um sich kräftig für Entbehrungen und Strapazen zu machen. Ein Deutscher hat nun dieses Mittel bei Soldaten versucht und wirklich angegeben, daß es wunderbar kräftig und leistungsfähig mache. Ich will mir nun das Mittel kommen lassen und ... es ... versuchen. Vielleicht ... wird es nichts. Aber das Versuchen will ich nicht unterlassen und Du weißt, was man oft versucht und immer will, das gelingt dann einmal. Mehr als einen solchen glücklichen Wurf brauchen wir nicht, um an unsere Hauseinrichtung denken zu können ...«

Das Kokain war zu jener Zeit (1883) ein noch ziemlich unbekannter Stoff. Freud hatte gelesen, daß man Morphinisten von ihrer Sucht heilen könne, indem man ihnen statt Morphium Kokain gab. Prüfen wollte er das an einem Kollegen, der wegen ständiger Schmerzen zunehmend stärkere Dosen von Morphium nahm und zugleich verzweifelt bemüht war, sich von seinem Morphinismus zu befreien.

Zunächst probierte Freud das Kokain, das er sich auf Kredit beschafft hatte, an sich selbst aus. Er nahm ein zwanzigstel Gramm und sah sich sogleich in fröhlicher Laune, in einem Zustand »der Behaglichkeit, wie nach einem guten Diner, wenn man an gar nichts, aber gar nichts zu denken braucht«. Er war begeistert und hielt das Kokain für ein »Zaubermittel«, das nicht nur anregend, sondern zugleich leistungssteigernd wirke. Sofort schickte er auch seiner Braut davon, um sie »stark und kräftig zu machen«, er gab es seinen Schwestern und empfahl es Freunden und Kollegen. Und er schrieb einen Artikel, der auch veröffentlicht wurde, ein Loblied auf die Koka, »diese göttliche Pflanze, welche den Hungrigen sättigt, den Schwachen stärkt und sie ihr Mißgeschick vergessen macht ... Man fühlt eine Zunahme der Selbstbeherrschung, fühlt sich lebenskräftiger und arbeitsfähiger ..., langanhaltende, intensive geistige oder Muskelarbeit wird ohne Mühe verrichtet ...«

Sogar eine Zunahme der sexuellen Potenz spürte er und antwortete seiner Braut, als sie ihm schrieb, sie sehe nicht gut aus und habe keinen Appetit: »Wehe, Prinzeßchen, wenn ich komme. Ich küsse Dich ganz rot und füttere Dich ganz dick, und wenn Du unartig bist, wirst Du sehen, wer stärker ist, ein kleines sanftes Mädchen, das nicht ißt, oder ein großer wilder Mann, der Cocain im Leib hat. In meiner letzten schweren Verstimmung habe ich wieder Coca genommen und mich mit einer Kleinigkeit wunderbar auf die Höhe gehoben.«

Und in seinem Artikel schrieb er von »Aufheiterung und anhaltender Euphorie, die sich von der normalen Euphorie des gesunden Menschen in gar nichts unterscheidet ... Man ist eben einfach normal und hat bald Mühe, sich zu glauben, daß man unter irgendwelcher Einwirkung steht ... Es fehlt gänzlich das Alterationsgefühl, das die Aufheiterung durch Alkohol begleitet, ebenso die unangenehmen Folgen des Alkohols ...«

Um als wissenschaftlicher Versuch gelten zu können, war die Basis allerdings viel zu schmal. Es war ja kaum etwas anderes als ein Selbstversuch mit rein subjektiven Eindrücken, die Freud in unverantwortlicher Weise verallgemeinerte, indem er nämlich ausdrücklich behauptete, daß »nach der ersten oder wiederholten Coca-Einnahme durchaus kein Verlangen nach weiterem Coca-Gebrauch eintritt, vielmehr eher eine gewisse nicht motivierte Abneigung gegen das Mittel«.

Dies mochte für Freud gelten, für seinen Kollegen jedoch, den Morphinisten, den er mit Kokain von seiner Morphiumsucht heilen wollte, traf das ganz und gar nicht zu. Im Gegenteil. Der Kollege ließ zwar vom Morphium, verlangte aber statt dessen immer höhere Dosen an Kokain; es führte bei ihm zu chronischer Vergiftung und zum Delirium tremens. Als Freud mitansehen mußte, wie sein Kollege kokainsüchtig wurde und schließlich starb, warnte er seine Verlobte, sich an Kokain zu gewöhnen. Dennoch schickte er ihr sein »Zaubermittel« regelmäßig weiter.

Martha Bernays und Freud hatten das Glück, nicht süchtig zu werden. Wohl aber wurden bald immer mehr Fälle bekannt, daß Menschen, denen man Kokain gegeben hatte, weil er es in seinem wissenschaftlichen Artikel so sehr gelobt hatte, von dem Mittel nicht mehr loskamen. Zwei Jahre nachdem Freud mit seinem Kokain-Versuch begonnen hatte, wurde ihm öffentlich vorgeworfen, die »dritte Geißel der Menschheit« (nach Alkohol und Morphium) heraufbeschworen zu haben.

Das war nun zweifellos übertrieben. Dennoch steht andererseits fest, daß Freud durch seinen Wunsch, schnell berühmt zu werden, seine unzulänglichen Beobachtungen, die schlicht falsch waren, viel zu voreilig und völlig unkritisch veröffentlicht hat. Er selbst machte sich schwere Vorwürfe, bei seinem Kollegen die Kokainsucht hervorgerufen und damit dessen Tod beschleunigt zu haben.

Wie fast alle Menschen litt Sigmund Freud – auch das zeigt sein Kokain-Versuch – unter einer Reihe von Ängsten und Komplexen. Gerade deswegen begeisterte ihn das Kokain so sehr. Es befreite ihn vorübergehend von Depressionen und stärkte sein Selbstbewußtsein. Unter anderem litt Freud sein Leben lang an einer seltsamen »Eisenbahnphobie«, von der er selbst allerdings sagte, sie sei keine wirkliche Phobie. Immerhin hatte er vor jeder Reise – und er ist ja viel und auch gern gereist – starkes Reisefieber, und jedesmal wenn er mit der Eisenbahn fahren mußte, hatte er ungeheure Angst, den Zug zu verpassen. Das war so schlimm, daß er sich meist schon eine ganze Stunde vor Abfahrt des Zuges auf dem Bahnsteig einfand.

Noch mehr unter allen möglichen Ängsten litt Pablo Picasso, dessen Mutter von Anfang an überzeugt gewesen war, daß aus ihm einmal etwas ganz Besonderes werden müsse. »Wenn du Soldat wirst«, sagte sie dem Jungen, »wirst du General werden, wenn du ein Mönch wirst, wirst du schließlich Papst werden.« Für den Beruf eines Soldaten aber war Picasso viel zu ängstlich. So hatte er zum Beispiel lange Zeit eine höllische Angst davor, sich die Haare schneiden zu lassen. Und dies nicht als kleiner Junge, sondern als erwachsener Mann. Françoise Gilot, die zehn Jahre mit ihm zusammenlebte, erzählt:

»Er pflegte monatelang mit viel zu langen Haaren herumzulaufen, ohne sich entschließen zu können, einen Friseursalon zu betreten. Sobald dann jemand dieses Thema berührte, gab es ein Drama ... Je länger die Kopfhaare wuchsen, desto mehr ängstigte ihn das Dilemma, vor dem er sich befand. Gewöhnlich ließ er am Ende mich seine Haare schneiden; manchmal, im stillen Kämmerlein, schnitt er sie sich auch selbst – mit sehr unterschiedlichem Erfolg.«

Picassos Angst vor dem Haareschneiden legte sich erst,

als er eines Tages einen Friseur kennenlernte, der ihm sympathisch war. Den ließ er dann immer zu sich nach Hause kommen, wenn ein Haarschnitt nicht länger hinauszuschieben war.

Daß Picasso im Grunde furchtsam war, zeigt sich auch in seiner starken Neigung zum Aberglauben. Françoise war völlig überrascht, als sie das feststellte: »Wenn ich seinen Hut auf das Bett warf, wie ich es oft tat, bedeutete das nicht einfach, daß sein Hut nicht am richtigen Platz war; es bedeutete, daß jemand in diesem Hause sterben würde, bevor das Jahr zu Ende ging. Eines Tages, im Verlauf eines kleinen Scherzes, den wir miteinander trieben, einer Art Sketch, öffnete ich im Zimmer einen Schirm. Wir mußten, den Mittelfinger jeder Hand über den Zeigefinger gekreuzt, im Zimmer umhergehen, dabei die Arme schwingen und ›Lagarto! Lagarto!‹ rufen, um das Unglück schnell zu verjagen, bevor es einen von uns erwischen konnte. – Ich durfte das Brot nie anders als mit der runden Seite nach oben auf den Tisch legen, wenn uns nicht ein Verhängnis überkommen sollte.«

Mit den Riten des Aberglaubens nahm Picasso es außerordentlich genau. Und, so meint Françoise Gilot, die spanischen Formen allein genügten ihm nicht; er habe noch viele russische hinzugelernt von seiner ersten Frau, Olga. Zum Beispiel diese: »Jedesmal, wenn wir zu einem Ausflug aufbrachen, wie kurz er auch sein mochte, hatten wir eine russische Sitte zu befolgen, nach der sich alle Familienmitglieder in dem Raum niedersetzen müssen, von dem aus der Aufbruch erfolgen soll, und mindestens eine Minute lang kein Wort sprechen dürfen. Danach konnten wir unseren Ausflug in der absoluten Gewißheit antreten, daß uns nichts Schlimmes widerfahren würde.«

Das ging natürlich, zumal mit den Kindern, nicht immer ganz einfach ab. »Wir machten dabei alle mit denkbar ernster Miene mit. Wenn eines der Kinder lachte oder sprach, bevor die Zeit abgelaufen war, mußten wir von vorn anfangen; andernfalls hätte er sich geweigert, das Haus zu verlassen.«

Picasso tat zwar so, als glaube er in Wahrheit gar nicht an die Wirkung solcher Riten, und sagte: »Oh, ich tue das nur des Spaßes halber. Ich weiß, es hat nichts zu bedeuten.« Er fügte jedoch hinzu: »Aber schließlich ...« Was soviel heißen sollte wie: Man kann nie wissen, ob und wozu etwas gut ist.

Aus diesem Grunde störte es ihn, daß die Verwandten von Françoise zwar für sie, nicht aber für ihn beteten. In seinem oft wehleidigen Egoismus klagte er: »Sie sollten auch für mich beten. Es ist nicht nett, mich auszulassen.« Auf den Einwand, es könne ihm doch gar nichts ausmachen, ob jemand für ihn bete oder nicht, da er ja ohnehin nicht gläubig sei, erwiderte er: »Oh, es macht mir eben schon etwas aus. Ich möchte, daß sie für mich beten. Menschen dieser Art glauben an etwas, und ihre Gebete richten sicher etwas aus. Es gibt also keinen Grund, weshalb ich davon nicht auch einen Nutzen haben sollte.«

Weil er nicht wußte, ob nicht auch seine alten Hosen und Pullover noch einen Nutzen für ihn haben konnten, hielt er es für gefährlich, sie einfach wegzuwerfen. Und noch gefährlicher schien es ihm zu sein, sie etwa dem Gärtner oder sonst irgendwem zu geben. Insgeheim füchtete Picasso, in jenen verwandelt zu werden, der seine alten Anzüge trug, oder ihm doch zumindest ähnlich zu werden, was in diesem Fall alt, krumm, gebrechlich hieß (obgleich sein Gärtner zwanzig Jahre jünger war als er!).

Nun war es allerdings schon deswegen kaum möglich, Picassos altes Anziehzeug noch jemandem zu schenken, weil er es so lange trug, bis es völlig verschlissen war. Neue Anzüge zu kaufen bedeutete für ihn eine ähnliche Katastrophe wie zum Friseur zu gehen. Er fürchtete sich vor dem Anprobieren, weil es ihm peinlich war, daß ihm Anzüge von der Stange nicht paßten; denn er war klein, hatte aber einen starken Brustkorb und breite Schultern. Aber auch die Anproben beim Schneider waren ihm peinlich. »Das bringt mich ganz durcheinander«, sagte er zu Françoise, die ihn zu überreden versuchte, sich endlich einen Anzug zu kaufen, als er sie nach der Geburt ihres ersten Kindes in der Klinik mit einer durchlöcherten Hose besuchte. Sie erreichte es schließlich, daß er zu einem Schneider ging. Nach dem ihm so peinlichen Maßnehmen bestellte er dort gleich drei Anzüge, um für längere Zeit Ruhe zu haben. Aber als sie ihm gebracht wurden, zog er sie nicht an, sondern verschloß sie im Schrank, wo er sie so lange hängen ließ, bis sie von Motten zerfressen waren.

Eine Abneigung gegen neue Kleidung, überhaupt gegen die Mode, hatte auch Albert Einstein. Aber bei ihm steckte nicht Furchtsamkeit dahinter oder gar irgendein fetischistischer Aberglaube, sondern reine Bequemlichkeit und ein starker Hang zu Unabhängigkeit und Einfachheit. Einstein, der die nur schwer zu verstehende Relativitätstheorie entwarf, war in seinem privaten Leben allem Komplizierten abgeneigt. Er wollte ein möglichst unkompliziertes, einfaches Leben führen. Und das ist ihm auch gelungen.

»Der wahre Wert eines Menschen ist in erster Linie dadurch bestimmt, in welchem Grad und in welchem Sinn er zur Befreiung vom Ich gelangen kann«, sagte er. Befreiung vom Ich bedeutete für ihn Befreiung von egoistischen Motiven. Er meinte, man solle sich unabhängig machen von äußerem Besitz. Während Picasso ausgesprochen geizig war und sich von nichts trennte, hat Einstein einen großen Teil seines Einkommens verschenkt, an Freunde, Bekannte, nicht selten auch an Fremde, die aus irgendwelchen Gründen Geld nötig hatten oder auch nur vorgaben, es nötig zu haben. Manchmal schimpfte seine Frau: »Aber du hast diesem Gauner wieder Geld gegeben, und er hat dich doch mehrmals hinters Licht geführt.« Dann antwortete er: »Weiß ich ganz gut, aber er muß doch das Geld wirklich brauchen. Man bettelt doch nicht zum Vergnügen.«

Für sich selbst brauchte er nicht viel Geld, denn er lebte bewußt anspruchslos. Freiheit bedeutete ihm zugleich Freiheit von äußerem Besitz. Nur in solcher Freiheit und Selbständigkeit könne der Mensch dem drohenden Chaos standhalten, meinte er und gab seine Unabhängigkeit schon in der Kleidung zu erkennen, indem er nicht bereit war, sich nach Mode und Konvention zu richten. Die meisten Dinge des täglichen Lebens hielt er für überflüssig. Als seine Frau sagte, er müsse für feierliche Gelegenheiten einen Frack haben, antwortete er: »Einen Frack? Aber warum denn einen Frack? Ich habe nie einen gehabt und bin ganz gut ohne ausgekommen.«

Sie überredete ihn schließlich, sich doch wenigstens einen Smoking machen zu lassen. Er zog ihn aber nicht an, sondern begnügte sich damit, allen möglichen Leuten zu versichern, daß er einen Smoking im Kleiderschrank habe, ja daß er notfalls sogar bereit sei, ihn auch zu zeigen.

Einstein fühlte sich nur wohl, wenn er bequem angezogen war, in alten, meist ziemlich abgetragenen Sachen. Am liebsten trug er Pullover oder Hemden mit losen, offenen Kragen. Als er nach Berlin an die Preußische Akademie der Wissenschaften berufen wurde, schrieb er: »Das Einleben gelingt wider Erwarten gut; nur ein gewisser Drill in bezug auf Kleider etc., dem ich mich auf Befehl einiger Onkels unterziehen muß, um nicht dem Auswurf der hiesigen Menschheit zugezählt zu werden, stört etwas die Gemütsruhe.«

Später schrieb er einmal: »Ich habe festgestellt, daß man mit nackten Füßen in den Schuhen laufen kann. Socken kriegen so schnell Löcher. Meine Frau stopft dauernd daran. Ich werde nie wieder welche anziehen, da man ohne sie auskommt!«

Socken, Krawatten, Hüte schienen ihm das Leben nur unnötig kompliziert zu machen. So war er in allem, und wenn sich jemand darüber wunderte, daß er sich mit derselben Seife rasierte, die er auch zum Waschen nahm, antwortete er: »Zwei Seifen sind mir zu kompliziert.« Und ebenso war es ihm zu umständlich, regelmäßig zum Friseur zu gehen und sich das Haar schneiden zu lassen. Er ließ seine Mähne lang und ungeordnet.

Wie schon gesagt, sind Einsteins Schrullen nicht auf Ängstlichkeiten zurückzuführen. Einstein war nie ängstlich, nicht eimal als er und seine Frau im Jahre 1933 von einer Auslandsreise nicht mehr in das inzwischen nationalsozialistisch regierte Deutschland zurückkehrten und die Nazi-Regierung auf Einsteins Kopf eine Prämie ausgesetzt hatte, während sein Haus, sein Vermögen und alles, was sie in Deutschland zurückgelassen hatten, beschlagnahmt wurden. Seine Frau hatte während der ersten Zeit im Exil wahnsinnige Angst, daß man ihn verfolgen werde: »Des Nachts ging ich nicht mehr ruhig zu Bett, ich lag nur angezogen auf dem Bett, und bei jedem Geräusch glaubte ich, das Verbrechen lauere ... Man hat zwanzigtausend Mark auf seinen Kopf gesetzt, so heißt es. Wenn's nicht wahr ist, so hat man doch besessene junge Leute darauf aufmerksam gemacht.«

Es waren sogar fünfzigtausend Mark, die man auf ihn ausgesetzt hatte. Ihre Angst war also durchaus berechtigt. Sie flehte ihren Mann an, sich nicht mehr in der Öffentlichkeit zu zeigen. Er aber wollte davon nichts wissen. »Es waren arge Auseinandersetzungen zwischen uns«, berichtete sie später. »Er schalt mich feige, erbärmlich, unwürdig.«

Das Verhalten der Deutschen ihm gegenüber – ihm wurden die deutschen Ehrenbürgerrechte entzogen, und die Preußische Akademie der Wissenschaften benahm sich höchst unrühmlich – hat ihn enttäuscht. Seinem Freund Max Born schrieb er am 30. Mai 1933: »Ich glaube, Du weißt, daß ich nie besonders günstig über die Deutschen dachte (in moralischer und politischer Beziehung). Ich muß aber gestehen, daß sie mich doch einigermaßen überrascht haben durch den Grad ihrer Brutalität und – Feigheit.«

Viele Jahre später, im April 1949, antwortete er Max Born und seiner Frau auf eine Frage: »Nun fragen Sie mich, wie ich es mit dem einfachen Leben halte. Ich habe einfach mehr Freude am Geben als am Empfangen in jeder Beziehung und nehme mich nicht wichtig, auch das Treiben des Haufens nicht, schäme mich nicht meiner Schwächen und Laster und nehme von Natur die Dinge mit Humor und Gleichmut hin. Viele sind ja so, ich kann es absolut nicht begreifen, daß man aus mir eine Art Idol gemacht hat.«

Einstein – und das ist etwas sehr Seltenes – war nicht eitel. Man kann es ihm glauben, daß er nie ein Idol werden wollte, ja daß er nicht einmal auf Ruhm aus war. Auch darin blieb er unabhängig, frei, selbständig – eine Haltung, die sich bei ihm schon in jungen Jahren, schon in der Schulzeit zeigte. Wie unsicher, wie empfindlich und verletzlich war dagegen einer seiner großen Vorgänger in der Physik, Isaac Newton, der mit Hilfe des von ihm gefundenen Gravitationsgesetzes die Bewegungen der Planeten berechnete und – unabhängig von Leibniz – die Differential- und Integralrechnung erfand. Besonders seine Kindheit und Jugend waren von Lebensangst und mangelnder Selbstsicherheit geprägt.

Der Vater war früh gestorben, die Mutter hatte wieder geheiratet, und der Junge mußte zur Großmutter, wo er sich abgeschoben fühlte, verraten, im Stich gelassen. Er wünschte, das Haus der Mutter und des Stiefvaters möge in Flammen aufgehen. So schrieb er es in sein Tagebuch. Sogar Morddrohungen hat er da notiert. Im Grunde zeigen sie nur seine grenzenlose Hilflosigkeit.

Gleichsam als Gegengewicht gegen den Stiefvater, für den er nur Haß empfand, machte er den vor seiner Geburt gestorbenen Vater zu einer fast mythischen Gestalt. Doch störte ihn dabei, daß sein Vater nur ein Freisasse gewesen war. Deswegen bedachte er seine Vorfahren freigiebig mit Adelsprädikaten. Das tat Newton nicht nur als Junge, sondern auch später, als erwachsener Mann.

Nicht allein seine einfache Herkunft war ihm peinlich. Auch der Hochzeitstag seiner Eltern hat ihn zeitlebens gestört; dem Datum seiner Geburt entsprechend lag er zu spät. Um die Ordnung wiederherzustellen, die ihm so wichtig schien, hat er ihn in entsprechenden Angaben vordatiert.

Newton wollte unangreifbar sein. Doch kaum jemand von seinem Rang ist so häufig und so heftig angegriffen worden wie er. Aber schon als Schüler hatte er – bei einer Schlägerei – erkannt, daß nur ein Einsatz mit allen Mitteln und nur die völlige Niederlage eines Gegners zum Sieg führen.

Die Anwendung dieser Einsicht bewirkte bei ihm ein Umschlagen der Unsicherheit in eine egozentrische Überheblichkeit, wobei die Angst nicht wirklich überwunden wurde. Sie steigerte sich im Alter sogar. Newton litt nach seinem fünfundvierzigsten Lebensjahr an einer Psychose mit Zügen von Verfolgungswahn; er hat in dieser späten Lebensphase kein neues wissenschaftliches Werk mehr vorgelegt.

Nicht frei von kleinlichen Ängsten war auch das Renaissance-Universalgenie Leonardo da Vinci, eines der größten Genies aller Zeiten: Er war zugleich Maler, Bildhauer, Architekt, Ingenieur, Naturforscher und Futurologe. Die meisten seiner Ideen waren zu weitreichend, viele auch zu idealistisch, zu »romantisch«, um sie realisieren zu können. So zum Beispiel sein Sanierungsvorschlag für Mailand, den er nach der großen Pest von 1484/85 entwarf, an der nahezu ein Drittel der Einwohner gestorben war. Da schlug Leonardo seinem Landesherrn vor, die viel zu enge Stadt bis auf ihren Kern abzureißen und einen Kreis von zehn Satellitenstädten zu bauen. »Gib mir Autorität«, schrieb er dem Landesherrn, »und ewiger Ruhm wird Dir zuteil werden. Du wirst in zehn Städten fünftausend Häuser mit dreißigtausend Einwohnern wohnen haben; das in großen Massen angesammelte Volk wird verteilt, das jetzt aufeinander hockt wie die Fliegen, einer auf dem Rücken des anderen, alle Tore mit Gestank erfüllend und leicht eine Beute von Pest und Tod.« Die Wohnhäuser seiner Satellitenstädte sollten fließendes Wasser haben und neuartige Heizungsmöglichkeiten. Eine große Wasserstraße, die durch die ganze Anlage hindurchführen sollte, sollte für Reinheit der Luft sorgen.

Ihm kamen ständig neue Ideen. Er entwarf Pläne für Waffen und Verteidigungswerke, für große Kirchenbauten, für Maschinen, für Flugzeuge, für Häuser aus Fertigteilen. Und er notierte alles, was ihm einfiel und was er systematisch erforschte. Beispielsweise untersuchte er die Funktionen menschlicher Organe, indem er dreißig Leichen sezierte, was zu seiner Zeit ungeheuerlich war. Bis zu seinem Tod führte Leonardo Merkbücher, in die er alles, was ihn beschäftigte, in Schrift und Zeichnungen festhielt. Erhalten sind davon etwa sechtausend dicht beschriebene und mit Zeichnungen versehene Blätter, die nur schwer zu entziffern sind. Denn Leonardo schrieb in Spiegelschrift von rechts nach links. Außerdem benutzte er zahlreiche Dialektwörter und sehr häufig Abkürzungen und Wortzusammenziehungen, die vom herkömmlichen Gebrauch völlig abwichen.

Leonardos Spiegelschrift ist damit erklärt worden, daß er ein echter Linkshänder, kein Ambidexter war. Doch diese Erklärung greift zu kurz und umfaßt nicht die ungewöhnlichen Kürzel, nicht die Wortzusammenziehungen, nicht die über weite Strecken an Geheimschrift erinnernde Art der Notizen, deren Erschließung noch keineswegs beendet ist. Es gibt einen anderen Grund, der Leonardos Geheimnistuerei verständlicher macht: Leonardo war überaus mißtrauisch, stets und ständig hatte er Angst, daß man ihm seine Ideen stehlen könnte und daß Plagiatoren ihn um Ruhm und finanziellen Erfolg bringen könnten. Nur so sind jene Hinweise in seinen Merkbüchern zu erklären, mit denen er sich selbst zur Vorsicht mahnte, wie zum Beispiel: »Niemandem dies zeigen, und du wirst allein den Ruhm haben!«

Nicht nur an den Ruhm dachte Leonardo, sondern immer auch ans Geld. Da hatte er sich zum Beispiel ausgedacht, wie man eine feindliche Flotte komplett versenken könnte. Aber noch bevor er sich an die Details seines Planes machte, überlegte er, wie er an der Beute beteiligt werden könnte. Er fand diese Lösung: Nicht versenken, sondern ein Ultimatum stellen. »Wenn Ihr nicht innerhalb von vier Stunden kapituliert, wird man Euch auf den Grund des Meeres schicken!« Und dann sein Anteil: »Zuerst mußt du«, notierte er für sich selbst, »ein schriftliches Abkommen treffen, wonach die Hälfte des Beutegeldes dir zu gehören hat, und zwar ohne Abzüge.«

Psychologen und Psychiater haben behauptet, Leonardo sei homosexuell gewesen, und als einen Beweis für diese These führen sie an, daß unter seinen Mitarbeitern, Schülern und Gehilfen kein einziges Genie war; er habe sie mehr nach ihrem guten Aussehen als nach ihrer Begabung ausgewählt. Aber eine andere Erklärung scheint mir mehr einzuleuchten: Der mißtrauische Leonardo fürchtete, gerade von Mitarbeitern ausgenommen zu werden; deswegen suchte er nicht nach Begabungen, sondern begnügte sich mit gutem Durchschnitt. Wie wäre sonst jene Ermahnung zu interpretieren, die Leonardo für sich selbst an den Rand eines Projektentwurfs schrieb: »Nimm nur einen ganz einfachen Gehilfen!«

Leonardo hatte nun einmal von den Menschen keine besonders gute Meinung. »Es wird keine Grenze geben für ihre Bosheit«, schrieb er, »und mit ihrer Wildheit werden sie die großen Bäume der Wälder des Universums zu Boden reißen. Dann, wenn sie satt sind, wird ihr Wunsch davon genährt sein, Tod zu geben, Leiden, Ungemach, Kriege und Wut, ganz gleich auf wen und was da lebt ... Nichts auf Erden, unter der Erde oder im Wasser wird es geben, das nicht verfolgt, aufgestöbert, verdorben wird und von dem einen Land ins andere versetzt ...«

Leonardo verdammte Krieg und Blutvergießen, er aß kein Fleisch, und er kaufte gefangene Vögel, um ihnen die Freiheit zurückzugeben. Aber andererseits hat er für Cesare Borgia, dem er als militärischer Ingenieur diente, grausame Angriffswaffen entworfen.

Unter der Angst, bestohlen zu werden, allerdings nicht von Plagiatoren, sondern von Dieben und Einbrechern, litt auch der ähnlich mißtrauische und pessimistische Arthur Schopenhauer. Um sich zu schützen, versteckte er seine Wertsachen in der Wohnung so, daß sie nach seinem Tode trotz einer (allerdings lateinisch geschriebenen) hinterlassenen Suchanleitung nur schwer zu finden waren. Seine Wertpapiere verwahrte er unter der irreführenden Aufschrift ›Arcana medica‹; seine Zinsabschnitte steckte er in alte Briefe und Hefte; sein Rechnungsbuch führte er in Englisch, und für besonders wichtige geschäftliche Notizen wählte er Latein und Griechisch. Nachts schlief er nur mit einem Degen und einer stets geladenen Pistole neben sich.

Im Alltagsleben war Schopenhauer, der sich zwar in seinen Schriften nicht davon abhalten ließ, den Menschen seine Meinung über sie und die Welt, seine ganze Verachtung ihres Lebens und Treibens vorzuhalten, nicht sonderlich mutig. Seine ängstliche Vorsicht, die ihn überall mit dem Schlimmsten rechnen ließ – zum Beispiel trug er aus Furcht vor Ansteckung stets einen Becher bei sich, um in öffentlichen Lokalen nicht die allgemeinen Trinkgefäße benutzen zu müssen –, hat ihn nur allzuoft daran gehindert, etwas zu tun, was er eigentlich gerne getan haben würde. Kurz vor seinem Tode erzählte er einem Freund, er habe einen Mann auf dem Bahnkörper der städtischen Verbindungsbahn gehen sehen, wo auch er gern gegangen wäre, wenn ihn nicht eine Warnungstafel zurückgeschreckt hätte, die es verbot. Und als er den Fremden gefragt, wie er es wagen könne, habe der ihm erwidert: »Wenn ich so ängstlich wäre wie Sie, hätte mich längst der Teufel geholt.« – »Und mich«, habe Schopenhauer dann in Gedanken hinzugefügt, »wenn ich nicht so wäre!«

Bei allen Genies finden sich menschlich-allzumenschliche Züge, wohin man auch sieht. George Bernard Shaw zum Beispiel litt lange Zeit – wie übrigens ebenfalls Friedrich Nietzsche, Franz Schubert und in jungen Jahren, noch als Student, auch Gandhi – unter seiner, wie er selbst sagte, »erbärmlichen« Schüchternheit. Und Charles Darwin mochte nicht mehr reisen, nachdem er seine berühmte Weltreise gemacht hatte. Nicht nur Reisen, schon gesellige Abende brachten ihn völlig aus dem Gleichgewicht. Das zeigte sich schon sehr bald nach der Hochzeit. Da hatten seine Frau und er eine Abendgesellschaft gegeben, nicht etwa im großen Stil – die Zahl der Gäste, einige Wissenschaftler mit ihren Frauen, belief sich auf sieben –, aber ihn strengte der Abend so sehr an, daß er an den folgenden Tagen nicht arbeiten konnte. Und so war es immer: Wenn sie Gäste hatten oder eingeladen waren oder wenn er wissenschaftliche Veranstaltungen besuchte, dann warf ihn das für Tage aus der Bahn.

Deswegen kamen Darwin und seine Frau überein, auf ein geselliges Leben gänzlich zu verzichten. Ebenso aufs Reisen. Um wirklich Ruhe zu haben, gaben sie ihre Stadtwohnung auf und kauften sich in einem kleinen Dorf ein Haus mit einem Garten. Vierzig Jahre lebte Darwin dort, und er hat sein Haus nur selten verlassen. Seine Frau gebar ihm zehn Kinder. Und die ganze Familie mußte sich streng an den ihm gemäßen Rhythmus halten. Denn auch noch in der Abgeschiedenheit seines Hauses brachte ihn die kleinste Unregelmäßigkeit im gewohnten Tagesablauf – mit dem täglichen zweimal stattfindenden Spaziergang auf einem extra für ihn angelegten Weg – ganz und gar durcheinander. Die geringste Aufregung ließ jene Krankheitserscheinungen aufkommen, die ihm ein Leben lang zu schaffen machten: Kopfschmerzen, Schwächeanfälle, Magenbeschwerden mit Erbrechen.

Sein umfangreiches Arbeitspensum, täglich allerdings auf vier Stunden beschränkt, da er länger nicht durchhielt, bewältigte Darwin nur mit Hilfe seiner Frau, die ihn gegen alle Störungen von außen abschirmte. Als Darwins Vater starb – Darwin selbst war zu jener Zeit neununddreißig Jahre alt –, ging er nicht zu dessen Beerdigung, weil er sich wieder einmal »nicht wohl genug« fühlte.

Indessen gibt es in der Reihe der Genies auch robuste Naturen. Zu ihnen gehörte der Autodidakt Thomas Alva Edison, der als Achtjähriger aus der Schule davongelaufen war, weil ihn der Lehrer einen Hohlkopf genannt hatte, und dann nie wieder eine Schule besucht hat und trotzdem einer der erfolgreichsten Erfinder wurde. Mehr als zweieinhalbtausend Patente sind an seinen Namen gebunden, darunter das Kohlekörner-Mikrophon, der Phonograph, die Kohlefadenlampe, ein Stromerzeuger und der erste Filmaufnahmeapparat. Edison ist häufig gefragt worden, worauf er seine Erfolge zurückführe und worin er das Wesen eines Genies sehe. Er gab immer dieselbe Antwort: »Genie ist 99 Prozent Transpiration und 1 Prozent Inspiration.«

Sein Wahlspruch lautete: »Arbeit – der Natur ihre Geheimnisse entlocken und sie zum Vorteil der Menschen verwenden.« Tatsächlich war für ihn – genauso wie für seinen Freund Henry Ford – Arbeit das Evangelium. Ford schrieb einmal: »Arbeit ist die Erlösung der Menschen. Der Herr arbeitet und wird die Erde von denjenigen befreien, die nicht vorwärtsstreben!« So dachte auch Edison, der noch als Fünfundsiebzigjähriger täglich sechzehn Stunden arbeitete. In jüngeren Jahren hatte er ein noch größeres Arbeitspensum bewältigt. Das war möglich, weil er mit ungewöhnlich wenig Schlaf auskam. Ihm genügten vier bis fünf Stunden.

Statt nun jedoch seine ausgezeichnete Konstitution als etwas Einmaliges anzusehen, machte sich Edison, so wie er war, zum Maß aller Dinge und Menschen. Er warf allen anderen vor, viel zuviel Zeit ihres Lebens mit Schlafen zu vergeuden. Und da er meistens sehr wenig aß, forderte er auch von allen anderen Menschen die Nahrung einzuschränken. Kein Wunder, daß Edison mit seinen Söhnen viel Ärger bekam und daß aus ihnen, jedenfalls denen aus erster Ehe, nichts wurde.

Mit zunehmendem Alter entwickelte sich Edison mehr und mehr zu einem Tyrannen, der sich indessen an seine eigenen Grundsätze, die er andern aufzwingen wollte, oft selbst nicht hielt. Einer seiner Freunde, John Burroughs, notierte einmal: »O Beständigkeit! Dein Name ist nicht Edison! Zehn Uhr morgens. Edison noch nicht auf – der Mann, der wenig Schlaf braucht! Er schimpft über Rohrzucker und schüttet dann zwei gehäufte Teelöffel voll in jede Tasse Kaffee und trinkt täglich drei oder vier Tassen. Er ißt mehr als ich, aber mich nennt er einen Vielfraß. Er vertilgt Kuchen quadratmeterweise und schlingt sein Essen hinunter.«

Auch vor Irrtümern war Edison nicht sicher, und er fällte manche Fehlentscheidung. Zum Beispiel konnte er sich nicht vorstellen, daß das Radio (das nicht er erfunden hatte) eine Zukunft habe. Er hielt seinen Phonographen für unvergleichlich besser und prophezeite das baldige Ende des »Radiofimmels«. »Das Radio ... ist bestimmt ein Reinfall«, schrieb er noch 1925 in einem Memorandum an seinen Mitarbeiterstab, »früher oder später wird dem Händler schon die Lust vergehen, Radios zu verkaufen.« Er meinte, die Leute würden mit seinen Phonographen lieber die Musik ihrer eigenen Wahl hören wollen und nicht etwas, was die Radiostationen ihnen aufzwingen.

Aber er täuschte sich. Seine in vierzig Jahren aufgebaute Phonographenverkaufsorganisation von dreizehntausend Händlern drohte zu verfallen. Vergebens baten ihn seine Söhne Charles und Theodore, Radioapparate aufzunehmen oder sie selbst herzustellen. Edison blieb bei seiner Fehlentscheidung, bis es zu spät war.

Genies sind auch bloß Menschen – Menschen von Fleisch und Blut, Menschen, die irren, die Ängste haben, die mit dem Alltag nicht fertigwerden, die ihre Mühen, Nöte, Qualen haben. Das ist nicht nur das Thema dieses ersten Kapitels, sondern eigentlich des ganzen Buches. »Das Menschliche«, heißt es in der berühmten Studie ›Genie, Irrsinn und Ruhm‹ von Wilhelm Lange-Eichbaum und Wolfram Kurth, »muß nicht minderwertiger sein als das Idol. Im Gegenteil ...«

2. Kapitel
Immer viel zuviel gegessen

Nicht nur Karl der Große und Heinrich VIII., auch Goethe, Händel, Friedrich II. von Preußen, Bismarck, Flaubert, Max Reger und ...

> Durch das verdammte Laster Völlerei stirbt man viel eher, als es die Natur fordert, und viele werden aus diesem Grunde mit frühzeitigem Tod von dieser Erde genommen.
>
> Giovanni Boccaccio

Auch wenn heutzutage Schlanksein gleichbedeutend ist mit Schönheit und Gesundheit, gab es doch zu allen Zeiten Menschen, die Freude, ja allzuviel Freude am Essen hatten und infolgedessen immer zuviel verspeist haben, ohne Rücksicht auf Figur, Ansehen und Gesundheit.

»Auch frisset er entsezlich«, schrieb der dreiunddreißigjährige Jean Paul, Dichter des ›Hesperus‹ und Schwarm zahlloser Frauen, nach einem Besuch bei Goethe im Jahre 1796 und fügte hinzu: »Schon am zweiten Tage warf ich hier mein dummes Vorurteil für große Autores ab als wärens andere Leute.« Auch andere Zeitgenossen des »Gottes« zu Weimar zeigten sich erstaunt über die ungeheuren Mengen Gänsebraten, die seine Exzellenz vertilgen konnte, und über die Forellen zum Zehn-Uhr-Frühstück. Kein Wunder, daß Goethe, der zu allen Zeiten gut und gerne aß und schon im ›Götz‹ gesagt hatte, »wenn Ihr gegessen und getrunken habt, seid Ihr wie neugeboren; seid stärker, mutiger, geschickter ...«, bald nicht mehr göttlich aussah, sondern bedenklich »stärker« wurde:

»Sein Gang ist überaus langsam, sein Bauch nach unten

zu hervorstehend wie der einer hochschwangeren Frau, sein Kinn ganz an den Hals herangezogen ..., seine Bakken dick, sein Mund in Halber-Monds-Form ..., sein ganzer Ausdruck eine Art von selbstzufriedener Gleichgültigkeit.« So beschrieb Karl von Stein, ein Sohn von Goethes geliebter Charlotte, ihn und fügte über den Mittfünfziger hinzu: »Er dauert mich, der schöne Mann, der so edel in dem Ausdruck seines Körpers war.«

Erst später, nachdem das viele Essen, die abendlichen Diners mit reichlichem Nachtisch an »vom Konditor schön geformten Kuchen«, die Kalten Büfetts – »mit Kunst arrangierte Speisen, Krebse, Zunge usw.« –, die zeitweise allwöchentlichen ausgedehnten Picknicks, die er in seinem Hause veranstaltete, und das viele Weintrinken bei seiner vorwiegend sitzenden Lebensweise zu mancherlei Störungen und Krankheiten geführt hatten, wurde Goethe wieder schlanker. Christiane allerdings, seine Gefährtin und späte Ehefrau, die ebenfalls mächtig in die Breite gegangen war, blieb immer dick.

Im Dickwerden sah der Göttinger Professor Georg Christoph Lichtenberg deutliche Anzeichen für den beginnenden körperlichen und geistigen Verfall. Und der Endvierziger, der selbst vergeblich versuchte, Diät zu halten, schrieb (im Jahre 1789) folgenden Dialog: »A: Sie sind ja so fett geworden. B: Fett? A: Sie sind noch einmal so dick als sonst. B: Das ist die Arbeit der ermüdeten Natur, die nicht mehr Kraft hat, etwas anderes zu machen als Fett, das man allenfalls, ohne der Menschheit damit zu nahe zu treten, wegschneiden kann. Fett, Fett ist weder Geist noch Körper, sondern bloß, was die müde Natur liegen läßt, für mich so gut wie das Gras auf dem Kirchhofe ...«

Lichtenberg war krank, als er das schrieb, litt jahrzehntelang an allen möglichen nervösen Zuständen, so sehr, daß er häufig bettlägerig war. Und in der Hoffnung auf Besserung las er von Christoph Wilhelm Hufeland, dem damals weithin bekannten Arzt, von dem sich Wieland,

Herder, Goethe und Schiller behandeln ließen, die 1796 erschienene Schrift ›Makrobiotik, oder die Kunst, sein Leben zu verlängern‹, und er versuchte, sich an die dort gegebenen Ratschläge zu halten. Er hielt aber nie durch, sondern aß stets bald wieder, was er nicht essen sollte, und fühlte sich danach – so heißt es in seinem Tagebuch – »gottlob ebenso schlecht wie vorher (ich meine nicht schlechter)«. Indessen war sein Hauptproblem weniger das Essen als das viele Trinken.

Sowohl zu viel gegessen als auch reichlich getrunken hat Adalbert Stifter, der Biedermeierdichter, und zwar schon in jungen Jahren. Bei ihm führten erst Krankheiten und Kuren und Furcht vor neuen Krankheiten zu einer Verminderung seines Übergewichts, das sich schon der Mittdreißiger angegessen hatte. Da wollte eines Tages ein junger Schriftsteller den soeben berühmt gewordenen Dichter der ›Studien‹ besuchen, in dessen Erzählungen nur überschlanke Jünglinge und ätherische Jungfrauen leben. Aber nach der ersten Etage im Stifterschen Haus kam er nicht weiter; ein Mann und eine Frau stiegen sehr langsam vor ihm die Treppe hinauf, beide von so ansehnlicher Fülle, daß der Weg versperrt blieb. Endlich oben, »drehte sich der Mann auspustend um«, erzählte der Besucher später, »und sah mich fragend an. Er war, abgesehen von der korpulenten Fülle, ein hübscher Mann, etwa fünfunddreißig Jahre alt, mit wohlwollendem ..., phlegmatischem ... Vollmondgesicht ...« Und als »der dicke Herr« sich dann als Adalbert Stifter zu erkennen gab, konnte der Besucher seine Enttäuschung kaum verbergen: »Ich weiß nicht, wie mir geschah, aber noch heute ist es mir erinnerlich, daß mir ... fast das Herz ... stockte und ich etwas von einer plötzlichen Leere in mir fühlte.«

Von Stifter wird berichtet, daß er allein als Vorspeise ein halbes Dutzend Forellen aß. Noch mehr Krammetsvögel. Und mehrere Dutzend Krebse. Ein Besucher, ein junger Maler, erzählte, der Dichter des ›Nachsommer‹ habe zusammen mit seiner Frau »eine stattliche Gans und einen mächtigen Schinken an einem einzigen Tage aufgegessen« – und das, fügte er hinzu, nicht etwa aufgrund einer Wette.

Obgleich (oder gerade weil?) Stifter gut und ausgiebig frühstückte und kräftig zu Mittag aß, hatte er abends wieder gewaltigen Hunger. Da mußte nicht selten, schrieb sein erster Biograph, »auf der schön gedeckten Tafel ein goldbraun gebratener steirischer Hahn bereit sein und dazu, nebst einer Flasche starken Weines, ein reiches, gutes Dessert mit Königsdatteln von der besten Sorte«. Und wenn jemand über das opulente Nachtmahl staunte, sagte er: »Mir macht das nichts; ich kann Schuhnägel verzehren, und sie werden mir nicht schaden.«

Das viele Essen schadete ihm aber doch, zumal er sich zu wenig Bewegung verschaffte. Später, als Schulrat, sagte er: »Beim Schriftstellern saß ich, bei der Prüfung saß ich, bei der Amtsarbeit saß ich.« Daß seine Lebererkrankung, die ihm bis zu seinem Tod im Alter von zweiundsechzig Jahren zu schaffen machte, eine Folge des üppigen, fetten Essens war, ist zumindest nicht unwahrscheinlich.

Maßlosigkeit im Essen bei geringer körperlicher Bewegung führte auch bei Otto von Bismarck zu gefährlichem Übergewicht. Als er Mitte der Sechzig war, wog er zweihundertfünfundvierzig Pfund. Bismarck war bei Tisch völlig unbeherrscht. Und von Ärzten wollte er sich keine Vorschriften machen lassen, obwohl sie ihn ständig warnten. Im Jahre 1883 aber konsultierte er den Münchner Arzt Dr. Ernst Schweninger. Zu ihm hatte er Vertrauen, weil er seinen Sohn Bill mit Erfolg behandelt hatte. Bill (eigentlich Wilhelm) Bismarck war als Dreißigjähriger so dick, daß man fürchtete, er könne bald nur noch im Rollstuhl fahren. Schweninger verordnete ihm eine strenge Diät, die Bill tatsächlich einhielt, und nach einem Jahr war der Patient sechzig Pfund leichter. Daraufhin zeigte sich auch der Fürst bereit, die Diät zu machen. Den Anfangserfolg hat die Baronin Spitzemberg, die bei den Bismarcks ein und aus ging, in ihrem Tagebuch festgehalten:

»Acht Tage etwa hatte sich der Titane gefügt und sehr merkliche Besserung verspürt; da trank er vier Liter Buttermilch auf einmal und Kognak darauf und ist nun recht elend an Indigestion, Aufgetriebenheit, Magenschmerz und Erbrechen ... Die arme Familie ... ist unglücklich, weil Schweninger ein übles Ende prophezeite, wenn Magen und Darm fortgesetzt durch Überladung erweitert werden. Es ist ein rechtes Elend mit dem großen Manne und tieftraurig zu sehen, wie klein und schwach er ist, wenn es heißt, den eigenen Willen brechen.«

Mit seinen wilden Drohungen von einem bösen Ende und mit strengen Kontrollen hat sich der damals dreißigjährige Schweninger gegenüber dem alten Bismarck schließlich doch durchgesetzt. Er brachte ihn innerhalb eines Jahres von zweihundertfünfundvierzig auf hundertsechsundneunzig Pfund, und Bismarck begann wieder zu reiten, was er seit Jahren nicht mehr getan hatte. Später jedoch hat Bismack die Diätvorschriften Schweningers durchbrochen. Auf dem Frühstückstisch in Friedrichsruh – der Fürst frühstückte allerdings erst gegen ein Uhr mittags, weil er immer sehr lange schlief – standen regelmäßig Mengen von kaltem Fleisch, Pasteten, Eierspeisen, Kaviar, Räucherfisch, und Bismarck hat kräftig zugelangt. Getrunken hat er dazu Mineralwasser, das er mit Kognak mischte, oder Portwein.

Ganz ins allgemeine philosophierend, hatte die Baronin Spitzemberg jener Tagebuchnotiz hinzugefügt: »So binden diese ›Löwen‹ sich selbst die Rute, die ihnen Menschen und Schicksale nicht gegeben haben.« Ob sie dabei auch an Friedrich den Großen gedacht hat, der sich, was das Essen betraf, ebenfalls so wenig beherrschen konnte? Täglich ließ sich Friedrich den Speisezettel vorlegen, weil er da nichts dem Zufall überlassen wollte. Seinem Arzt erklärte er zwar: »Sie können sich nicht vorstellen, wie mäßig ich bin. Ich koste meine Speisen bloß und esse nur, um mich zu stärken.« Aber als der Arzt an einer Mahlzeit des Königs teilnahm, stellte sich ihm die Sache anders dar:

Da aß Friedrich (immerhin schon vierundsiebzig Jahre alt) zu Mittag scharf gewürzte Fleischbrühe und nahm dazu – so hat der Arzt Dr. Zimmermann es beschrieben – »einen großen Eßlöffel von gestoßenen Muskatblüten. Er aß sodann ein gutes Stück nach russischer Art ... zubereitetes ..., mit einem Quart Branntwein abgekochtes Rindfleisch. Hierauf folgte eine große Menge von einem italienischen Gericht, das zur Hälfte aus türkischem Weizen und zur Hälfte aus Parmesaner Käse besteht; dazu gibt man den Saft von ausgepreßtem Knoblauch – und dieses alles wird in Butter so lange gebraten, bis eine harte und einen Finger dicke Rinde umher entsteht; über alles gießt man endlich eine ganz aus den heißesten Gewürzen bestehende Brühe ... Zum Abschluß nahm der Patient einen ganzen Teller voll von einer Aalpastete, die so heiß und würzhaft war, daß sie in der Hölle gebraten schien ...«

Längst schon hatten Ärzte Friedrich geraten, mäßiger zu leben, denn von Jugend an litt er an einer chronischen Gastritis, die ihn jedoch vom reichlichen Essen nicht abhielt, so daß er in jungen Jahren, als Kronprinz, ziemlich aufgeschwemmt war. Von dem kaum Zwanzigjährigen sagte seine Schwester Wilhelmine, nachdem sie ihn längere Zeit nicht gesehen hatte: »Ich erkannte ihn kaum. Er hatte zugenommen, sein Hals war kurz und dick geworden, auch sein Gesicht war verändert und nicht mehr so schön wie früher ...«

Aber Friedrich liebte nun mal scharfe Sachen. Zum Frühstück trank er sieben bis acht Tassen starken Kaffees, den er mit Senf oder Pfeffer verschärfte. Auf die Warnungen der Ärzte achtete er nicht. Als einer ihm seinen geliebten Parmesankäse verbieten wollte, warf er den Arzt hinaus. Noch wenige Tage vor seinem Tode gab es ein Menü, das aus elf Gängen bestand, darunter Suppe,

Rindfleisch, Koteletts, Salm, Ochsenzunge, grüne Erbsen, frische Heringe und saure Gurken, wozu er Champagner trank.

Die Eßgier hatte Friedrich von seinem Vater geerbt. Friedrich Wilhelm von Preußen, der Soldatenkönig, hat sein Leben lang zu viel und dabei immer zu schnell, fast ohne zu kauen, gegessen – allerdings nicht immer so feine Sachen wie sein von Frankreich beeinflußter Sohn. Sein Lieblingsgericht waren Hammelrippen mit Kohl. Doch aß er gerne auch Besseres, besonders auf seinen Inspektionsreisen, wo dann andere die Kosten trugen. Da zeigte er eine große Vorliebe für Gänse- und Schweinefleisch in allen Zubereitungsarten, auch für Trüffel in Öl und für Austern, von denen er angeblich mühelos acht Dutzend essen konnte.

Anders als der Sohn, der ja in mittleren und späteren Jahren trotz des vielen Essens hager war, wurde der Vater immer dicker. Daran war allerdings nicht zuletzt das viele Bier (Ducksteiner Bier) schuld, das er abends trank, besonders an den Tagen seines berühmt-berüchtigten Tabak-Kollegiums.

Zwar ließ sich Friedrich Wilhelm fast täglich wiegen und hoffte, durch Reiten und Schwitzen abzunehmen, aber sein Gewicht betrug schließlich zweihundertfünfzig Pfund. Als der König, vierzigjährig, zusammen mit seinem Sohn von August dem Starken nach Dresden zu einem Karnevalsfest eingeladen wurde, platzte ihm da während eines Tanzes der Uniformrock, und der dicke kleine Mann, dessen Bauchumfang damals schon anderthalb Meter betrug (gegen Ende seines Lebens gut zwei), mußte in Decken eingehüllt werden, bis ein anderer Rock herbeigeschafft war.

Geradezu besessen von unbezähmbarer Eßlust war Kaiser Karl V., der sich, schwer an Gicht leidend, als Mittfünfziger von der Weltherrschaft und aller Politik auf seinen Alterssitz Yuste zurückzog, wodurch die Kaiserkrone an seinen Bruder Ferdinand kam und Spanien und die Niederlande an Karls Sohn Philipp II. vererbt wurden. Karl, der wegen seines Sprachfehlers unter Minderwertigkeitsgefühlen litt, konnte bei Tisch keinen Gang auslassen. Und wenn es nacheinander Suppenfleisch, Hammelbraten, Hasenbraten, gebratenen Kapaun gab, dann aß er von jedem, und zwar enorme Mengen. Und dazu trank er mehrere Flaschen Wein.

Es heißt, Karl habe seine Eßgier von seinem Urgroßvater, Kaiser Friedrich III., geerbt. Und weitervererbt habe er sie seinem Enkel Don Carlos, dem Infanten von Spanien. Wenn man indessen die Freßgier als erblich anerkennt, dann können sich natürlich nahezu alle Freßsäcke (zumindest die von Adel) auf Karl den Großen berufen. Der »Vater Europas« brachte es zwar fertig, auf den Alkohol zu verzichten (weswegen er auch auf Trunkenheit strenge Strafen setzte), aber zu fasten war ihm unmöglich (und deswegen schuf er die gesetzliche Möglichkeit, sogar für Priester, sich vom Fasten freizukaufen). Karl aß ungeheure Mengen. »Vier Gerichte ließ er sich auftragen, außer dem Braten«, berichtet sein Hofbiograph Einhard, und wenn Ärzte ihn mahnten, wenigstens das Fleischessen einzuschränken, bekam er Wutanfälle.

Zu den starken Essern zählte vor allem auch Heinrich VIII. von England. Er war es von Jugend an. Aber da er lange Zeit sehr sportlich war, sehr viel ritt und jagte, bei Turnieren mitmachte, Tennis spielte, schwamm und segelte, konnte er das viele Essen anfangs gut verkraften. Später jedoch wurde er, wie die vielen Bilder zeigen, recht schwammig. Als er die Regierung übernahm, veranstaltete er ein Bankett, das alles bis dahin in Europa Gebotene übertreffen sollte. Hundert verschiedene Gänge wurden aufgetragen, Wildbretpasteten in Gestalt von Elefanten und Ebern, Tauben- und Rebhuhnpasteten in Form von Schwänen und Pfauen, Süßspeisen wie Burgen, von fließenden Gräben umgeben. Von seinen sechs Frauen ist ihm Johanna Seymour nicht zuletzt deswegen so besonders sympathisch gewesen, weil sie ebenso gerne aß wie er. Aus den erhaltenen Küchenabrechnungen geht hervor, daß viel Geld für ihr und sein Lieblingsgeflügel ausgegeben wurde, nämlich Wachteln, die damals in England recht teuer waren. Als Johanna kurze Zeit nach der Geburt des Thronerben starb (noch keine dreißig Jahre alt), ließ Heinrichs Großsiegelbewahrer Thomas Cromwell folgende lapidare Erklärung an die europäischen Höfe ergehen: »Die Königin, da sie sich durch die Nachlässigkeit ihrer Frauen erkältete und mehr aß, als ihr zuträglich war, ist tot.«

So war denn wieder einmal eingetreten, wovor Giovanni Boccaccio, der Dichter des ›Dekamerone‹, zwei Jahrhunderte zuvor – aber keineswegs als erster – so nachdrücklich gewarnt hatte: »Durch das verdammte Laster Völlerei stirbt man viel eher, als es die Natur fordert, und viele werden aus diesem Grunde mit frühzeitigem Tod von dieser Erde genommen, damit der Spruch, den die weisen Meister der Medizin früher gesagt haben, wahr werde, daß das Essen mehr Menschen tötet als das Schwert.«

Warnungen vor bösen Folgen der Gefräßigkeit hat es immer gegeben, weil eben in allen Zeiten zu viel gegessen wurde, wenngleich freilich nur – wie ja auch heute – von einer Minderheit. Schon die Ägypter, bekannt als starke Fleischesser, haben ihren Bauch gut und gerne gepflegt. Dasselbe gilt von den Griechen, die der weise Sokrates deswegen oft ermahnte.

Sokrates, der sich schon vor zweitausendvierhundert Jahren gegen Konsumzwang gewehrt hat – »Oft sagte er beim Anblick der unzähligen Verkaufsartikel zu sich selbst: ›Wie zahlreich sind doch die Dinge, deren ich nicht bedarf.‹«, berichtet Diogenes Laertios –, lebte äußerst einfach, auch was das Essen betraf. Sein Zeitgenosse Xenophon erinnert sich: »Durch seine Lebensweise hatte er Seele und Leib so erzogen, daß nach meiner Meinung jeder, der sie sich zu eigen machte, sorglos und sicher leben könnte und wegen des Aufwandes nicht in Verlegenheit zu kommen brauchte, sofern nichts Ungewöhnliches eintrat ... Speise nahm er nur so viel zu sich, wie ihm schmeckte ... Auch jedes Getränk war ihm angenehm, weil er nur trank, wenn er Durst hatte. Nahm er einmal eine Einladung zu einer Mahlzeit an, so war es ihm leicht, was anderen mit aller Mühe kaum gelingt, sich vor Überfüllung zu hüten. Wer das nicht konnte, dem gab er den Rat, sich vor den Genüssen zu hüten, die zum Essen ohne Hunger, zum Trinken ohne Durst reizten. Denn das sei, was Magen, Kopf und Seele ruiniere. Auch Kirke, setzte er scherzend hinzu, habe ohne Zweifel durch reichliche Gaben solcher Reizmittel die Menschen in Schweine verwandelt; und Odysseus sei darum nicht zum Schwein geworden, weil er auf den Rat des Hermes und aus eigener Enthaltsamkeit sich gemäßigt und sich vor Überfüllung mit solchen Genüssen in acht genommen habe.«

Nicht nur Xenophon hob das mäßige Essen und Trinken dieses ersten großen Philosophen, der praktische Lebenshilfe lehrte, hervor, und an dieser Betonung zeigt sich, wie sehr Sokrates als Ausnahme galt. Und noch etwas: Seine Ratschläge wurden offenbar als richtig anerkannt, wenngleich wohl nur selten befolgt. Und sie gelten schließlich noch heute. Als ihm einmal ein Freund vorjammerte, daß ihm das Essen nicht mehr schmecke, sagte er ihm: »Akumenos weiß ein gutes Mittel dagegen.« Und auf die Frage, welches Mittel das sei: Man solle das Essen eine Zeitlang lassen, dann werde man mit mehr Lust sowie billiger und gesünder essen.

Sokrates wurde im Jahre 399 v. Chr. zum Tode verurteilt und mußte den Giftbecher trinken, weil seine eigenwilligen Meinungen den Herrschenden nicht mehr in ihr System paßten. Während er nicht zuletzt durch seine zu allen Zeiten immer wieder aufgegriffenen Maßhalte-Appelle an Aktualität keinesfalls eingebüßt hat, ist ein anderer, ein Römer, gerade durch seine Maßlosigkeit unsterblich geworden. Das war der Feldherr Lucius Licinius Lucullus, von dessen militärischen Verdiensten – er hatte im ersten römischen Krieg gegen Mithridates den Oberbefehl – nur noch höchst selten die Rede ist, desto mehr jedoch von seinen »Lukullischen Mählern«. Sie wurden sprichwörtlich für alle besonders üppigen Tafelfreuden.

Seine als Feldherr im Osten erworbenen Reichtümer ermöglichten Lucullus ein aufwendiges Leben (von etwa 117 bis 57 v. Chr.), das der griechische Historien-Schriftsteller Plutarch mit einer »Altattischen Komödie« verglich: »Man liest im ersten Teil von politischen und kriegerischen Begebenheiten und am Ende von Trinkgelagen, Schmausereien und womöglich auch schwärmenden Umzügen mit Fackelbeleuchtung und Lust und Scherz jeder Art. Denn zu den Belustigungen rechne ich auch die großartigen Bauten und Anlagen von Wandelhallen und Bädern und noch mehr Gemälde und Statuen und die eifrige Bemühung um solche Kunstwerke, die er mit großen Kosten sammelte und worauf er ungehemmt den ungeheuren Reichtum verwendete, den er auf seinen Feldzügen zusammengebracht hatte ... Recht protzenhaft war die tägliche Tafel, die Lucullus hielt und bei der er nicht nur durch purpurne Decken, edelsteinbesetzte Becher, musikalische und tänzerische Aufführungen, sondern auch durch das Auftischen der verschiedensten mit raffinierter Kunst bereiteten Leckerbissen und Delikatessen den Neid der törichten Menge erweckte ...«

An einem Beispiel zeigte Plutarch dann, daß Lucullus zu jeder Zeit darauf vorbereitet war, Gäste »lukullisch« zu bewirten: »Einmal traten auf dem Markt, wo er sich ohne besondere Geschäfte aufhielt, Cicero und Pompejus auf ihn zu. Cicero war einer seiner besten und vertrautesten Freunde, und zu Pompejus hatte er zwar seit beider Feldzügen in Asien ein gespanntes Verhältnis, doch pflegten sie Verkehr und sprachen öfters freundlich miteinander. Cicero begrüßte ihn nun und fragte, wie er über einen Besuch dächte, den sie ihm machen wollten. Als

Lucullus entgegnete, es passe ihm vorzüglich, und sie einlud zu kommen, sagte Cicero: ›Wir sind gern bereit, heute das Mahl bei dir einzunehmen, aber nur so, wie es schon vorgesehen ist.‹ Als hiergegen Lucullus Einwendungen erhob und verlangte, sie möchten lieber einen Tag später kommen, ließen sie sich nicht darauf ein und gestatteten auch nicht, daß er mit den Dienern sprach, damit er nicht mehr bestellte als das schon für ihn Vorgesehene. Nur so viel erlaubten sie ihm auf seine Bitte, zu einem der Diener in ihrer Gegenwart zu sagen, daß er heute im Apollon speisen wolle; das war der Name eines der Prunkzimmer, und damit hatte er die Männer schon, ohne daß sie es merkten, überlistet. Denn für jedes Speisezimmer war offenbar der Preis des darin aufzutragenden Mahles festgesetzt, und jedes hatte sein besonderes Geschirr und seine besondere Ausstattung, so daß die Sklaven, wenn sie hörten, wo er speisen wolle, gleich wußten, wieviel dafür auszugeben und welcher Schmuck und welche Ausstattung zu besorgen sei. Er pflegte aber im ›Apollon‹ für fünfzigtausend Sesterzen zu speisen. Diese Summe wurde auch jetzt ausgegeben, und so staunten Pompejus und Cicero ebensosehr über die Größe des Aufwandes wie über die Schnelligkeit der Zubereitung. Für solche Dinge machte Lucullus von seinem Reichtum einen gewissenlosen Gebrauch wie von etwas tatsächlich Erbeutetem und Barbarischem.«

Man sollte allerdings nicht außer acht lassen, daß Plutarch, der hundert Jahre nach Lucullus lebte, selbst an keinem jener Gelage teilgenommen hat und außerdem zu ausschmückenden Übertreibungen neigte. Von Festgelagen solcher Art machen nachfolgende Generationen sich nur allzuleicht übertriebene Vorstellungen. Das gilt zum Beispiel für die Zeit Ludwigs XIV. von Frankreich. Im allgemeinen Bewußtsein lebte der prunkliebende Sonnenkönig als ausgesprochener Schlemmer. Aber das ist nicht richtig. Zwar hat Ludwig abends meist mit gutem Appetit reichlich gegessen: Vier Teller verschiedener, oft dikker Suppen, ein ganzer Fasan, ein Rebhuhn, Salat, Hammelhaschee mit Knoblauch, zwei ansehnliche Scheiben Schinken, Backwerk, Süßspeise und Obst waren für ihn durchaus normal. Und das Mittagsmahl bestand gewöhnlich aus drei Gängen mit Nachspeise und einer Flasche Wein. Er legte viel Wert auf Gemüse, Kräuter, Früchte. Zum Frühstück jedoch aß Ludwig lediglich etwas Weißbrot, dazu trank er Wein und Wasser, niemals Tee, Kaffee oder Schokolade. Und zwischen den Mahlzeiten hat er nie etwas zu sich genommen. Er kann also nicht zu den Maßlosen gezählt werden, ist auch nicht dick geworden, sondern blieb bis ins Alter körperlich ziemlich fit, ging sogar immer noch auf die Jagd.

Ein wirklicher Vielesser aber war Georg Friedrich Händel. »Der Riesige speist nie anders, so hören wir raunen, als eine gedoppelte Platte von Mast-Kapaunen«, reimte sein Zeitgenosse, der Textdichter Paoli Rolli. Und eine zeitgenössische Karikatur (von 1754) zeigt den erfolgreichen Komponisten – der in England lebende Händel hat mit seiner Musik sehr viel Geld verdient – mit einem Schweinsrüssel statt einer Nase im Gesicht, mit maßlos verdickten Armen und Beinen auf einem Weinfaß vor einer Orgel sitzend, umgeben von Kapaunen, Schinken, Austern und Likören. Unterschrift: ›The Charming Brute‹ – das bezaubernde Untier.

Händels Freßgier war allgemein bekannt, so daß sein erster Biograph es sich nicht erlauben konnte, sie einfach zu verschweigen. In seiner 1761, ein Jahr nach Händels Tod erschienenen Biographie hat er »des großen Mannes niedrige Triebe«, denen er »so übermäßig nachgehängt«, entschuldigt: »Seine Arbeit erforderte beständige und reichliche Versorgung mit Lebensmitteln, um die erschöpften Geister, nach Nothdurft, zu ersetzen.«

Eine solche Entschuldigung kann natürlich für viele gelten. Etwa für Gustave Flaubert, den Dichter der ›Madame Bovary‹, der in jungen Jahren als ausgesprochen schön galt, aber bald aufgedunsen war, weil er immer zuviel aß und sich kaum noch bewegte. Er hat sich stets mit solchem Heißhunger aufs Essen gestürzt, daß Freunde mit ihm in Gaststätten nur Nebenräume benutzten. Denn Flaubert zog sich beim Essen nicht nur den Rock aus, öffnete den Hemdkragen, legte die Manschetten ab – auch die Schuhe zog er aus, weil er sie beim Essen als hinderlich empfand. Einer der ganz starken Esser war außerdem der Komponist Max Reger. Für ihn, der ähnlich wie Händel und Flaubert pausenlos arbeitete und nie Urlaub machte, war Essen die einzige Entspannung. Wenn seine Frau ihn nachmittags spazieren schickte, ging er ins Gasthaus, aß dort dreißig bis fünfunddreißig Weißwürste und kam gerade rechtzeitig zum Abendessen wieder heim, wo er tat, als sei nichts gewesen, und zu Abend aß.

Er meinte, sich das bei seiner »Bombengesundheit«, von der er so oft sprach, leisten zu können, ebenso wie das enorme Trinken. Zeitweise hat Max Reger sehr viel Alkohol getrunken. Später trank er, gleichsam als Ersatz, jeden Abend mehrere Liter Limonade. Aber im Alter von nur dreiundvierzig Jahren starb er, vermutlich an einem Herzinfarkt – allein, nachts in einem Hotelzimmer in Leipzig bei den Korrekturen an seinem 138. Werk –, nachdem er wenige Stunden zuvor wie so oft und so gern mit Freunden wieder einmal tüchtig gegessen und getrunken hatte.

Heute ist es trotz der immer raffinierter werdenden Kochkünste Mode geworden, beim Essen stets zugleich an die Folgen zu denken, an Übergewicht also, an Krankheit und letztlich an den Tod. Das tat auch Salvador Dali, der in seinem Haus in Port Lligat viele Jahre lang direkt auf einen benachbarten Friedhof sah und schon deswegen ständig an den Tod dachte. Aber Dali tat das auf eine ganz andere, geradezu entgegengesetzte Weise, die für alle jene, die gerne gut und viel essen, ein Trost sein kann. In seinem Buch ›Meine Leidenschaft‹ schrieb Dali (im Jahre 1930):

»Wollte ich sagen, daß ich ständig an den Tod denke, so wäre das unzureichend. Ich trage seine märchenhafte Gegenwart in mir. Besonders im Augenblick des Essens. Keine Mahlzeit, bei der sich nicht klar und deutlich die Realität des Todes zeigt und sich in ihrer unbedingten Legitimität aufdrängt. Während mir der Geruch gegrillter Sardinen in die Nase steigt, wende ich mich dem Friedhof zu, und meine gastronomische Glückseligkeit erhöht sich bei diesem Bewußtsein des Todes. Mein Appetit hebt Gräber aus. Während ich die geeignetsten Fleischstücke verzehre, die aus dem Meer kommen, sage ich mir: ›Ich bin nicht tot. Ich lebe, ich lebe!‹ Und das Wasser läuft mir doppelt im Mund zusammen ...«

3. Kapitel
Mit dem Geld nie ausgekommen

Mozart, Marx, Balzac, Rembrandt, Schiller, Friedrich Schlegel, E. T. A. Hoffmann, Adalbert Stifter

> Um durchzuhalten, mußte man stärker sein denn je, Geld haben, Gold machen ...
> Das Geld verschaffte uns alles, was wir uns an Schönheit und Güte wünschten.
>
> Salvador Dali

> Das ist ganz einfach,
> das Geld ist ein Symbol für alles.
>
> Napoleon

Mit seinem Geld auszukommen mag heute, da alles ständig teurer wird, schwieriger sein als in früheren Zeiten. Aber andererseits ist ökonomisches Geschick weniger eine Frage der Zeit als des Charakters. Zu allen Zeiten hat es Leute gegeben, die mit ihrem Geld nicht auskamen, weil sie einfach über ihre Verhältnisse lebten.

Ein geradezu klassisches Beispiel ist Karl Marx, der große Theoretiker, der sein Leben lang über Grundprobleme der Ökonomie nachdachte – ohne Erfolg für seinen privaten Bereich. Schon während seiner Studienzeit in Berlin gab er sein Geld (oder vielmehr das seines Vater) allzu sorglos aus. Der Vater, der viel Verständnis für ihn hatte, klagte:

»Als wären wir Goldmännchen, verfügt der Herr Sohn in einem Jahre für beinahe siebenhundert Taler gegen alle Abrede, gegen alle Gebräuche, während die reichsten keine fünfhundert ausgeben. Und warum? Ich lasse ihm die Gerechtigkeit widerfahren, daß er kein Prasser, kein Verschwender ist. Aber wie kann ein Mann, der alle acht oder vierzehn Tage neue Systeme erfinden ... muß ..., sich mit Kleinigkeiten abgeben?«

In der Tat waren die Ausgaben des jungen Marx beachtlich. In jenem Jahr, 1836, betrug das Jahresgehalt eines Berliner Stadtrats achthundert Taler, und während der achtzehnjährige Student Marx in einem Jahr siebenhundert verbrauchte, gedachte der acht Jahre ältere Ferdinand Freiligrath (ebenfalls als Student in Berlin) »mit hundertachtzig bis zweihundert Talern jährlich ganz famos auszukommen«.

Den jungen Marx scheint das Problem nicht allzusehr berührt zu haben. Jedenfalls schrieb der Vater in einem der nächsten Briefe, er werde von dem Sohn zwar über alle möglichen Dinge seines Studiums unterrichtet, in einem Punkt jedoch habe es der Sohn »klugerweise gut gefunden, ein vornehmes Schweigen zu beobachten«. Und diesen Punkt präzisierte der Vater dann so: »Ich meine das lumpige Geld, dessen Wert für einen Familienvater Du noch immer nicht zu kennen scheinst, ich desto mehr, und ich leugne nicht, daß ich mir zuweilen Vorwürfe mache, allzu schwach Dir den Zügel gelassen zu haben. So sind wir jetzt im vierten Monat des Justizjahrs, und schon hast Du zweihundertachtzig Taler gezogen. So viel hab ich diesen Winter noch nicht verdient ...«

Mit Geld konnte Marx einfach nicht umgehen. Trotz vieler Zuschüsse – anfangs vom Vater, wiederholt auch von der Mutter (die er zu Unrecht als geizig hinstellte), später immer wieder von seinem Freund Friedrich Engels – und trotz mehrerer Erbschaften kam Marx aus seiner finanziellen Misere sein Leben lang nicht heraus.

Freilich gab es für ihn Notzeiten. Und im Exil, in England – 1849 war er aus Preußen ausgewiesen worden – eine schließlich sechsköpfige Familie (Frau, drei Kinder und Haushälterin) über Wasser zu halten war sicherlich nicht leicht. Es kam vor, daß Marx die Wohnung nicht verlassen konnte, weil sich sogar seine Kleidung im

Pfandhaus befand. Doch der wohlhabende Engels sprang immer wieder ein, und seit 1869 (das heißt nach dem Tode seines Vaters) zahlte er Marx eine Jahresrente von siebentausend Mark. Aber prinzipiell änderte das nichts, weil dem Autor des ›Kapital‹ mit Geld nicht zu helfen war.

Immer häufiger mußte Engels Nachzahlungen leisten. Aber die Rechnung ging nie auf. Denn sobald Marx größere Summen in die Hände bekam – einmal fünftausend Mark durch eine Erbschaft seiner Frau, dann dreitausend von einem reichen Onkel und wenige Jahre später die damals beträchtliche Summe von etwa dreißigtausend Mark, die er selbst geerbt hatte –, hob er sofort seinen Lebensstandard. Als seine Frau erbte, zog er mit seiner Familie aus seiner Wohnung in ein Haus, um nach kurzer Zeit feststellen zu müssen: »Ich ... bin ... in einer verzweifelteren Situation als vor fünf Jahren ... Dabei ist das schlimmste, daß diese Krise nicht temporär ist. Ich sehe nicht, wie ich mich herausarbeiten soll ...«

Trotz dieser Erfahrung zog Marx sofort in ein größeres Haus und richtete es für fünfhundert Pfund Sterling neu ein, als er seine große Erbschaft machte. Nach nur einem Jahr mußte er schon wieder ins Pfandhaus gehen. An Engels, dem er die wahre Höhe seiner Erbschaft verschwiegen hatte, schrieb er: »Ich habe darüber pence für pence Buch geführt, weil es mir selbst fabelhaft war, wie das Geld verschwand ...« Und er gestand: »Ich wohne allerdings zu teuer für meine Verhältnisse, und außerdem haben wir dies Jahr besser gelebt als sonst ...«

Dabei war Marx nicht etwa ein Bohemien (wenngleich das häufig behauptet wurde), dem es nichts ausmachte, mal in Saus und Braus und dann wieder von der Hand in den Mund zu leben. Er und seine Frau waren vielmehr – so der Marx-Biograph Werner Blumenburg – in ihrer Lebensauffassung und Lebenshaltung durchaus bürgerlich: »Es war auch nicht nur Jenny Marx' Verlangen, den ›falschen Schein‹ aufrechtzuerhalten; Marx selbst erweckte vor Besuchern und überhaupt vor Fremden gern den Anschein, als lebe er in angenehmen bürgerlichen Lebensumständen.«

In diesem Punkt war Marx das gerade Gegenteil von Mozart, der zwar ebenfalls mit Geld nicht umgehen konnte, aber andererseits nicht verzweifelte, wenn das Geld verbraucht war. Doch mußte auch er, genau wie Marx, Bitt- und Bettelbriefe schreiben, wenn es am Notwendigsten fehlte. So wandte sich der Zweiunddreißigjährige an seinen Logenbruder Puchberg:

»Ihre wahre Freundschaft und Bruderliebe macht mich so kühn, Sie um eine große Gefälligkeit zu bitten: ich bin Ihnen noch acht Dukaten schuldig – überdies, daß ich außerstand bin, sie Ihnen zurückzuzahlen, so geht mein Vertrauen gegen Sie so weit, daß ich Sie zu bitten wage, mir nur bis künftige Woche (wo meine Academien im Casino anfangen) mit 100 fl* auszuhelfen; – bis dahin muß ich notwendigerweise meine Subscriptionsgelder in Händen haben und kann Ihnen dann ganz leicht 136 fl mit dem wärmsten Dank zurückzahlen ...«

Aber die Rückzahlung fiel ihm schwerer als gedacht. Und so folgten diesem ersten Bittbrief an den Logenbruder ein zweiter, ein dritter, in etwa anderthalb Jahren mehr als zehn. Gewiß hat Mozart nicht übermäßig viel Geld verdient. Gemessen an seiner Leistung war es sogar bitter wenig. Aber zu seiner Zeit (und noch bis hinein ins 19. Jahrhundert) wurden alle freien Künstler, vor allem die Komponisten, die Dichter und Schriftsteller – im Gegensatz zu heute, da das Urheberrecht geistiges Eigentum schützt –, in einem unvorstellbaren Maße ausgebeutet. Für seine Opern erhielt Mozart zum Beispiel nichts weiter als ein Honorar für die Komposition; an Aufführungen war er finanziell nicht weiter beteiligt. Und sogar Einnahmen aus Klavierauszügen waren nicht immer sicher, wie die erfolgreiche ›Entführung aus dem Serail‹

* Gulden

zeigt; da war ihm ein Augsburger Verleger mit einem Raubauszug zuvorgekommen.

Doch andererseits verdiente Mozart keineswegs so schlecht, daß er nicht davon hätte leben können. Wenn er seine Kompositionen den Verlegern zu Spottpreisen überließ, dann war das erst eine Folge seiner unökonomischen Lebensweise. Daran ist oft seiner Frau die Schuld gegeben worden. Aber Constanze hat nach Mozarts Tod als Witwe und in zweiter Ehe ausgesprochen ökonomisch gewirtschaftet. Als junge Frau Mozart, noch nicht zwanzig Jahre alt, hat sie sich indessen der sorglosen Lebensart ihres Mannes voll und ganz angepaßt. Wenn Geld hereinkam, wurde es sofort für gutes Essen, für Wein und Kleidung ausgegeben.

Der fünfundzwanzigjährige Mozart war als Konzertmeister und Hoforganist in Salzburg in der Besoldung immerhin den Hofräten fast gleichgestellt. Aber auch als freier Künstler hat Mozart, jedenfalls zeitweise, recht gut verdient. Auf eigene Rechnung gab er Konzerte, die nicht selten überfüllt waren; manche seiner Kompositionen hat er teuer verkauft, und auch das Honorar für seinen Unterricht in Klavier und Komposition war nicht gerade niedrig. Als Vater Leopold das junge Ehepaar in Wien besuchte, schrieb er der Tochter nach Hause: »Ich glaube, daß mein Sohn, wenn er keine Schulden zu bezahlen hat, jetzt 2000 fl in die Bank legen kann; das Geld ist sicher da, und die Hauswirtschaft ist, was Essen und Trinken betrifft, im höchsten Grad ökonomisch ...« Aber Mozart, der zu jener Zeit an nur einem Konzert fünfhundert Gulden verdiente, dachte gar nicht daran, Geld auf die Bank zu legen. Und überdies hat Mozart, der ein leidenschaftlicher Billardspieler war, bei diesem Spiel oft viel Geld verloren.

Während sich Mozart in Geldfragen gleichgültig und zugleich leichtsinnig verhielt, dachte Honoré de Balzac ein Leben lang daran, sein Geld gewinnbringend anzulegen. Dabei aber hat er sich immer wieder verrechnet. Im

Grunde konnte auch Balzac, der mit bewundernswerter Disziplin hart arbeitete und zeitweise sehr gut verdiente, mit Geld nicht umgehen. Verschlimmernd wirkte sich sein Pech in finanziellen Unternehmen dadurch aus, daß er seine großen Projekte meistens mit Fremdkapital startete.

Ein Verlagsobjekt, an dem er sich mit geliehenem Geld beteiligte, ging in Konkurs, und statt mit Gewinn stand Balzac mit Schulden da. Mit neuem Kapital erwarb er eine Buchdruckerei – nach nur einem Jahr war das Unternehmen pleite. Balzac brachte ein drittes Mal Kapital auf und kaufte dafür eine Letterngießerei. Damit war er schon nach fünf Monaten am Ende, und seine Schuldenlast war gewaltig geworden. Zu allem Unglück wurde er wenig später in den Konkurs eines anderen hineingerissen.

Im unerschütterlichen Vertrauen auf seine enorme Arbeitskraft brachte Balzac immer wieder Geld zusammen, indem er Rechte an Romanen verkaufte, die er noch gar nicht geschrieben hatte. Aber immer wieder hatte er Pech. Er beteiligte sich an Silberminen und hatte wieder nur Verluste. Und dasselbe Ergebnis brachte ihm der Erwerb von Eisenbahnaktien. Seine wachsende Schuldenlast zwang ihn zu immer größeren Anstrengungen. Und sein Traum, durch einen großen Coup mit einem Schlag aller Verpflichtungen ledig zu sein, wurde zur fixen Idee.

Als er während eines Besuches bei der Familie seiner zukünftigen Frau in Rußland deren riesige Eichenwälder sah, rechnete er sofort aus, daß der Verkauf des geschlagenen Holzes nach Frankreich, wo – so argumentierte er – »ungeheure Mengen von Eichenholz für Eisenbahnschwellen gebraucht« würden, der Familie nach allen Abzügen fürs Fällen, Zersägen, für den Transport und für beteiligte Bankiers einen Reingewinn von einer halben Million Francs bringen müsse. Aber die Familie der Frau von Hanska winkte ab – vermutlich zu ihrem eigenen Glück.

Denn wahrscheinlich hatte er sich auch dabei verrechnet, so wie er es bei dem Kauf, dem Umbau und der Einrichtung seines Hauses tat, das der Einundfünfzigjährige mit seiner Frau bezog. Hunderttausend Francs hatte er für alles veranschlagt. Die Endsumme belief sich auf das Dreifache. Während seine Schulden wuchsen, ließ seine Kraft immer mehr nach. Und plötzlich wollte er sparen: Das Dienstmädchen, meinte Balzac, der noch eben mit Millionen gerechnet hatte, sollte entlassen werden, um Lohn und Essen zu sparen. Und er fragte seine Schwester, ob sie ihm nicht jeden Montag ihre Köchin schicken könne, um für ihn, seine Frau und den alten Diener eine ganze Woche im voraus zu kochen. Zum Sparen aber war es längst zu spät. Kurze Zeit nach dem Einzug in das teure Haus ist Balzac gestorben. Und dann kam alles unter den Hammer, um die vielen Gläubiger wenigstens zu einem Teil zufriedenzustellen.

Ein zu teures Haus war auch für Rembrandt der Anfang vom Ruin. Hinzu kamen schlechte Geschäftsführung, seine Sammelleidenschaft – Rembrandt kaufte Gemälde, Teppiche, Perlen, Edelsteine, Waffen, Rüstungen, alte Möbel, chinesisches Porzellan, venezianische Gläser – und ein allzu großzügiger Lebensstil, den er sich nicht allein aufgrund seiner künstlerischen (und finanziellen) Erfolge, sondern mehr noch aufgrund der Mitgift und des Erbes seiner jungen Frau Saskia von Uylenburgh leisten zu können meinte. Seine Sammelleidenschaft indessen sowie Verluste im Kunsthandel und (nach dem Skandal um die ›Nachtwache‹) der Rückgang der Aufträge trieben den Zweiundfünfzigjährigen, der ein auf das Haus aufgenommenes Darlehen nicht zurückzahlen konnte, in Konkurs. Seine Sammlungen wurden versteigert, das Haus mußte er verkaufen – der Erlös deckte bei weitem nicht die Schulden. Rembrandts Sohn Titus (aus der Ehe mit der früh verstorbenen Saskia) und Hendrickje Stoffels, mit der Rembrandt seit mehreren Jahren zusammenlebte, gründeten eine Kunsthandlung, in die der geniale Maler Rembrandt, dessen Werke heute überhaupt nicht mehr zu bezahlen sind, zwei Jahre später als Angestellter eintrat!

Zwar bei weitem nie so gut verdient wie Rembrandt hat Friedrich Schiller, dennoch haben sie eines gemeinsam: Auch Schiller hat sich bei dem Erwerb eines Hauses übernommen, wenngleich die Sache dann anders ausging als bei Rembrandt. Von Anfang an bedeutete das Haus für ihn eine große finanzielle Belastung. Denn trotz des Verkaufs eines Gartenhauses in Jena (bei dem er Goethe um Vermittlung bat) brachte er nicht genug Bargeld zusammen, so daß er eine Hypothek aufnehmen mußte. Der Zweiundvierzigjährige, der Frau und zwei Kinder hatte, schrieb am 11. Februar 1802 an Goethe:

»Ich habe mich nun zum Ankauf des Hauses von Mellish entschlossen, da er etwas davon herunterläßt. Obgleich ich noch immer nicht wohlfeil kaufe, so muß ich doch zugreifen, um einmal für allemal dieser Sorge überhoben zu sein. Unter diesen Umständen ist es mir aber nun doppelt daran gelegen, meinen kleinen Jenaischen Besitz los zu werden, und ich bitte Sie daher, Götzen diese Angelegenheit aufzutragen. Die Anzeige in das Wochenblatt lege ich bei, wie auch eine kurze Notiz, was für das Gartenhaus jährlich an Steuern etc. erlegt wird. Der Ankauf hat mich 1150 Taler gekostet, und ich habe 500 Taler darein verbaut, wie ich mit den Rechnungen dokumentieren kann. Ich möchte nun freilich nicht gern dabei verlieren und womöglich noch etwas gewinnen ...«

Als Mindestpreis nannte Schiller 1500 Taler für sein Jenaer Gartenhaus. Acht Tage später antwortete Goethe ihm, daß von »seinem Gartenverkauf hier und da gesprochen« werde, doch gestand er: »Man zweifelt, daß Sie das Gewünschte dafür erhalten.« Immerhin konnte er ihm zehn Wochen später gratulieren: »Zuerst meinen herzlichen Wunsch, daß die Veränderung des Quartiers möge glücklich abgelaufen sein! Es soll mich sehr freuen Sie in einem neuen, freundlichen, gegen die Sonne und das

Grüne gerichteten Quartier gesund und tätig anzutreffen.«

Aber die Schulden, die er für das Haus aufgenommen hatte, und seine häufig schlechte Gesundheit bedrückten Schiller. Mehr und mehr sorgte er sich um die Zukunft von Frau und Kindern. Als seine Frau das vierte Kind erwartete, stellte er immer wieder finanzielle Vorausberechnungen bis hin zum Jahre 1809 an, seinem fünfzigsten Geburtstag. Zu jener Zeit beliefen sich seine Grundeinkünfte, die der Herzog ihm zahlte, immer noch auf vierhundert Taler im Jahr. (Goethes Ministergehalt betrug dreitausend Taler.) Der Vierundvierzigjährige schrieb an Goethe: »Ich brauche jährlich 2000 Taler um mit Anstand hier zu leben, davon habe ich bisher über zwei Dritteile, zwischen 14- und 1500 Taler, mit meinen schriftstellerischen Einnahmen bestritten. 1000 Taler will ich also gern jährlich von dem Meinigen zusetzen, wenn ich nur auf 1000 Taler fixe Einnahmen rechnen kann. Sollten es die Umstände nicht erlauben, meine bisherige Besoldung von 400 Talern sogleich auf 1000 zu erhöhen, so hoffe ich von der gnädigen Gesinnung des Herzogs, daß er mir 800 für jetzt bewilligen und mir die Hoffnung geben werde, in einigen Jahren das 1000 voll zu machen. Sagen Sie mir, bester Freund, der Sie meine Lage und die hiesigen Verhältnisse kennen, was Sie von der Sache denken und ob Sie glauben, daß ich mich, ohne den Vorwurf der Unbescheidenheit, in solchen Terminis gegen den Herzog erklären kann.«

Daß Schiller überhaupt wagte, die Möglichkeit einer Verdoppelung seiner Besoldung (oder gar mehr) zu fordern, hängt mit einem Angebot aus Berlin zusammen. Einzelheiten sind zwar nicht bekannt, doch war da von einem Jahresgehalt von dreitausend Talern die Rede und von einer Hofequipage. Schiller blieb dann doch in Weimar, wo der Herzog seine Besoldung wirklich auf achthundert Taler anhob. Aber obgleich auch seine schriftstellerischen Einkünfte wuchsen, blieb die Sorge um die

Zukunft – und immer von neuem stellte er seine Vorausberechnungen an. »Wenn nur Leben und leidliche Gesundheit bis zum 50. Jahr anhält«, schrieb er. Seinen fünfzigsten Geburtstag hat Schiller nicht mehr erlebt; er starb im Alter von fünfundvierzig Jahren.

Schiller machte seine Schulden aus Sorge um die Familie, der er ein Heim schaffen wollte. Der Romantiker Friedrich Schlegel – Dichter, Kritiker, Begründer der altindischen Philologie in Deutschland – machte sie aus Leichtsinn. Über den Zweiundzwanzigjährigen klagte die Mutter in einem Brief an Friedrichs Bruder August Wilhelm: »Wieder auf Fritz zu kommen, was meine Angst und Sorge um ihn vermehrt ist, daß er sich auf keine Weise wird wissen einzuschränken, er ist gar zu sinnlich und mag auch gern auf dem vornehmen Fuß sein, dann hält er sich immer mit Hoffnungen hin, und wenn ihm eine Hoffnung nach der andern fehl schlägt, so fürchte ich alles von ihm.«

Nicht nur wegen seiner ständigen Schulden machte sie sich Sorgen, sondern wegen seines gesamten in ihren Augen höchst liederlichen Lebenswandels. In einem anderen Brief an August Wilhelm schrieb sie: »Fritz hat sich mir schon durch seinen Roman* als einen gezeigt, der keine Religion und keine guten Grundsätze hat. Ich wollte lieber, daß er ein ganz ordinärer, aber guter und nützlicher Mensch wäre ...«

Was Friedrich Schlegels Verhältnis zum Geld angeht, so sollte seine Mutter recht behalten. Schlegel hat sein Leben lang Schulden gemacht. Nur fand sich immer jemand, der für sie aufkam, anfangs die Mutter, häufig der ältere Bruder, mehrmals Freunde und schließlich seine Frau. Dabei hat Schlegel fast immer recht gut verdient, zunächst mit seinen vielen literarischen Arbeiten und später als k. k. Legationsrat in Metternichs Diensten. Doch gerade der Legationsrat geriet in eine derart tiefe

* ›Lucinde‹

Verschuldung, daß er sich gezwungen sah, seine Frau zu deren Söhnen nach Rom zu schicken, um den eigenen Haushalt einzuschränken.

Aber was hieß einschränken? Friedrich Schlegel hat ein Vermögen in Kaffee- und Wirtshäuser getragen. Als er während des Wiener Kongresses von der österreichischen Staatspolizei überwacht wurde, lautete ein Bericht über ihn: »Hofsekretär Schlegel gewöhnt sich seit acht und mehreren Tagen, sich des öfters mit Wein zu restaurieren und hierzu hat er verschiedene Orte. Sie sind das Kaffeehaus in der Herrengasse, das Kaffeehaus bei Benko am Stefansplatz, die Weinhandlung zur Rose am Graben, bei Lenkey im Liliengassel, bei Reich am Hohen Markt. Es werden täglich 2, 3 dieser Orte, auch mehrere, und am 15. d. alle fünf der Reihe nach besucht und Stärkungen genommen.«

Als Friedrich Schlegel im Alter von sechsundfünfzig Jahren starb, vermutlich an einem Herzinfarkt, hinterließ er nicht nur eine Fülle unveröffentlichter Manuskripte, sondern – wie seine Witwe mitteilte – »mehrere Schulden«, aber »kein Vermögen«. Seine Art zu leben, in der die Mutter stets nur mangelnden Ordnungswillen sehen konnte – bei einem Mann, der das gesamte Wissen seiner Zeit neu ordnen wollte –, hing mit seiner Auffassung von Genie zusammen. Wesentliches Merkmal des Genies – und er hielt sich für eines, zu Recht – war für ihn die Freiheit. »Ich kann nicht gefesselt sein«, schrieb er seinem Bruder, »ich muß und will mir selbst leben, sicher und unbesorgt über das, was mir dabei aufstoßen mag ...«

Eine ähnliche Auffassung vertrat ein anderer großer Romantiker, dessen Name und Werk international bekannt sind: Ernst Theodor Amadeus Hoffmann. Von seinen phantastischen Romanen und mehr als siebzig Erzählungen gehören viele, wie zum Beispiel ›Die Elixiere des Teufels‹, ›Die Lebensansichten des Katers Murr‹, die Erzählung vom Nußknacker und Mäusekönig, die

Tschaikowski in seinem berühmten Ballett verarbeitete, noch heute zu den wahren Bestsellern. Hoffmann, der einen bürgerlichen Beruf erlernt hatte – er war Jurist und arbeitete zuletzt als Rat am Berliner Kammergericht –, aber zugleich Dichter, Maler, Musiker, Komponist war und auf all diesen Gebieten zukunftweisend gewirkt hat, hinterließ bei seinem Tode (im Alter von sechsundvierzig Jahren) so viele Schulden, daß seine Frau sich gezwungen sah, die Erbschaft (mit seinem Nachlaß) auszuschlagen.

Das meiste Geld hatte Hoffmann, der ein Trinker war, für Alkohol ausgegeben. Und so war denn sein Hauptgläubiger der Inhaber jener Berliner Weinstube, in der Hoffmann viele Jahre lang fast Abend für Abend gesessen und getrunken hatte. In einem posthumen Kreditverfahren hat der Wirt jedoch auf seine Forderung von eintausendeinhundertsechzehn Reichstalern und einundzwanzig Groschen verzichtet, und zwar mit der Begründung, daß Hoffmann den Schaden durch die vielen Gäste, die er der Weinstube zugezogen, mehr als gutgemacht habe.

Nie mit seinem Geld ausgekommen ist auch der Biedermeierdichter Adalbert Stifter. Immer wieder bat er seinen Verleger um Vorschuß, immer wieder klagte er, daß er zu wenig verdiene. Dabei bezog er als Schulrat ein sicheres Beamtengehalt und später eine Pension. Man kann nicht sagen, daß er aufwendig gelebt hat. Aber er und seine Frau legten Wert darauf, als »standesgemäß« zu gelten. Das hieß: eine große Wohnung, modische Garderobe, eine ständige Loge im Theater, für die Frau Schulrätin Fiakerfahrten. Hinzu kam Stifters Leidenschaft für alte Möbel. Nicht unbeträchtlich waren auch die laufenden Ausgaben für gutes und reichliches Essen, für Wein, Zigarren und ausgesucht guten Tabak. Und nicht zu vergessen sind schließlich die Kosten für Stifters Hobby, die Malerei, ferner für Kuraufenthalte in Karlsbad und für Reisen.

Als er sechsunddreißig Jahre alt war und erst einige wenige Erzählungen veröffentlicht hatte, und zwar in

Zeitschriften und Almanachen, und die ›Studien‹ noch im Entstehen waren, bat Stifter seinen Verleger Gustav Hekkenast zum erstenmal in »höchster Noth« um einen Vorschuß. Und von da an immer wieder mit immer neuen Begründungen. Einmal hatten die Metternichs, bei denen er Hauslehrer war, sein Honorar nicht termingerecht gezahlt. Ein anderes Mal mußte er nach einer Erbschaft seine Geschwister auszahlen, und seinem Verleger, dem er zu jener Zeit schon zwei neue Bände mit Erzählungen schuldete, versprach der Achtunddreißigjährige: »Daß ich nie einen anderen Verleger suchen werde als Sie.« Kaum ein Jahr darauf fügte er einem langen Brief an Hekkenast wieder – wie er es nannte – »eine Plage« an: »Am 24. April ist ... Hauszinstag, ich gab wieder mehr aus als ich sollte, und ich bitte um einen Vorschuß ...« Zwar gestand er: »Es geht mir jetzt wohl sehr gut in finanzieller Hinsicht, aber die Frühlingstage verlangten mehr, als ich dachte, Wohnungsreparatur etc.«

Während Heckenast für seinen Autor viel Verständnis zeigte, manövrierte sich dieser in eine wachsende Abhängigkeit hinein, zumal er mit der Lieferung der versprochenen Werke mehr und mehr in Rückstand kam. Und so mußte der fünfundvierzigjährige Stifter seinem Verleger, der schließlich sein Schäfchen ins Trockne bringen wollte, an den inzwischen sechsbändigen ›Studien‹ alle Rechte abtreten.

Noch im selben Jahr wurde Stifter zum Schulrat ernannt. Nun hatte er (bis zu seinem Tode) endlich, was er sich so lange ersehnt hatte, nämlich ein festes Einkommen, aber im Prinzip änderte sich gar nichts. Nach nur einem Jahr bat er Heckenast wieder um Vorschuß: »ich habe nehmlich Gelegenheit ein allerliebstes Gärtchen in meiner Nähe zu erwerben, für mich Blumen- und Pflanzenfreund längst ein sehnlicher Wunsch ...« So geriet er von neuem in Abhängigkeit und mußte dem Verleger auch an den ›Bunten Steinen‹ sämtliche Rechte abtreten, noch ehe diese überhaupt vollendet waren.

In den Briefen der folgenden Jahre an Heckenast ist immer und immer wieder von Geld die Rede und von Bitten um Vorschüsse. Aber während die Schuldenlast wuchs, träumte Stifter (ebenfalls in einem Brief an den Verleger): »Lachen Sie nicht; ... ich habe auch Schritte getan, um mir meine Schöpfungsmuße herbei zu führen, ich habe mich für jene Anleihe eingeschrieben, und will im April 1855 200000 fl gewinnen, dann ist allem abgeholfen. Eine Wohnung in Wien und ein reizendes, aber einfaches Landhaus, einige schöne Bilder und ein Leben, wie es in den Feldblumen steht – wenn das Glück nicht blind wäre, so ließe sich unsäglich Herrliches machen.«

Doch das Glück blieb blind. Oder anders gesagt: Stifter, obgleich ein großer Pedant, konnte mit Geld nicht umgehen. Immer blieb er in Geldnöten, häufig mußte er Freunde oder gute Bekannte um Darlehen bitten. Und zeitlebens hat er nicht nur davon geträumt, sondern auch versucht, seine finanzielle Lage mit einem Schlag entscheidend zu verbessern. Deswegen ließ er sich auf riskante Aktienspekulationen ein (wobei er verlor), und in der Hoffnung, einmal das große Los zu gewinnen, spielte er regelmäßig in der Lotterie (wobei er ebenfalls verlor).

In diesem Punkt sah Marx klarer: »Wüßte ich nur irgendein business anzufangen!« schrieb er im August 1862 an Engels; »grau, teurer Freund, ist alle Theorie, und nur das business ist grün. Ich bin leider zu spät zu dieser Ansicht gekommen.«

4. Kapitel
Auf Reisen gefangen und erpreßt

Platon, Cäsar, Miguel de Cervantes, Johann Friedrich Keßler. Und berühmte Piraten …

> Gefragt, ob sie Seeräuber seien, leugnen sie es keineswegs, halten ihre Taten auch nicht für unanständig, und es gibt niemanden, der ihnen darob Vorwürfe macht.
>
> Thukydides (um 400 v. Chr.)

Manche sehen eben darin den Fluch der Technik: daß ein wenig Frechheit und eine Handvoll Dynamit, ja schon die Drohung, welches bei sich zu haben, heutzutage ausreichen können, ein Flugzeug mit Passagieren und Besatzung zu entführen. Je weiter der Fortschritt, sagen sie, desto größer die Anfälligkeit, die Gefährdung, der Mangel an Sicherheit in unserer so kompliziert gewordenen Welt. Und nur allzugern beschwören Kulturpessimisten und Fortschrittsgegner die schon so oft beschworene »gute alte Zeit«, in der alles zwar langsamer und bedächtiger, dafür jedoch sehr viel ungefährlicher zugegangen sei. Aber sie irren. Denn was die Piraterie betrifft, so hat sich grundsätzlich nichts geändert, in Jahrtausenden nicht: Das Wort, aus dem Griechischen kommend, ist geblieben, das Verbrechen auch; nur fand es in der guten alten Zeit auf den Meeren statt – da jedoch sehr viel häufiger als heute in der Luft. Und das eigentlich zu allen Zeiten.

Schon bei Homer heißt es: »Schweift ihr wohl gar, dem Gewerb der Piraten zu frönen? Kühnlich wagen das Haupt sie und bereiten den anderen Kummer.« Und Marcus Tullius Cicero, der römische Redner und Politiker, der im Jahre 43 v. Chr. ermordet wurde und heute als »Begründer des toleranten Menschen im Abendland« gilt, sagte: »Pirata communis hostia omnium – ein Seeräuber ist allgemein jedermanns Feind; man braucht ihm weder Wort noch Eid zu halten.« Ein paar Jahre zuvor war der fünfundzwanzigjährige Cäsar auf dem Weg nach Rhodos, wo er die berühmte Rednerschule besuchen wollte, von Seeräubern gekidnappt worden, und zwar in der Nähe von Milet.

Die Seeräuber machten damals das Mittelmeer unsicher, und von dem Erlös aus ihrer Beute und ihren Gefangenen lebten sie nicht schlecht, denn die Sache mit dem Lösegeld klappte eigentlich immer. Rom hatte verfügt, daß im östlichen Mittelmeer die Küstenstädte Kleinasiens für die durch Seeräuber entstandenen Unkosten aufzukommen hatten. Als die Piraten das Lösegeld für Cäsar auf zwanzig Talente (hunderttausend Goldmark) ansetzten, soll er, der ja nie unter Minderwertigkeitskomplexen litt, sie ausgelacht und gesagt haben: »Ihr wißt wohl nicht, wen ihr vor euch habt!« Angeblich brachte er die Piraten dahin, seinen Wert anderthalbmal so hoch, also auf fünfzig Talente zu veranschlagen. Und tatsächlich soll dann ein so hohes Lösegeld gezahlt worden sein.

Indem der junge Cäsar auf solch geschickte Weise (und eigentlich auf Staatskosten) Imagepflege betrieb, machte er im Grunde nur das, was so viele andere vor und nach ihm ebenfalls taten, nämlich sich irgendwie mit den Piraten zu arrangieren, sie sich möglichst sogar nutzbar zu machen. Immer wieder gab es Landesherren, Könige, Fürsten, auch Päpste, die mit Piraten gemeinsame Sache machten, sie duldeten oder unterstützten im Kampf gegen eigene Widersacher. Das war es, was die Piraterie so langlebig machte, wenn auch nicht im Fall Cäsars. Er hat, heißt es, nach seiner Auslösung Schiffe und Mannschaften gechartert, die Piraten gefangennehmen und ans Kreuz schlagen lassen.

Aber schon Dionysios I., Tyrann von Syrakus, hat mit

Seeräubern zusammengearbeitet, als es ihm darum ging, den Philosophen und politischen Besserwisser Platon auf elegante Art loszuwerden. Als Platon nach seinem ersten Sizilienbesuch nach Athen zurückfuhr, soll Dionysios Seeräubern einen Tip gegeben haben. Jedenfalls wurde das Schiff, auf dem Platon fuhr, gekapert, und wenig später wurde der Philosoph auf dem Sklavenmarkt von Ägina zum Verkauf ausgestellt. Zum Glück sah ihn da ein Freund, der auch Geld genug hatte, um ihn loszukaufen. (So berichtet Diogenes Laertios, und viele Historiker halten seinen Bericht für authentisch.) Das war vor gut zweitausenddreihundert Jahren. In wirklich großem Stil mit einem Piraten zusammengearbeitet hat Königin Elisabeth I. von England, Tochter Heinrichs VIII. und Anna Boleyns, als sie den Freibeuter Francis Drake anheuerte. Drake hatte eine Zeitlang mit Sklavenhandel zu tun gehabt, mit dem Transport von Schwarzen, die in der Neuen Welt an die Spanier verkauft wurden; dann war er umgestiegen auf die noch einträglichere Seeräuberei in der Karibik, wo das Kapern spanischer Frachtschiffe reiche Beute brachte. Nichts anderes sollte er schließlich für Elisabeth machen, mag der offizielle Auftrag auch anders gelautet haben.

Von Elisabeth erhielt Francis Drake Geld für die Ausrüstung einer »Expedition«. Ende 1577 verließ er mit fünf Schiffen und hundertvierundsechzig Mann den Hafen von Plymouth und segelte nach Südamerika, wo er spanische Hafenstädte überfiel und ausraubte. Mit nur einem Schiff, der »Golden Hind«, traf er nach einer Fahrt rund um den Erdball im September 1580 in Plymouth wieder ein, mit Gold, Silber, Edelsteinen, mit Seide und Gewürzen. Königin Elisabeth kam persönlich an Bord, um die Beute in Augenschein zu nehmen und Francis Drake in Anerkennung seiner Erfolge zum Ritter zu schlagen. Und dann wurde Sir Francis, der sich in den folgenden Jahren in Kämpfen gegen die Spanier auszeichnete, zuletzt als Vizeadmiral bei der Vernichtung der Armada im

Jahre 1588, Bürgermeister von Plymouth und Mitglied des Parlaments.

Noch weiter hat es zu Beginn des 15. Jahrhunderts der Pirat Balthasar Cossa gebracht, der mit Raubzügen im Tyrrhenischen Meer begonnen hatte und eines Tages mit einer Söldnerschar die Stadt Bologna eroberte und sie Papst Bonifatius IX. gewissermaßen zu Füßen legte. Bonifatius zeigte sich erkenntlich und ernannte Cossa zum päpstlichen Kämmerer und zum Kardinal. Mit Rücksichtslosigkeit und Gewandtheit wußte der einstige Pirat sich auch in diesem Metier durchzusetzen. Im Jahre 1410 ließ er sich zum Papst wählen, zum dritten, denn es gab schon zwei, einen in Rom und einen zweiten in Avignon. Fünf Jahre lang hielt er sich, unter dem Namen Johannes XXIII., dann wurde er wieder abgesetzt und wird seitdem zu den Gegenpäpsten gezählt. Aber einige Jahre später erhielt er den Titel Kardinalbischof und die Pfründe Tusculum.

Balthasar Cossa und Francis Drake sind Beispiele dafür, daß es für Piraten besser war, nicht ein ganzes Leben lang auf die Piraterie zu setzen, sondern beizeiten umzusteigen oder in den Staatsdienst zu gehen. Denn immer wieder wurde versucht, die Meere von Piraten zu säubern, und das ja keineswegs immer ohne Erfolg. Zur Zeit Cäsars, als die Seeräuberei schließlich solche Ausmaße annahm, daß sogar die Getreidelieferungen für die Hauptstadt Rom gefährdet waren, wurde der Feldherr Gnaeus Pompejus beauftragt, Ordnung zu schaffen. Er stellte eine beachtliche Streitmacht auf, und zwar zur See und auf dem Land, so daß er die Seeräuber überallhin verfolgen konnte. Fünfhundert Schiffe setzte er ein, wobei entscheidend war, daß es sich dabei um einen neuen Schiffstyp handelte, wendig, klein, schnell.

Ähnlich war es fast anderthalb Jahrtausende später, als die »Vitalienbrüder«, die sich zeitweise auch »Likedeeler« nannten, weil sie angeblich ihre Beute gleichmäßig untereinander teilten, auf Ost- und Nordsee ihr Unwesen trieben. Mit ihrer wendigen Segeltechnik waren sie den schwerfälligen Handelsschiffen überlegen. Erst als die Hamburger ein nach damals neuesten Errungenschaften gebautes Schiff einsetzten, die berühmte »Bunte Kuh«, hatten sie gegen die Seeräuber Erfolg. Es nahm das Flaggschiff der Likedeeler »auf die Hörner«, wobei einer der berüchtigsten Piratenführer, Klaus Störtebeker, gefangengenommen wurde. Vor den Toren Hamburgs wurde er dann hingerichtet und sein Kopf auf einen Pfahl gesteckt. Wenig später traf Störtebekers Kumpan Godeke Michels und zweiundsiebzig seiner Gefährten das gleiche Los. Das war im Jahre 1402.

Nur dank seiner hervorragend bestückten Galeeren, die zwar schwerfällig, aber stark wie Festungen waren, hatte im 16. Jahrhundert der von Kaiser Karl. V zum Obersten Admiral ernannte Andrea Doria Erfolg. Von Genua aus sollte er das Mittelmeer von den Türken und den mit ihnen verbündeten tunesischen Seeräubern unter ihrem Piratenadmiral Azor, dem »Rotbart«, befreien. Im Jahre 1535 eroberte Doria in Tunis Azors Hauptquartier. Der »Rotbart« selbst konnte allerdings entkommen und richtete noch allerhand Unheil an.

Überhaupt blieb das Mittelmeer trotz Andrea Dorias Erfolge gegen die Türken noch lange ein Paradies für Seeräuber. Und so mancher Seefahrer mußte dafür Opfer bringen an Freiheit, Gesundheit, Geld oder gar Leben. Einer von den vielen, die es dabei hart getroffen hat, war Miguel de Cervantes Saavedra, der Dichter des ›Don Quijote‹. Im Alter von einundzwanzig Jahren hatte er sein Heimatland Spanien verlassen und war nach Italien gegangen, wo er sich als Söldner für den Seekrieg gegen die Türken anheuern ließ.

Er nahm an der berühmten Seeschlacht von Lepanto teil, am 7. Oktober 1571, in der die italienisch-spanische Flotte unter Juan d'Austria, dem Halbbruder König Philipps II. von Spanien, einen entscheidenden Sieg über die Türken errang. Cervantes fuhr auf der spanischen Galeere »La Marquesa«, auf der es zum Kampf Mann gegen Mann kam, bei dem er sich wegen Tapferkeit auszeichnete und verwundet wurde. Auch bei späteren Einsätzen hat Cervantes sich ausgezeichnet. Deswegen sollte er – inzwischen fast achtundzwanzig Jahre alt – zum Hauptmann befördert werden. Von Don Juan d'Austria und vom spanischen Vizekönig in Neapel hatte er entsprechende Empfehlungsschreiben an den Spanischen Hof bei sich, als er im September 1575 in Begleitung seines Bruders Rodrigo, der ebenfalls bei der Flotte diente, auf der Galeere »El Sol« in Richtung Spanien fuhr, wo er seine Beförderung betreiben sollte. Aber vor der Rhônemündung wurde die »El Sol« von drei türkischen Galeeren angegriffen und die Besatzung überwältigt.

Die Brüder Cervantes kamen als Sklaven nach Algier, wo man sie wegen der Empfehlungsschreiben, die man bei Miguel fand, für besonders bedeutende Leute hielt und deswegen auf ein hohes Lösegeld spekulierte. Dies brachte den Brüdern aber nicht nur Nachteile: So wurde Miguel für seine wiederholten Fluchtversuche nicht in der sonst üblichen Weise mit dem Abschneiden von Nase und Ohren bestraft, denn derart verstümmelt hätte er möglicherweise nicht mehr so viel einbringen können.

Seinen ersten Fluchtversuch wagte Cervantes schon ziemlich bald – er war zwar anfangs angekettet gewesen, konnte sich dann aber etwas freier bewegen. Zusammen mit mehreren Leidensgenossen bestach er einen Mauren, ihn und die anderen nach Orán zu bringen, das noch den Spaniern gehörte. Aber nach eintägigem Fußmarsch ließ der Maure die Flüchtlinge im Stich. Ohne ihren Wegführer sahen sie sich gezwungen, freiwillig nach Algier zurückzugehen. Cervantes wurde mit Schlägen bestraft und dann für längere Zeit in Ketten gelegt und besonders sorgfältig bewacht.

Inzwischen war ein ebenfalls in Gefangenschaft geratener Freund von ihm, ein Fähnrich, losgekauft worden und hatte daheim den Angehörigen der Brüder Cervantes

Nachricht von ihrem Schicksal gebracht. Wie Cervantes später erzählte, hat der Vater sofort seine gesamte Habe, einschließlich der Mitgift der unverheirateten Töchter, verpfändet, um seine Söhne auszulösen. Aber als das Geld in Algier eintraf, erklärte der Algerier, der die Brüder als sein Eigentum ansah, daß er für die überbrachte Summe nur einen von ihnen freigeben könne.

Miguel ließ den Bruder nach Hause ziehen, bat ihn jedoch, sobald als möglich eine Fregatte auszurüsten, die ihn und einige Mitgefangene ein Jahr später an einem verabredeten Punkt an der Küste aufnehmen sollte. Im Vertrauen auf den Bruder bereitete Cervantes dann für sich und vierzehn Mitgefangene die Flucht vor. Er ließ außerhalb der Stadt eine Höhle herrichten, wo sich die Gefangenen schon vor dem verabredeten Termin verstecken konnten. Bestochene Eingeborene versahen sie dort über mehrere Wochen mit den nötigen Nahrungsmitteln. Als letzter stieß Cervantes selbst zu der Gruppe. Und dann erschien wirklich zur abgemachten Zeit die Fregatte. Aber algerische Fischer bemerkten sie und schlugen Lärm, und so flog das ganze Unternehmen auf. Die Flüchtlinge wurden wieder gefangengenommen, und Cervantes, der zugab, die anderen zur Flucht verleitet zu haben, mußte diesmal für mehrere Monate in Ketten.

Doch er gab noch immer nicht auf. Er überredete einen Wächter, dem spanischen Kommandanten in Orán einen Brief zu bringen. Auf dem Weg dorthin wurde der Mann gefaßt. Und Cervantes wurde wegen des Briefes, in dem er den Spanier um Fluchthilfe gebeten hatte, zu zweitausend Stockschlägen verurteilt, die man ihm dann allerdings erließ.

Noch einen weiteren Fluchtversuch bereitete Cervantes vor, diesmal mit etwa fünfzig anderen. Wieder sollte eine Fregatte ausgerüstet werden und die Gefangenen irgendwo aufnehmen. Diesmal wurde der Plan bereits vorab von einem Dominikanermönch, der dadurch seine eigene Lage verbessern wollte, verraten. Inzwischen saß Cervantes schon vier Jahre als Sklave in Algier.

Während der ganzen Zeit hatten seine Angehörigen daheim sich um das erforderliche Lösegeld bemüht. Verlangt wurden fünfhundert Goldtaler. Sie hatten alles mögliche versucht, diese hohe Summe aufzubringen, hatten auch an den König geschrieben, aber anders als einst Rom kümmerte sich die spanische Krone wenig um das Los ihrer gefangenen Bürger. Es waren schließlich knapp dreihundert Taler, die die Familie Cervantes einem Trinitarierpater übergab, damit er sie seinen Ordensbrüdern in Algier, die dort Vermittlerdienste leisteten, weitergab. Durch ihre Beziehungen zu christlichen Kaufleuten, die in Algier ebenfalls geduldet waren, solange sie nur entsprechende Abgaben an die Algerier zahlten, trieben die Ordensbrüder das restliche Geld auf, allerdings nur in Form eines Kredits, den Cervantes später im spanischen Orán abarbeiten mußte. Am 19. September 1580 war Miguel de Cervantes endlich frei, nach fünf Jahren und einem Monat Sklaverei.

Er war nun dreiunddreißig Jahre alt und körperlich nicht mehr in der besten Verfassung. Und da er in der militärischen Laufbahn für sich keine Chance mehr sah, setzte er sich hin und begann zu schreiben, zunächst einen Schäferroman, wie man sie zu seiner Zeit so sehr liebte, dann auch Schauspiele, eines über die Sklavenhändler in Algier. Aber leben konnte er davon kaum. Er ließ sich dann noch einmal von der Flotte anheuern, als Proviantverwalter, wurde danach Steuereintreiber und kam schließlich wieder auf die Schriftstellerei zurück. Als Satire auf die Ritterromane, die damals den Buchmarkt beherrschten, schrieb er sein Hauptwerk, das ihn unsterblich machte, den Roman ›Der geniale Hidalgo Don Quijote von der Mancha‹, dessen erster Teil im Jahre 1605 erschien.

Für die Piraten und die Sklavenhändler, die im Gesamtwerk des Cervantes eine wichtige Rolle spielen, blieb das

Mittelmeer auch weiterhin ein höchst einträgliches Beuterevier. Noch im späten 18. Jahrhundert war es nicht ungefährlich, dort zu fahren. In seinen ›Reisen zu Wasser und zu Land‹ berichtet der deutsche Chirurg Johann Friedrich Keßler, wie er im Jahre 1775 vor der nordafrikanischen Küste von Seeräubern gefangengenommen wurde. Verwundet brachte man ihn nach Algier und versteigerte ihn an einen Berber. In dessen Haus wurde er nachts mit anderen Sklaven im Keller eingesperrt. Wegen einer gefährlichen Wunde am Fuß kam er dann jedoch in ein Gefangenenlazarett. Keßler schreibt, daß in Algier damals eigentlich alle nur von der Arbeit der gefangenen Christen lebten beziehungsweise von den eingehenden Lösegeldern. Er selbst kam durch seine Geschicklichkeit im Umgang mit dem Rasiermesser ganz gut über die Runden:

»Meine Kunst, gut zu rasiren, war ruchbar geworden. Eines Tages trat der Slesky, einer von den obersten Aufsehern des Lazareths, zu mir und befahl mir, ihm unverzüglich zu folgen. Ich gehorchte und trat mit ihm in ein Gemach seines Hauses, wo auf einem Tische ein Dutzend guter Rasirmesser lagen. Ohne ein Wort zu sprechen, warf er ein Kleidungsstück nach dem andern von sich, entblößte den Leib und befahl mir nun, ihn überall zu rasiren, wo ich Haare fände. Da mir die Sitte, die den Mohren befiehlt, sich alle Monate beym Eintritt des ersten Mond-Viertels auf diese Art rasiren zu lassen, völlig unbekannt war, so wußte ich freylich Anfangs nicht, was ich vor Verwunderung denken sollte. Indessen griff ich das Werk mit Freuden an und vollendete es zu seiner Zufriedenheit ...«

Am folgenden Tag vermittelte jener Aufseher, den Keßler so gut rasiert hatte, ihm einen zahlenden Kunden, jedoch nur, um sich an dem Geschäft zu beteiligen: »Er führte mich in ein wohlgebautes Haus, an das ein schöner Garten stieß, ..., und führte mich durch eine Reihe reichverzierter Gemächer ... Ich trat in ein noch prächtigeres

Zimmer, in welchem der Eigentümer des Hauses auf einem seidenen Sofa lag. Der Slesky zeigte auf mich und sprach dann wieder mit dem Fremden. Dieser nickte mir ziemlich freundlich zu und zeigte gegen die Türe. Der Slesky verließ mit mir das Gemach und führte mich in ein drittes, wo ich zwei bejahrte Weiber antraf, die sich jedoch, nachdem sie ein großes silbernes Becken mit Wasser hereingetragen hatten, sogleich entfernten. Kaum waren diese hinaus, als ihr Gebieter und Herr (der nämliche, den ich auf dem Sofa gesehen hatte) zu mir hereintrat, mir durch einen Kulon (einen Sklaven) ein scharfes Scheermesser überreichen ließ, sich dann nackend in das silberne Becken legte und mir nun winkte, daß ich ihn rasiren möchte. Ich erfüllte seinen pantomimischen Befehl, wie es schien, zu seiner Zufriedenheit, und sobald ich damit fertig war, überreichte er mir zur Belohnung 6 Sopikas (nach unserem Gelde ungefähr 4 Groschen); aber kaum war ich außerhalb der Mauern des Hauses, als mir der hartherzige Slesky das Geld bis auf einen Sopika abnahm. Doch auch dieser einzige machte mich schon äußerst munter, da ich lange Zeit keinen Kreuzer Werths in meinem Besitze gehabt hatte.«

Zusammen mit dem Aufseher hat Keßler sein Rasier- und bald auch Barbiergeschäft recht gut ausgebaut. Andere Arbeiten brauchte er nicht zu machen, und er durfte sich verhältnismäßig frei bewegen, wenn er auch immer wieder in seinen Kerker zurück mußte. Eines Tages lernte er den in Algier ansässigen französischen Konsul kennen, der sich seine Geschichte erzählen ließ und ihn dann zu sich ins Haus nahm, wo es ihm ausgesprochen gut ging:

»Meine Geschäfte beym Consul waren von keinem sonderlichen Belang. Ich rasirte ihn und den Sekretär einen Tag um den andern, besorgte in Gesellschaft des Koches den Einkauf der Speisen auf dem Markte ... Mein Dienst machte mich auch in verschiedenen sehr vornehmen maurischen und den Häusern der übrigen Consuln bekannt, wohin ich öfters mit Briefen und Schriften geschickt wurde ... Nicht selten machte sich der Consul den Zeitvertreib, meine abenteuerliche Geschichte anzuhören, er schenkte mir dann stundenlang seine Aufmerksamkeit und nannte mich allemahl seinen treuen Teutschen – ein Nahme, der meinen Ohren und meinem Herzen sehr angenehm klang, und dessen ich mich in der That würdig zu machen strebte. Ich befand mich in diesem Hause so wohl, daß ich nur selten an meinen Sklavenstand erinnert ward. Addala Caib verlangte zwar einmahl, daß ich zum Zeichen meiner Knechtschaft einen Ring von Drat an den Fuß legen sollte, doch mein gütiger Consul sprach mich davon frey und stellte den strengen Muselmann durch ein Geschenk wieder zufrieden.«

Etwa ein Jahr war Keßler im Haus des Franzosen, als eines Tages spanische Missionare vom Orden der Befreiung nach Algier kamen. Sie hatten an den Höfen Europas Geld gesammelt, um gefangene Christen freizukaufen. Unter den Glücklichen von – wie Keßler schätzte – wenigstens dreißigtausend Gefangenen, die zu jener Zeit in Algier festgehalten wurden, war auch Keßler – natürlich dank seiner guten Beziehungen: »Die Beredsamkeit und das gute Herz des Consuls vermochten über die Missionäre so viel, daß sie mich nebst noch 18 andern Sklaven loskauften. Ich war darunter der einzige Teutsche. Man denke sich das unnennbare Entzücken, das, wie eine neue Schöpfung, mein ganzes Selbst belebte, als ich die Nachricht von meiner Ranzionirung hörte. Ich stürzte zu Füßen meines Wohlthäters und weinte ihm meinen glühendsten Dank, denn sprechen konnt' ich nicht ...« Nach insgesamt dreieinhalbjähriger Gefangenschaft war Keßler also wieder frei. Im September 1778 durfte er Algier verlassen.

Daß man als Mittelmeerreisender der guten alten Zeit mit solchen Zwischenfällen durchaus rechnen mußte, weil sie einfach zum Alltag gehörten, das wußte auch Goethe, als er im Mai 1787 von Sizilien nach Neapel fuhr.

Deswegen entschied er sich in Messina für ein französisches Schiff mit weißer Flagge – die weiße Flagge war das Zeichen dafür, daß die Korvette zu jenen Schiffen gehörte, für die Paris an Algier, Marokko und Tunis Tribute zahlte, damit sie von den Piraten verschont blieben.

Unter der weißen Flagge scheint sich Goethe (für den der Hof zu Weimar gewiß ein gutes Lösegeld gezahlt haben würde) durchaus sicher gefühlt zu haben, jedenfalls vor Piraten. Sorgen machten ihm indes die Seekrankheit, ein ungünstiger Wind und das von »einigen erfahrenen Reisenden« aufgebrachte Gerücht, daß auf dieser Korvette »weder Hauptmann noch Steurer ihr Handwerk verstünden« und nicht geeignet seien, »für den Wert so vieler Menschen und Güter einzustehen«. Den siebenunddreißigjährigen Geheimen Rat hat das offenbar sehr beschäftigt, denn in sein Tagebuch schrieb er: »Ich ersuchte diese übrigens braven Personen, ihre Besorgnisse geheimzuhalten. Die Anzahl der Passagiere war groß, darunter Weiber und Kinder von verschiedenem Alter, denn alles hatte sich auf das französische Fahrzeug gedrängt, die Sicherheit der weißen Flagge vor Seeräubern, sonst nichts weiter bedenkend. Ich stellte vor, daß Mißtrauen und Sorge jeden in die peinlichste Lage versetzen würde ...«

Auch noch im 19. Jahrhundert blühte im Mittelmeer die organisierte Piraterie. Und um ihre Schiffe zu schützen, zahlten die christlichen Nationen Tribute. Zum Beispiel an Algier im Jahre 1807: Spanien zwölftausend Goldfranken, Holland vierzigtausend, Österreich fünfzigtausend, die USA gar hunderttausend, England nur zehntausend. Und die Hansestädte zahlten zusammen mehr als Amerika. Nur Frankreich unter Napoleon ließ sich nicht erpressen und zahlte nichts mehr. Nachdem mehrere französische Schiffe beraubt worden waren, schickte Napoleon dem Dey Mustapha ein Schreiben, in dem es hieß: »Wenn Sie mir Genugtuung verweigern, werde ich 80000 Mann an Ihrer Küste landen und Ihr

Reich zerstören. Sie und Ihre Berater tun gut daran, vom Inhalt dieses Schreibens genaue Kenntnis zu nehmen ...« Die Drohung wurde ernst genommen, sehr ernst sogar. Und Mustapha bot Napoleon eine Million Franken Entschädigung und ließ seine Schiffe künftig in Ruhe. Nach Napoleons Sturz aber mußte auch Frankreich wieder zahlen. Dafür blieb nun England unbehelligt, weil man seine Kriegsflotte fürchtete. Von den Hamburgern aber forderte Marokko noch im Jahre 1819 sechzigtausend Reichstaler.

Was die nordischen Staaten zahlten, ist im einzelnen nie so recht ans Licht gekommen. Aber zahlen mußten auch sie. Indessen gaben sie statt Geld lieber Kriegsmaterial. Im Jahre 1787 lieferte zum Beispiel Dänemark vierzig eiserne Kanonen, vier Bronzemörser, zwanzigtausend Kugeln, sechstausend Bomben. Und außerdem große Mengen an Schiffsbedarf wie Plankenholz, Pech, Tauwerk und Schiffsuhren. Im Prinzip hat sich also im Verhältnis der nordafrikanischen Völker und Staaten zu den Europäern wenig geändert: Immer schon ließen die Europäer sich erpressen. Damals durch die Piraterie zur See. Heute durch stillschweigende Duldung der Luftpiraterie, jedenfalls soweit sie den Arabern und den Palästinensern hilft, und neuerdings durch Drosselung der Rohöllieferungen.

Die Piraterie im Mittelmeer legte sich erst, nachdem die Franzosen im Jahre 1830 Algier besetzten und nach und nach das ganze Land vereinnahmten (was letztlich allerdings andere und größere Kosten verursachte). In anderen Teilen der Welt, so im Persischen Golf, vor der Küste Chinas, in Westindien, auch auf Kuba, hielt sich die Seeräuberei noch einige Zeit. Und nach dem Zweiten Weltkrieg lebte sie kurz auch auf Helgoland noch einmal auf, allerdings in einer anderen Form. Da kamen, und zwar mit ganzen Kutterflotten, »Bergungspiraten« auf die zerbombte Insel und stahlen die damals so wertvollen Buntmetalle, wobei auch die Bronzebüste des Deutschland-

Lied-Dichters Hoffmann von Fallersleben geraubt wurde. Museumsleute spürten sie später im Stall eines Dithmarscher Bauern auf.

Was die Seeräuberei schließlich in der ganzen Welt lahmgelegt hat, war die Einsicht fast aller Regierungen, daß Piraten nur dann keine Chancen haben, wenn sie in allen Staaten bestraft werden, und daß Seeräuberei als völkerrechtliches Verbrechen geahndet werden muß. Im Hinblick auf die Luftpiraterie begann sich diese Einsicht weltweit erst durchzusetzen, als dieses Kapitel erstmalig veröffentlicht wurde (in der ›Zeit‹ vom 2. Februar 1973). Heute gilt auch die Luftpiraterie allgemein als völkerrechtliches Delikt, und in Europa wird sie seit dem Europäischen Übereinkommen zur Bekämpfung des Terrorismus vom 27. 1. 1977 in die Bekämpfung des internationalen Terrorismus einbezogen – mit dem Erfolg, daß Flugzeugentführungen seitdem seltener vorkamen.

5. Kapitel
Manchmal Ärger mit den Frauen

Kaiser Tiberius, Lichtenberg, Schopenhauer, Alfred Nobel, Heine, Charles Dickens, Lassalle, Hegel, auch Joseph Haydn …

Doch wünsche ich oft, sie wäre weniger gelehrt, ihr Geist weniger scharf und ihr Verlangen nach Liebe weniger unmäßig.
Voltaire über Émilie du Châtelet

»Die Frauen«, sagte der alte Goethe einmal – das war am 28. Oktober 1828, und zwar bei Tisch – »sind silberne Schalen, in die wir goldene Äpfel legen …« Ob der Neunundsiebzigjährige dabei wohl seiner längst verstorbenen Christiane gedachte, mit der er achtzehn Jahre zusammengelebt hatte, bis er sie schließlich ehelichte? War auch sie, die ihm fünf Kinder gebar (von denen nur eines am Leben blieb), ihm wie eine silberne Schale erschienen?

Anfangs sicherlich und wohl noch mehr als das, nämlich als Zentrum seines Hauses und Hausstands, als Symbol des Idyllisch-Gesicherten. Da schrieb der Einundvierzigjährige einem Freund: »Wenn … mein Mädchen treu ist, mein Kind lebt, mein großer Ofen gut heizt, so hab' ich vorerst nichts weiter zu wünschen.« Aber gar so idyllisch ging es daheim, wo zwar sein Ofen gut heizte – denn Goethe hat immer gut verdient –, denn doch nicht zu, weil nämlich Christiane schon bald ihre Stiefschwester, dann auch ihre Tante und für längere Zeit noch ihren Bruder zu ihm ins Haus holte. Und Goethe hat diesen ganzen fremden Clan manchmal als schwere Belastung empfunden, als Bedrängung, die ihn mehrmals für längere Zeit aus dem Hause trieb. Unterwegs jedoch wurde er dann bald recht wehmütig, und da schrieb er an Christiane: »Es ist zu nichts nütze, daß man sich von denen entfernt, die man liebt; die Zeit geht hin, und man findet keinen Ersatz.«

Auch konnte ihn die Eifersucht plagen: »Behalte mich ja lieb!« schrieb er ihr, als er am Krieg gegen die französischen Revolutionstruppen teilnehmen mußte. »Denn ich bin manchmal in Gedanken eifersüchtig und stelle mir vor, daß dir ein andrer besser gefallen könnte, weil ich viele Männer hübscher und angenehmer finde als mich selbst. Das mußt du aber nicht sehen, sondern mußt mich für den besten halten, weil ich dich ganz entsetzlich lieb habe und mir außer dir nichts gefällt.« Und aus der Ferne machte er ihr sogar Versprechungen: »Wärst du nur jetzt bei mir! Es sind überall große breite Betten, und du solltest dich nicht beklagen, wie es manchmal zu Hause geschieht. Ach, mein Liebchen! Es ist nichts besser als beisammen zu sein. Wir wollen es uns immer sagen, wenn wir uns wiederhaben.«

So klang es von unterwegs. Daheim jedoch sah manches anders aus. Denn immerhin hatte sich der Geheime Rat und Leiter der Finanzkammer mit seinem »Bettschatz« – so Goethes Mutter – allerhand gesellschaftlichen Ärger aufgeladen, der ihn keineswegs unberührt ließ. Nicht nur zeigte er sich mit der bald recht rundlich werdenden Christiane so gut wie nie in der Öffentlichkeit, auch daheim, in seinem Haus, versteckte er sie, wenn Gäste kamen. Lange Jahre hindurch saß sie nie mit bei Tisch, sondern aß in der Küche. Nur Vertraute bekamen sie zu sehen. Und selbst das ging nicht immer ohne Peinlichkeit ab. Von Schiller zum Beispiel wurde Goethes Lebensgefährtin stets wie Luft behandelt. Nie hat der Moralist sie auch nur begrüßt – er, der einmal allen Ernstes erwogen hatte, eine Art Ehe zu dritt zu führen, weil er sich zugleich in zwei Frauen verliebt hatte, nämlich in die Schwestern Charlotte und Caroline von Lengefeld.

Kein Wunder, daß Goethe, der seine Christiane erst

nach der Eheschließung in die Weimarer Gesellschaft einzuführen versuchte (ohne Glück übrigens), sich weiteren Ärger mit Frauen möglichst ersparen wollte. Über seine Zeit als Leiter des Weimarer Hoftheaters (von 1791 bis 1817) sagte er zu Eckermann: »Es fehlte bei unserm Theater nicht an Frauenzimmern, die schön und jung ... waren. Ich fühlte mich zu mancher leidenschaftlich hingezogen; auch fehlte es nicht, daß man mir auf halbem Wege entgegenkam. Allein ich faßte mich und sagte: Nicht weiter! – Ich kannte meine Stellung und wußte, was ich ihr schuldig war. Ich stand hier nicht als Privatmann, sondern als Chef einer Anstalt.«

Einen solchen Unterschied zwischen privatem und dienstlichem Bereich zu machen, fiel dem Göttinger Universitätsprofessor Georg Christoph Lichtenberg gar nicht ein. Als fast Vierzigjähriger holte er sich ein erst zwölf Jahre altes Blumenmädchen ins Haus, die Tochter eines armen Webers, und liebte sie, so sagte er selbst, von Tag zu Tag mehr. Vor den Blicken seiner Mitbürger hat er dieses »Muster an Schönheit und Sanftmut« (wie er einem Freund schrieb) allerdings mit Erfolg abgeschirmt: Zwei Jahre lang, bis zu ihrem plötzlichen Tod, hat sie seine Wohnung nie verlassen. Ihr Tod hat ihn tief getroffen.

Nach einiger Zeit der Trauer kam er jedoch nicht umhin, wieder – so schrieb er – jenem »Triebe zu folgen, ohne den die Welt nicht bestehen könnte«. Diesmal nahm er eine dreiundzwanzigjährige Erdbeerverkäuferin als »Haushälterin« zu sich. Doch er bekam deswegen Ärger mit der Landesregierung, die ihm nicht recht traute. Der kleine, bucklige Lichtenberg entkräftete ihre Vorhaltungen indessen mit dem Hinweis, er sei viel zu häßlich, um von einer Frau geliebt werden zu können. In Wahrheit hat er mit seinem »Hausmädchen« immer wieder, wie er es nannte, »viel Satan« getrieben; acht Kinder zeugte er mit ihr, und erst als er einmal sehr krank war und meinte, daß es mit ihm zu Ende gehe, hat er die Frau – um sie und die Kinder versorgt zu wissen – geheiratet. Von jener Krankheit – Lichtenberg war nie ganz gesund und litt unter vielerlei Gebrechen – hat er sich jedoch wieder erholt, und nach der Heirat lebte und liebte er noch fast zehn Jahre.

»Wenn man alt wird«, meinte er, »muß man sich wieder junge Katzen und junge Ziegen anschaffen, um das bißchen Konsonanz, das sich noch in den weichsten Fibern findet, wieder zu erwecken.« Der Einundfünfzigjährige begann ein Verhältnis mit einer Hausangestellten seines Hauswirts. Und mit ihr, die in seinen Tagebüchern nicht nur unter ihrem Namen Doly auftaucht, sondern häufiger als »Satan« und »devil«, hat er bis wenige Tage vor seinem Tode (im Alter von nur sechsundfünfzig Jahren) seinen Spaß gehabt, wenn auch in der ständigen Furcht vor einer Schwangerschaft Dolys und vor einer Entdeckung des Verhältnisses durch seine Frau (die ihm übrigens während jener Zeit noch zwei Kinder gebar).

Bei weitem nicht soviel Spaß, aber umso mehr Ärger handelte sich Georg Friedrich Wilhelm Hegel mit einer Frau ein – genauer mit der Frau seines Hauswirts. Der fünfunddreißigjährige Professor der Philosophie an der Universität Jena hatte mit ihr ein Verhältnis, dem ein Sohn entwuchs. Und mit diesem Sohn, er hieß Ludwig, hatte Hegel später, nachdem er eine jüngere, erst zwanzigjährige Frau geheiratet hatte, sehr viel Kummer. Es begann damit, daß Ludwigs Mutter, der Hegel nach dem Tode ihres Mannes angeblich die Ehe versprochen hatte, »in gemeinster, niedrigster Weise« auf einer Abfindung bestand. Man einigte sich dahingehend, daß Hegel, der seiner Frau nichts verheimlicht hatte, den Sohn zu sich nahm. Aber das ging nicht gut aus. Ludwig fühlte sich gegenüber seinen Halbgeschwistern zurückgesetzt, er ließ auf dem Gymnasium so sehr nach, daß Hegel ihn aus der Schule nahm und zu einem Kaufmann in die Lehre gab. Dort veruntreute der Junge einen geringen Geldbetrag (von nur acht Groschen). Der Vater aber war so entsetzt, daß er ihm verbot, künftig den Namen Hegel zu tragen. Doch hat er dann weiter für ihn gesorgt und ihm schließlich ein Offizierspatent für den niederländisch-ostindischen Kolonialdienst beschafft. In Djakarta ist Hegels Sohn im Alter von vierundzwanzig Jahren an einer Krankheit gestorben.

In gewisser Weise eleganter hat Karl Marx einen ähnlichen Fall »gelöst«, allerdings nicht allein, sondern mit Hilfe seines Freundes Friedrich Engels. Diese Geschichte ist lange vertuscht worden, weil sie nicht nur den Beteiligten, sondern noch Jahrzehnte später fast allen sozialistischen Funktionären peinlich war: Marx hatte mit Helene Demuth, die in London über lange Zeit den Haushalt der Familie Marx führte und ständig mit der Familie zusammenwohnte, ein Verhältnis. Daraus war ein Sohn entstanden. Doch Marx scheute sich, seiner Frau, die vermutlich nicht gar so ahnungslos, aber sehr eifersüchtig war, seine Vaterschaft einzugestehen. Da sprang Engels ein, indem er Freddy Demuth als seinen Sohn ausgab und damit seinen Freund vor einem schweren Familienkonflikt bewahrte. Die Wahrheit hat er erst unmittelbar vor seinem Tode preisgegeben. Pikant wird diese ganze Angelegenheit aber eigentlich erst dadurch, daß Marx und seine Frau derart spießig waren, daß sie Engels' langjährige Lebensgefährtin, mit der er dem Gesetz nach nicht verheiratet war, in ihren Briefen immer nur als sogenannte »Frau«, das heißt nie ohne Anführungszeichen, bezeichneten.

Sehr viel mehr Ärger mit Frauen hatte fast ständig der Gründer der sozialdemokratischen Bewegung in Deutschland, Ferdinand Lassalle, was indessen eine Folge seiner zahlreichen Verhältnisse war. Während er mit einer zwanzig Jahre älteren und recht wohlhabenden Frau zusammenlebte, bekam eine seiner jüngeren Gefährtinnen ein Kind. Er verführte die Frau seines Verlegers, hatte zugleich eine Affäre mit einer anderen Dame der Gesellschaft und unterhielt Beziehungen zu einem Arbeitermädchen und zu einer Verkäuferin. Eine seiner Affären führte zu einem Duell, bei dem der neununddreißigjährige Lassalle tödlich verletzt wurde. Begonnen hatte Lassalles letzte Liebesgeschichte in Berlin, wo er die einundzwanzigjährige Helene von Dönniges kennengelernt hatte. Die verwöhnte Tochter eines bayerischen Diplomaten, die mit einem fünfundzwanzig Jahre alten Ungarn verlobt war, hatte sich sogleich für Lassalle interessiert und sich von ihm den Hof machen lassen. Als Lassalle wenig später in die Schweiz reiste, zu einer Kur in Kaltbad auf dem Rigi, fuhr sie ihm nach, und er machte ihr sofort einen Heiratsantrag, wobei er mit hochfliegenden Zukunftsträumen lockte: »Was würde mein Goldkind sagen, wenn ich es einmal im Triumph in Berlin einführen würde, von sechs Schimmeln gezogen, die erste Frau Deutschlands hoch erhaben über alle?«

Das »Goldkind« antwortete: »Ich will und werde Ihr Weib sein.« Doch war der Vater damit keineswegs einverstanden. Er schimpfte Lassalle einen »sauberen Geliebten«, einen »Zigeuner« und »jüdischen Lumpen«. Helene erklärte sich daraufhin bereit, nie mehr ins Elternhaus zurückzukehren, sondern mit Lassalle zu fliehen. Lassalle jedoch fühlte sich durch die Beschimpfungen ihres Vaters so sehr gekränkt, daß er der Geliebten erklärte: »Nein, jetzt will ich keine Entführung mehr! Wer bin ich denn, daß ich mich abweisen lassen soll, wie ein dummer Junge! Sie sollen mir ihr Kind freiwillig geben! Ich will sie schon dazu zwingen: Nur aus den Händen Deiner Eltern will ich Dich in mein Haus führen!« Und dann schickte er sie gegen ihren Willen zu ihren Eltern zurück.

Zwar hat er seinen Entschluß sofort bereut: »Ich bin so unglücklich, daß ich weine, seit fünfzehn Jahren zum ersten Mal. Was mich dabei noch zermartert, ist das Verbrechen meiner Dummheit. Wie konnte ich so beschränkt sein, auf Helenes Wunsch nicht einzugehen, sie ihren Eltern zurückliefern und loyal um sie werben! Ich hätte den Besitzstand benützen und sofort mit ihr fliehen sollen! Jetzt ist das Unglück da ... Meine Dummheit richtet mich hin! Gewissensbiß frißt mich auf ... Wenn ich diese Sache nicht durchsetze – und ich zweifle sehr daran, so bin ich für immer gebrochen und fertig mit allem. Noch viel mehr vielleicht, als des Mädchens Verlust, zerbricht mich meine Gimpelei. Wenn ich sie nicht durch Sieg ausgleichen kann, verachte ich mich selbst für immer auf das Schnödeste.«

Er zweifelte zu Recht, doch inzwischen war es zu spät. Denn offenbar zweifelte Helene jetzt an seiner Liebe, und so schrieb sie ihm (wenn auch unter Druck des Vaters): »In tiefster Reue über die von mir unternommenen Schritte habe ich mich mit meinem Verlobten ... ausgesöhnt und dessen Liebe und Verzeihung wiedergewonnen ... Ich erkläre Ihnen freiwillig und aus voller Überzeugung, daß von einer Verbindung zwischen uns nie die Rede sein kann und daß ich mich von Ihnen in jeder Beziehung lossage.«

Damit hätte die Geschichte zu Ende sein können. Doch es kam erst jetzt zum Skandal, weil Lassalle sich nun noch mehr beleidigt fühlte und, dabei maßlos übers Ziel hinausschießend, den Vater in einem Brief, der aber vor allem Helene beleidigte, zum Duell forderte: »Nachdem ich ... vernommen habe, daß ihre Tochter Helene eine verworfene Dirne ist und es folgeweise nicht länger meine Absicht sein kann, mich durch eine Heirat mit ihr zu entehren, habe ich keinen Grund mehr, die Forderung der Satisfaktion für die verschiedenen mir von Ihnen widerfahrenen Avanien und Beleidigungen länger zu verschieben, und fordere Sie daher auf, mit den beiden Freunden, die Ihnen diese Erklärung überbringen, die erforderlichen Verabredungen zu treffen.« Lassalles Forderung war insofern überraschend, als er einige Jahre zuvor eine an ihn gerichtete Duellforderung, die ebenfalls aus einer Liebesaffäre resultierte, mit der Begründung zurückgewiesen hatte, er sehe im Duell ein bürgerliches Requisit, das gegen seine politischen Prinzipien verstoße. Er hatte dann sogar noch Karl Marx um Rat gefragt: »Ich habe das Duellieren stets als versteinertes Überbleibsel einer vergangenen Epoche angesehen und unvereinbar mit den Prinzipien der Demokratie. Doch wenn ich nichts unternehme, könnte man mich der Feigheit zeihen ...« Auch Marx hatte sich gegen ein Duell ausgesprochen. Und so war denn Lassalle bei einer Ablehnung geblieben, obgleich er dafür eine Tracht Prügel hatte hinnehmen müssen.

Lassalles eigene Forderung nach Satisfaktion wurde nicht zurückgewiesen. Aber nicht Helenes Vater nahm sie an, sondern ihr Verlobter. Lassalle hätte sich darauf natürlich nicht einzulassen brauchen, und dann hätte die Geschichte noch an dieser Stelle beendet sein können. Das Duell fand am 28. August 1864 in dem Wäldchen von Carrouge bei Genf statt, morgens um sieben. Man hatte vereinbart, so lange zu schießen, bis einer der Gegner fiel. Für jeden Schuß hatten die Duellanten zwanzig Sekunden Zeit. Einer der Sekundanten von Lassalle sagte später:

»Ich unterhielt mich noch bis Mitternacht mit Lassalle und machte ihn namentlich darauf aufmerksam ..., daß er doch nicht, wie es seine fehlerhafte Gewohnheit war, zu lange zielen möchte, da er nicht allein schieße ..., aber meine Worte machten keinen Eindruck.«

Tatsächlich schoß Lassalle zu spät. Sein Gegner schoß sofort und traf Lassalle in den Unterleib. Lassalle schoß wenige Sekunden später, aber vorbei. Dann brach er zusammen. Noch drei Tage lag er unter Morphium in seinem Genfer Hotel, bis er – am 31. August 1864 – starb.

Ärger ganz anderer Art wegen einer Frau hatte der Philosoph Arthur Schopenhauer, und zwar über viele Jahre hin. Von Schopenhauer heißt es, er habe von Frauen allgemein keine gute Meinung gehabt. Doch war er mit mehreren befreundet, und eine hat er in seinem Testament bedacht. Die, mit der er den Ärger hatte, gehörte indessen keineswegs in die Reihe seiner Geliebten, sondern war eine Nachbarin, eine Verwandte seiner Hauswirtin, die neben seiner möblierten Wohnung eine kleine Kammer bewohnte.

Nun gehörte zu seiner Wohnung ein Vorraum, den ein anderer Mieter als Durchgang benutzen durfte, und dort hielt sich eines Abends jene Nachbarin zusammen mit zwei anderen Frauen auf – möglicherweise, so vermuten einige seiner Biographen, aus Neugier, weil er an jenem Abend Damenbesuch erwartete. Als er die Frauen aufforderte, den Vorraum zu verlassen, sie sich aber weigerten, wurde er handgreiflich. Da jene Nachbarin sich dabei »aus Leibeskräften« wehrte, hat er – zu jener Zeit neunundzwanzig Jahre alt – sich wohl ziemlich kraftvoll eingesetzt. Jedenfalls ging die Frau vor Gericht, nachdem sie sich von einem Arzt eine bei der Auseinandersetzung erlittene Verletzung am Arm hatte bestätigen lassen.

Nach einem langwierigen Prozeß verurteilte ein Gericht ihn dazu, der Mißhandelten (die immerhin zwei Zeuginnen hatte) Kurkosten und »Alimentation« von dreihundert Talern und eine Leibrente von jährlich sechzig Talern zu zahlen. »Und dies alles bloß«, schimpfte er, »weil ich die Person vor fast fünf Jahren zur Stubentür hinausgeworfen, ohne daß sie irgend eine sichtbare oder nachweisbare Beschädigung erhalten.«

Seine Befürchtung, die Alimente »höchstwahrscheinlich bis zum Ende ihrer Tage« zahlen zu müssen, da die Frau »wohl so klug sein wird, das Zittern des Armes nicht einzustellen«, traf dann wirklich ein: Zwanzig Jahre lang mußte er zahlen. Als man ihm dann ihren Tod meldete, schrieb er: »Obit anus, abit onus« – die Alte stirbt, die Last vergeht.

Da war Heinrich Heines Ärger mit der »einzigen Freude seines Lebens«, einer Schuhverkäuferin, die weder lesen noch schreiben konnte und die er sich ins Haus geholt hatte, ausgesprochen harmlos. »Rund, drall, ewig heiter«, so beschrieb er sie, aber es machte ihn eifersüchtig, sie beim Tanz mit anderen – er selbst tanzte wenig – »mit ihrem dicken Popo herumwirbeln zu sehen«. Am meisten eifersüchtig aber war Heine auf Cocotte. Cocotte war ihr Papagei, mit dem sie seiner Meinung nach zu intim schäkerte, wobei sie ihn, den Mann, vergesse. Da – so wird behauptet – besorgte er sich Rattengift und vergiftete Cocotte. Doch hat der Mord letztlich nichts bewirkt: Denn Cocotte I, der in die Literaturgeschichte einging, folgte – da Heines Schatz untröstlich war – Cocotte II.

Ähnlich eifersüchtig wie Heine, der, als er schließlich ans Krankenlager gefesselt war, schrieb: »Ach, was kann ich nur tun! ... Wie kann ich kranker Mann jetzt noch mit einer halben Million Männer konkurrieren ...«, war Alfred Nobel, der Erfinder des Dynamits. Der Multimillionär hatte sich in ein armes, junges Wiener Blumenmädchen verliebt und es in sein vornehmes Pariser Haus genommen, was er jedoch seiner Mutter nicht sagen mochte. Er wollte sie bilden und gesellschaftsfähig machen, aber sie lernte lediglich, viel und immer mehr Geld auszugeben.

Von unterwegs riet der Mittvierziger ihr: »Pflege Dich gut, lerne gut, iß gut und schlafe gut – jedoch allein.« Eben letzteres tat sie bald nicht mehr, sondern nahm sich einen jungen ungarischen Rittmeister, von dem sie dann ein Kind bekam. Und zusammen mit ihrem Geliebten hat sie später versucht, Alfred Nobel zu erpressen. Und zwar drohte sie, die zweihundertsechzehn Liebesbriefe, die er ihr geschrieben hatte, zu veröffentlichen und damit einen Skandal heraufzubeschwören. Noch nach seinem Tod drohte sie damit, wodurch sie die ohnehin schwierige Realisierung von Nobels Stiftung gefährdete, bis die Testamentsvollstrecker ihr die Briefe schließlich abkauften.

»Man kann keinem Frauenzimmer etwas Gutes tun, denn dafür bekommt man nur Undank und Beschimpfung als Ersatz«, schrieb der enttäuschte Nobel. Zu dieser Ansicht war einst auch Friedrich der Große gekommen, der sich – entgegen anderslautenden Gerüchten – sehr wohl für Frauen interessierte, wenngleich nicht für die eigene, die er einmal als seine »alte Kuh« vorstellte. Eine Zeitlang interessierte sich Friedrich für Barberina Campanini, die berühmteste Tänzerin ihrer Zeit. Der einunddreißigjährige Preußenkönig gewann sie für die Berliner Oper, und als sie trotz ihrer Zusagen nicht kam, ließ er die Einundzwanzigjährige kurzerhand entführen und mit Gewalt nach Berlin bringen.

Dort, in der Behrenstraße, richtete er ihr eine Wohnung ein (in der er mit Freunden häufig zu Gast war) und zahlte ihr ein dreifaches Ministergehalt. Vom alten Pesne ließ er sie malen und ihr Bild in Schloß Sanssouci aufhängen. Sie war die einzige Frau, die auf Schloß Sanssouci Zutritt hatte. Zu Friedrichs Enttäuschung aber heiratete sie eines Tages den Sohn seines Großkanzlers. Friedrich war so ärgerlich, daß er das junge Paar in die Provinz schickte, nach Glogau. Viele Jahre später starb die ehemalige Tänzerin, die sich bald hatte scheiden lassen, als Gräfin Campanini und Oberin eines adligen Damenstifts.

Auf Friedrichs langjährigen Briefpartner, den französischen Philosophen und Schriftsteller Voltaire, mag diese für den Preußenkönig nicht sehr glückliche Affäre einigermaßen belustigend gewirkt haben. Er wußte, wie eitel der junge Friedrich war, und was die Campanini betraf, spottete Voltaire, so habe sie Männerbeine. Voltaire hatte in jener Zeit gut lachen, denn er lebte glücklich und alles andere als gelangweilt mit seiner »göttlichen Geliebten« zusammen, der intelligenten und gebildeten Émilie du Châtelet. Der Preußenkönig ließ ihr in fast jedem seiner Briefe an Voltaire seine »besondere Hochschätzung« bestellen – obwohl er genau wußte, daß sie es war, die Voltaire lange Zeit daran hinderte, nach Potsdam zu kommen.

Ihrem Mann, dem Marquis Florent-Claude du Châtelet-Lomont, Generalleutnant im Dienst des Königs von Frankreich, hatte Émilie drei Kinder geboren, dann aber hatte sie ihn verlassen, um so zu leben, wie es ihr gefiel. Eine Zeitlang war sie die Geliebte des bekanntesten Frauenhelden jener Zeit, des Herzogs Louis François Armand von Richelieu, dann – inzwischen siebenundzwanzig Jahre alt – hatte sie sich mit dem neununddreißigjährigen Voltaire befreundet. Fünfzehn Jahre lebte sie mit ihm zusammen, die meiste Zeit auf Schloß Cirey (das ihrem Mann gehörte), machte mit Voltaire physikalische Experimente (an denen aus der Ferne auch Friedrich regen Anteil nahm), schrieb Bücher über Newton und Leibniz, übersetzte Sophokles aus dem Griechischen und machte Voltaire glücklich, der allerdings einmal meinte: »Doch wünsche ich oft, sie wäre weniger gelehrt, ihr Geist weniger scharf und ihr Verlangen nach Liebe weniger unmäßig.«

Richtigen Ärger aber bereitete sie ihm, als sie sich eines Tages einen zehn Jahre jüngeren Geliebten nahm und Voltaire einfach sitzenließ, nachdem sie zuvor noch ein Buch über das Glück geschrieben hatte. Ihr neues Glück war jedoch nur kurz: Nach einem Jahr starb sie im Kindbett nach der Geburt einer Tochter. Und Voltaire schrieb an Friedrich: »Sie war ein großer Mensch, mit dem einzigen Fehler, daß sie eine Frau war.«

Frauen, die mit anderen Männern durchbrennen, bedeuten immer Ärger für die zurückbleibenden Männer. Daß das schon immer auch in den besten Familien vorgekommen ist, zeigen folgende Beispiele: die Gräfin Marie d'Agoult, die Mann und Familie verließ, um mit Franz Liszt zu leben (fast zehn Jahre lang, in denen sie ihm drei Kinder gebar), und die Fürstin Carolyne von Sayn-Wittgenstein, die ebenfalls ihren Mann verließ, um ebenfalls mit Franz Liszt zusammenzuleben (nachdem Liszt sich von Marie d'Agoult getrennt hatte). Dann Liszts Tochter Cosima, die ihren Mann, den Münchner Hofkapellmeister Hans von Bülow, verließ, weil sie sich in Richard Wagner verliebt hatte, den sie dann auch heiratete. Und schließlich Frieda Weekly, geborene Freiin von Richthofen, die sich von ihrem Mann und drei kleinen Kindern trennte, um D. H. Lawrence zu heiraten, für den sie das Vorbild seiner ›Lady Chatterley‹ wurde.

Natürlich sind keineswegs immer die Frauen die Undankbaren. Im Fall des Ehepaares Dickens war es gerade umgekehrt: Eines Tages schickte der Dichter des ›Oliver Twist‹ und des ›David Copperfield‹ seine Frau, die er als Vierundzwanzigjähriger geheiratet hatte und die ihm zehn Kinder geboren hatte, völlig überraschend aus dem Haus. Dickens, der in seinen Romanen zwar stets für die Unterdrückten eintrat, war zu Hause jedoch ein ausgemachter Tyrann. Mit seiner Leidenschaft für militärische Ordnung und Sauberkeit unterdrückte er die ganze Familie. Jeden Morgen inspizierte er zum Beispiel die Zimmer seiner Töchter, ob sie auch peinlich genau aufgeräumt waren. Seine von Natur aus etwas scheue Frau hat er durch sein unerbittliches Reglement völlig verunsichert. Und so kam es, daß sie in der Öffentlichkeit immer unbeholfener auftrat und ihr dabei noch ständig etwas Unangenehmes passierte, worüber er sich entsetzlich ärgerte. Zum Beispiel fiel ihr bei einem Festessen das Armband in die Suppe, und fast jedesmal, wenn sie auf Reisen gingen, stürzte sie und verletzte sich dabei.

Als Dickens sie dann aus dem Haus schickte und ihr lediglich befahl, sie habe von da an im Hause seines ältesten Sohnes zu wohnen, ging sie, ein Leben lang die Ausführung seiner Befehle gewöhnt, einfach weg, ohne aufzumucken. Unterdessen pflegte der sechsundvierzigjährige weltberühmte Erzähler – und da lag der eigentliche Grund für den Hinauswurf – sein Verhältnis zu einer neunzehnjährigen Schauspielerin, das zwölf Jahre lang dauern sollte, bis zu seinem Tode, und aus dem ein Kind hervorging. Aber nicht dieses Verhältnis (das streng gehütet wurde) führte zum Skandal, sondern die Tatsache, daß Dickens' Schwägerin weiterhin bei ihm im Hause lebte (um den Haushalt zu führen), nachdem ihre Schwester es hatte verlassen müssen.

Seine Frau einfach aus dem Haus zu schicken, um mit einer anderen zu leben, hat der Musiker Joseph Haydn nicht gewagt. Möglicherweise hätte er mit einem solchen Versuch auch keinen Erfolg gehabt. Immerhin hat er viele Jahre gehofft, daß seine Frau sterben möge, um ihm den Weg zu einer anderen freizumachen.

Der Siebenundvierzigjährige hatte sich in eine zwanzig Jahre alte Sängerin verliebt, die überaus graziöse, schwarzäugige Luigia Polzelli, die mit einem schon älteren Geiger verheiratet war. Als Haydn die junge Neapolitanerin kennenlernte, war er bereits fast zwei Jahrzehnte mit seiner Frau Maria Anna verheiratet. Sie war vier Jahre älter als er, und wahrscheinlich hat er sie nie richtig geliebt. Denn eigentlich hatte er um deren jüngere Schwester Josepha geworben, die seine Schülerin war. Aber Josepha entschloß sich, ins Kloster zu gehen. Da nahm Haydn Maria Anna zur Frau, die in fast allen Haydn-Biographien als ungebildet, zänkisch und krankhaft eifersüchtig dargestellt wird. Aber daß die Ehe nicht glücklich wurde, war gewiß nicht allein ihre Schuld. Es lag sicher auch daran, daß Haydn, der schon bald berühmt wurde, sie an seinem Leben in der Öffentlichkeit nicht teilhaben ließ. Und da er sich häufig mit anderen Frauen tröstete, ist es nicht verwunderlich, daß Maria Anna immer mürrischer wurde. Unterdessen hofften Haydn und seine geliebte Luigia, daß ihre Ehepartner bald das Zeitliche segneten. Aber ihre Hoffnung erfüllte sich sehr spät.

Als Luigias Mann nach einer langen Krankheit starb, im Jahre 1791, war Haydn schon sechzig Jahre alt. Von London, wo er sich gerade für längere Zeit aufhielt, schrieb er an Luigia: »Was Deinen Mann betrifft, so sage ich Dir, daß die Vorsehung gut daran getan hat, Dich von dieser schweren Bürde zu befreien. Auch für ihn ist es besser, im Jenseits zu sein als nutzlos auf dieser Welt. Der Arme hat genug gelitten.« Und dann erinnerte er an ihren alten gemeinsamen Wunsch: »Vielleicht, vielleicht wird noch die Zeit kommen, die wir uns so oft herbeigesehnt haben, daß vier Augen sich schließen. Zwei haben sich geschlossen, aber die anderen zwei ... Genug davon, wie Gott will!«

Aber Gott wollte nicht so, wie Haydn es sich wünschte. Zwar ging es seiner Frau gesundheitlich nicht besonders gut, doch antwortete er Luigia, die davon gehört hatte, auf ihre entsprechende Frage: »Sie befindet sich wirklich gar nicht wohl, aber bei diesen ihren gewohnten Krankheiten hält sie sich aufrecht und wird vielleicht länger leben als ich. Dieses Schicksal muß man der Vorsehung überlassen.« Und er tröstete Luigia mit dem Zusatz: »Ich hoffe, Dich im kommenden Jahr wiederzusehen und dir alles zu erzählen, was mir zugestoßen, seit ich von Dir fort bin. Ich hoffe zu Gott, immer der gleiche zu sein, der ich Dir gegenüber war. Ich liebe Dich und werde Dir stets treu sein!«

Liebte er sie wirklich noch? Und sie, liebte sie ihn noch so wie einst? Für sie war er inzwischen in erster Linie eine Einnahmequelle geworden. Denn er unterstützte sie finanziell, sie und einen ihrer Söhne, von dem später behauptet wurde – ohne wirklichen Nachweis –, daß er von Haydn sei. Es sieht jedoch so aus, als habe er nicht so viel Geld für sie und den Jungen abgezweigt, wie sie es wohl gewünscht hätte. Denn in einem seiner Briefe führte er dafür eine Reihe von Entschuldigungen an:

»Ich wollte, ich wäre imstande, Dir mehr zu senden, indes, da meine Einnahmen nicht genügend sind, mußt Du Geduld haben mit einem Manne, der bisher mehr getan hat, als er hätte tun dürfen. Bedenke, was ich dir geschickt und gegeben habe, es ist noch kein Jahr vergangen ..., bedenke, was mich dein Sohn kostet und wieviel er mich fürderhin noch kosten wird, bis ich ihn dazu gebracht habe, daß er in der Lage ist, sein Brot zu verdienen. Bedenke, daß ich mich nicht mehr so anstrengen kann, wie ich es in den vergangenen Jahren getan habe, da ich alt zu werden beginne und mein Gedächtnis nach und nach schwächer wird. Bedenke schließlich, daß ich aus diesem und vielen anderen Gründen nichts mehr hinzuverdienen kann und keine anderen Einkünfte habe als die Pension meines Fürsten Nikolaus Esterhazy (dieser guten Seele), die kaum ausreicht, mich zumal in diesen kritischen Zeiten zu erhalten.«

Auch von seiner Frau, dem »Teufelsweib«, schreibt er in diesem Brief: »Die Meinige ist meist kränklich und stets bei der gleichen üblen Laune, aber ich nehme schon gar keine Notiz mehr davon, schließlich wird auch diese Plage einmal ein Ende nehmen.«

Doch bevor es soweit war, starb Luigias Sohn, für den er soviel getan hatte. Mit dem Jungen verlor Haydn nun offenbar auch das Interesse an Luigia. Denn als ein Jahr später – inzwischen war er achtundsechzig – endlich seine Frau starb, heiratete er Luigia nicht. Auf ihr Drängen gab er ihr lediglich folgende schriftliche Erklärung:

»Ich Endesgefertigter verspreche der Frau L. Polzelli (im Falle ich gesonnen sein sollte, mich neuerdings zu verehelichen), keine andere Frau zu nehmen als die genannte L. Polzelli, und wenn ich Witwer bleibe, verspreche ich genannter Polzelli, ihr eine alljährliche Pension von dreihundert Gulden ...«

Geheiratet hat er sie nicht mehr. Der Alternde hielt immer mehr Distanz. Auch in finanzieller Hinsicht. Das zeigen vor allem die verschiedenen Fassungen seines Testaments. In jeder Neufassung wurde Luigias Anteil geringer. Eine ursprünglich zu ihren Gunsten abgegebene »Verheißung in welscher Sprache« erklärte er eines Tages ausdrücklich »für null und nichtig«, und zwar mit der Begründung: »Weil so viele meiner armen Verwandten bei größerer Abgabe zu wenig erhielten ...« Als Joseph Haydn schließlich im Alter von siebenundsiebzig Jahren starb, erhielt seine einstige große Liebe nicht einen Pfennig.

Man weiß nicht, was ihn so sehr geärgert hat. In einem seiner Briefe an sie heißt es: »Eigentlich sollte ich Dir ein wenig zürnen, weil mir von so vielen Leuten in Wien geschrieben worden ist, daß Du sehr schlecht von mir gesprochen hast.« Zwar lenkte er sogleich wieder ein: »Aber Gott segne Dich, ich verzeihe Dir alles, da ich weiß, daß die Liebe aus Dir spricht ...«, doch ermahnte er sie zugleich in jenem Punkt, der ihm allein wichtig schien: »Sorge für Deinen guten Ruf, ich bitte Dich ...« – Möglicherweise hat sie eben diesen Rat nicht immer befolgt, so daß dem achtundsechzigjährigen Haydn (als er Witwer wurde) die erst einundvierzig Jahre alte Luigia für eine Ehe vielleicht zu jung erschien.

Ärger mit oder wegen Frauen hat es zu allen Zeiten und in allen Schichten gegeben, auch und nicht am seltensten im politischen Bereich. Besonders viel Ärger hatte Tiberius, der Adoptivsohn und Nachfolger des Kaisers Augustus. Seine Frau Julia, Lieblingstochter des Augustus, hat ihn und ihre ersten beiden Männer so oft betrogen, daß es alsbald hieß, sie sei für jeden Mann zu haben gewesen. Und Augustus sah schließlich keine andere Möglichkeit, als in die von Tiberius geforderte Scheidung einzuwilligen und Julia aus Rom in die Verbannung zu schicken. Ganz Rom hat sich indessen immer darüber gewundert, daß Julias Kinder stets ihren angetrauten Ehemännern ähnlich sahen. Auf die Frage, wie sie das fertiggebracht habe, soll sie die klassisch gewordene Antwort gegeben haben, die Historiker des 19. Jahrhunderts nur auf lateinisch zu zitieren wagten: »Numquam enim nisi navi plena tollo vectorem« – zu deutsch: »... weil ich nur als beladenes Schiff den Fahrgast trage.«

Wie viele andere Politiker vor und nach ihm ist ihr geschiedener Mann, der Kaiser Tiberius, durchaus zu Unrecht in den Verdacht geraten, ein sexueller Lüstling zu sein. Aber es hat nahezu zwei Jahrtausende gedauert, bis er von diesem Verdacht freigesprochen wurde. Daß Tiberius als sexuell pervers in die Geschichte einging, mag unter anderem eben darauf zurückzuführen sein, daß er sich um andere Frauen nicht kümmerte.

In diesem Punkt war der charmantere Cäsar ganz anders. Mehrmals verheiratet, hatte er zugleich mit zahlreichen anderen Frauen Verhältnisse, auch und vor allem – so haben Zeitgenossen behauptet – mit den Frauen seiner Freunde, machmal sogar mit denen von Gegnern.

Zu jenen bedeutenden Politikern, denen ein ausgesprochener Verschleiß an Frauen nachgesagt wurde, gehörte Karl der Große. Von Ärger mit oder wegen der Frauen konnte bei ihm jedoch nicht die Rede sein. Auch er war mehrmals verheiratet, obgleich der heilige Gregorius erklärt hatte: »Die erste Ehe ist Gesetz, die zweite verzeihlich, die dritte Missetat; wer aber diese Zahl überschreitet, ist offenbar ein Tier ...« Karl hat sie überschritten: Fünfmal war er verheiratet. Und außerdem hatte er noch vier »amtlich gemeldete« Nebenfrauen.

Karl der Große war eben mächtig genug, sich das leisten und sich über die Meinung der Priester hinwegsetzen zu können. Der Ärger kam erst nach seinem Tode. Da wurde er wegen seiner »Sündhaftigkeit« offen angegriffen, und es war viel von der »Vision« eines Mönchs die Rede, wonach der einst so Mächtige in der Hölle, angeschmiedet an einen Felsen, entsetzliche Qualen erdulden mußte, weil ein Tier ihm die »Wurzel allen Übels« abnagte.

6. Kapitel
Fasziniert von Zirkusspielen und Wagenrennen

Die Dichter Juvenal und Ovid und viele römische Kaiser. Millionenschwere Stars der Arena und der Gladiator Spartakus …

> Das Leben setzt man für die Freiheit ein, nicht für ein Schauspiel.
>
> Spartakus

»Die hoch übereinander aufsteigenden Sitzreihen waren von einem wogenden Menschenmeer überflutet, und diese Tausende erfüllte eine Leidenschaft, die an Raserei grenzte. Je mehr der Wettkampf sich seinem Ende näherte, desto mehr steigerten sich Spannung, Angst, Wut, Jubel und Ausgelassenheit. Die Menschen klatschten und schrien mit allen Kräften, sprangen von den Sitzen auf, bogen sich vor, schwenkten Tücher und Gewänder, trieben ihre Partei mit Zurufen an, drohten, schimpften, frohlockten und triumphierten. Und dann das donnernde Jubelgeschrei der Gewinnenden, in das Flüche und Verwünschungen der Verlierenden sich mischten und das weit über das verlassene Rom nachhallte und noch das Ohr des Reisenden traf, der die Stadt schon weit hinter sich gelassen hatte …«

Rom also, das alte Rom und kein Spiel der Fußballweltmeisterschaft, sondern ein Wagenrennen in der kaiserlichen Hauptstadt, geschildert von einem frühchristlichen Autor, der – wie er selbst sagte – das größere und eigentliche Schauspiel schildern wollte, nämlich das Publikum, etwa hundertachtzig- bis hundertneunzigtausend Menschen, die Roms Zirkus in seiner beliebtesten Zeit faßte. Nach seinem Verhalten, nach der Stimmung, nach dem Lärm könnte es das Publikum von heute sein, das da vor nahezu zwei Jahrtausenden geschildert wurde.

Aber nicht allein die leidenschaftliche Anteilnahme am Kampfspiel in der Arena war dieselbe wie heute, auch der Zwang für Politiker, sich als Freunde solcher Spiele zu zeigen, und vor allem die Gier der Spieler nach Ruhm und Geld waren schon da. Den ganzen angeblich so modernen Starkult hat es im alten Rom genauso gegeben wie heute. Nur waren es nicht Fußballspieler, sondern Wagenlenker, häufig auch Gladiatoren, denen hohe Geldsummen gezahlt, Preise verliehen und Denkmäler gesetzt wurden und um deren Gunst sich Frauen und Politiker bemühten.

Fremde, die nach Rom kamen, in die Kaiserstadt des 1. und 2. Jahrhunderts, waren erstaunt über die vielen Statuen, die sie dort sahen und die nicht etwa Götter oder Staatsmänner darstellten, sondern Wagenlenker, um deren ruhmvolle Taten noch der Nachwelt zu verkünden. So verrät zum Beispiel das Monument des Wagenlenkers C. Apulejus Diocles, das seine Verehrer ihm setzten, daß Diocles als Achtzehnjähriger angefangen hatte, mit dem Viergespann zu fahren, und sich im Alter von zweiundvierzig Jahren von den Rennen zurückzog und daß er in dieser Zeit 4257mal gefahren war und 1462 Siege errungen und dabei insgesamt 35863120 Sesterzen gewonnen hat. Das sind nach heutigem Wert gut zehn Millionen Mark.

Ein anderer Star der Arena war der Wagenlenker Flavius Scorpus. Als er im Alter von erst siebenundzwanzig Jahren starb, hatte er 2048 Siege eingefahren, und der Dichter Martial besang ihn in einem Gedicht als »den Ruhm des lärmenden Zirkus, die Wonne Roms und den Gegenstand seines Beifalls« und forderte die Gottheit des Sieges, der Gunst, der Ehre, des Ruhms auf, den allzu früh Verstorbenen zu betrauern. Die neidische Parze, meinte Martial, habe Scorpius, als sie seine Siegespalmen zählte, für einen Greis gehalten.

Für die Siege in den Rennen – stehend auf dem kleinen, leichten, zweirädrigen Wagen, vor den zwei, drei, vier, sechs oder gar sieben Pferde gespannt waren, siebenmal über das achthundert Meter lange Oval des Circus Maximus – gab es Palmen oder Kränze, wertvolle Geschenke und die schon erwähnten Geldpreise. Ihr eigentliches Vermögen machten die Erfolgreichsten indessen dadurch, daß sie sich von den Parteien besonders gut bezahlen ließen.

Es gab vier Parteien, die einfach nach ihren Farben unterschieden wurden: die rote, die blaue, die weiße, die grüne. Jede Partei bemühte sich um die besten Wagenlenker, und die, die das höchste Handgeld zahlte und die größte Beteiligung an den Geldpreisen zusagte, manchmal Wagenlenker sogar in ihre Direktion aufnahm, konnte mit den erfolgreichsten Stars in die Arena gehen. Die meisten von ihnen ließen sich bei entsprechenden Angeboten mal von dieser, mal von jener Partei einkaufen und brachten so ihre Schäfchen ins trockene. Der Satiriker Juvenal schätzte einmal das Einkommen eines Arenastars der Roten dem von hundert Rechtsanwälten gleich. Und Rechtsanwälte verdienten in Rom nicht gerade wenig.

Im Unterschied zu Bühnenschauspielern und Fechtern galten die Wagenlenker zu keiner Zeit als ehrlos. Und da die Kunst des Wagenlenkens von vielen Männern geradezu leidenschaftlich geübt wurde – allenfalls den Kaisern wurde es angekreidet, wenn sie eigenhändig ihre Wagen fuhren –, ging das Interesse an Pferden, an Rennen und an den Helden der Arena bis in die höchsten Kreise. Zu Kaiser Caligulas Günstlingen gehörte der Wagenlenker Eutychos von der grünen Partei; ihm machte der Kaiser einmal ein Geschenk von zwei Millionen Sesterzen (nach heutigem Wert fast siebenhunderttausend Mark). Auch die Kaiser Lucius Verus, Commodus, Caracalla, Geta und Elagabal waren an den Zirkusrennen leidenschaftlich interessiert und förderten die Wagenlenker ihrer Partei.

Unter den Parteien entwickelten sich die Weißen und die Roten allmählich zu Oppositionsparteien, die indessen mehr und mehr an Bedeutung verloren, während die von den Kaisern unterstützten Grünen und die vom Senat und vom Adel geförderten Blauen immer stärker und einflußreicher wurden. Kaiser Elagabal wählte sich unter den Wagenlenkern der Grünen seine Günstlinge. Einen zum Beispiel, Cordius, machte er zum Präfekten der Stadtwache, und die Mutter seines Hauptfavoriten Hierocles erhob er aus dem Sklavenstand zu konsularischem Rang. Kaiser Nero, der den Zirkus nach dem großen Brand neu ausbauen und wesentlich vergrößern ließ und der ein unbedingter Anhänger der Grünen war und selbst als virtuoser Wagenlenker galt, erschien im Zirkus fast immer grün gekleidet. Als er einmal dem armenischen König Tiridates zu Ehren Zirkusspiele veranstaltete, ließ er die Arena statt mit Sand mit Kupfergrün bestreuen. Von Kaiser Caligula heißt es sogar, er habe mehrere Pferde und auch Wagenlenker der Gegenpartei vergiften lassen.

Selbst wenn dies wie auch die Behauptung, Caligula habe seinem Lieblingshengst Incitatus, der zu den erfolgreichsten Rennern zählte, die Konsulwürde verleihen wollen, Gerüchte oder Verleumdung waren, zeigt es doch die Leidenschaft, mit der Roms Bevölkerung die Rennen und alles, was damit zusammenhing, verfolgte. Daß die Wagenlenker, auch die Pferde, so ungeheuer populär waren – von den Stars wurden in Rom Porträts und Büsten verkauft –, ist nicht zuletzt auf die Wetten zurückzuführen, die im Zirkus abgeschlossen wurden und bei denen große Summen gewonnen und verloren wurden.

Politiker, die sich an den Zirkusspielen desinteressiert zeigten, wie zum Beispiel Tiberius, der Nachfolger des Augustus, machten sich damit höchst unbeliebt. Cäsar, der den Circus Maximus hatte ausbauen lassen, hat man es sehr verübelt, daß er während des Rennens in seiner Loge schrieb oder diktierte. Die Römer forderten von ihren Regierenden nicht nur die Veranstaltung jener Wettkämpfe, sondern auch deren ungeteilte Aufmerksamkeit.

Sich gegen den Zirkus auszusprechen war nicht nur für Politiker, sondern auch für die Dichter gefährlich. Und so waren denn auch sie dafür. »Daß die Jugend den Zirkus besucht, ist nur natürlich«, meinte Juvenal. »Die Rufe, die gewagten Wetten, die Anwesenheit gutgekleideter junger Mädchen, all dies steht ihrem Alter zu.« Und Ovid, der Dichter der ›Liebeskunst‹, riet seinen jungen Lesern, den Zirkus nicht zuletzt deswegen zu besuchen, weil sich gerade dort in der allgemeinen fieberhaften Erregung günstige Gelegenheiten bieten müßten.

Kaum weniger beliebt als die Wagenrennen waren in Rom die Gladiatorenkämpfe. Sie wurden nicht im Zirkus, sondern ursprünglich auf dem Forum, später im Kolosseum veranstaltet, für dessen Bau nach heutigen Berechnungen etwa fünfundzwanzig Millionen Mark aufgewendet wurden. Es wurde im Jahre 80 n. Chr. fertiggestellt und hatte fünfundvierzigtausend Sitzplätze und fünftausend Stehplätze. Die Arena umfaßte dreitausendsechshundert Quadratmeter und war zum Schutz der Zuschauer mit einem Eisengitter umgeben. Denn dort fanden auch die Tierhetzen statt, die Venationes, bei denen sich Menschen gegen wilde Tiere wehren mußten. Häufig ließ man auch Tiere aufeinander los. Allgemein beliebter aber waren die eigentlichen Gladiatorenkämpfe Mann gegen Mann, von denen Cicero einmal sagte, sie seien das wahrhaftigste Beispiel von Todesverachtung. Für die Menge indessen bildeten sie vor allem – wie die Wagenrennen – einen Anlaß zum Wetten. Die Gladiatoren, für die es in der Arena um Leben und Tod ging, waren anfänglich allerdings bei weitem nicht so gut angesehen wie die Helden der Rennbahn. Ursprünglich rekrutierten sie sich aus Sklaven, Kriegsgefangenen und Verbrechern. Erst allmählich fanden sich auch für diesen »Beruf« Freiwillige.

Am berühmtesten von allen Gladiatoren wurde Spartakus, wenngleich nicht aufgrund seiner Leistungen in der Arena, sondern wegen des von ihm inszenierten und nach ihm benannten Sklavenaufstands im 1. vorchristlichen Jahrhundert, der die römische Herrschaft in Italien schwer erschütterte. Spartakus, dessen Name bis in unsere Tage vielen ein Symbol der Freiheit gilt (anderen ist er noch heute ein Bild des Schreckens), stammte vom Balkan, aus Thrakien, wo er von den Römern zu ihren Hilfstruppen rekrutiert und im Krieg gegen Mithridates eingesetzt wurde. Er lief jedoch zum Gegner über, geriet dann in römische Gefangenschaft, wurde nach Italien gebracht und dort als Sklave verkauft, und zwar – weil er sehr kräftig war – an die Gladiatorenschule von Capua. Im Jahre 73 v. Chr. brach er zusammen mit anderen aus jener Schule aus. Er sah nicht ein, vor einem sensationsgierigen Publikum in der Arena auf Leben und Tod zu kämpfen. »Das Leben«, so soll er gesagt haben, »setze man für die Freiheit ein, nicht für ein Schauspiel.«

Ihm zumindest ging es bei jenem Ausbruch einzig um die Freiheit. Und vielen jener Sklaven, die ihm aus allen Teilen des Landes zuliefen, ebenfalls. Sie sahen in ihm ihren Befreier, und sie waren bereit, für die Freiheit zu kämpfen. Am Vesuv siegten sie zum erstenmal über römische Truppen, die der Senat gegen sie eingesetzt hatte, und im Jahre 72 v. Chr. hat Spartakus, als rund vierzigtausend Mann unter seiner Führung standen, im Appennin sechs römische Legionen vernichtend geschlagen.

Er muß ein Führungs- und Organisationsgenie gewesen sein. Denn es gelang ihm nicht nur, die vielen Sklaven – am Ende waren es hunderttausend – in kurzer Zeit zu bewaffnen, teils mit erbeuteten Waffen, teils mit solchen, die er selbst herstellen ließ, sondern sie auch – was zweifellos das größere Problem war – zum militärischen Kampf auszubilden, ihnen Disziplin beizubringen und zu verhindern, daß sie zu Plünderern wurden. Allerdings verlangte die Mehrheit seiner Leute von ihm immer häufiger Beutezüge, und so durchzog er mit ihnen fast ganz Italien. Zwar wagte er nicht, auf Rom zu marschieren, aber andererseits wagte nahezu zwei Jahre lang auch niemand, ihn und seine Truppe anzugreifen. Spartakus war das große Schreckensgespenst; aber selbst seine Gegner respektierten ihn. Plutarch beschrieb ihn als »großgesinnt, freundlich, intelligent«.

Im Jahre 71 v. Chr. gelang es dem Prätor Licinius Crassus, den der Senat mit der Niederwerfung der Rebellen beauftragt hatte, Spartakus in Süditalien zum Stellungskrieg zu zwingen. Crassus hatte acht neue Legionen aufgestellt, aber erst als ihm aus Spanien und Makedonien weitere Truppen zu Hilfe kamen, konnte er die Aufständischen einkesseln. Bei einem Durchbruchversuch ist Spartakus gefallen. Mit seinem Leben war auch der Aufstand beendet, und der Sieger Crassus ließ an der Via Appia sechstausend gefangene Rebellen ans Kreuz schlagen.

Letztlich aber hat sich der Spartakus-Aufstand dennoch positiv ausgewirkt, indem er nämlich auf die allgemeine Unzufriedenheit der Sklaven im römischen Reich aufmerksam machte. Nach dem Aufstand setzte sich eine zunehmend mildere Behandlung der Sklaven durch. Und auch die Gladiatoren, auf deren unmenschliches Los Spartakus ebenfalls aufmerksam gemacht hatte, wurden von da an besser behandelt. Was da eigentlich für »Schlachtfeste« veranstaltet wurden, hat er den Römern einmal vor Augen gestellt, indem er dreihundert römische Gefangene auf Leben und Tod gegeneinander kämpfen ließ. An der Härte und Grausamkeit der Gladiatorenspiele hat sich dadurch allerdings nichts geändert. Ein halbes Jahrtausend lang gehörten sie zu den beliebtesten Veranstaltungen, und zwar nicht nur in Rom.

Die Kaiser unterhielten mehrere Gladiatorenschulen, wo die Kämpfer gehegt und gepflegt wurden. Abgesehen davon, daß die Gladiatoren nicht frei waren, ging es ihnen dort recht gut. Die Schulen lagen an den schönsten Stellen des Landes, dort, wo das Klima am zuträglichsten war. Die Männer wurden sorgfältig ernährt, meist nach einer genau ausgetüftelten Diät, sie wurden massiert und mußten ständig trainieren. So wurden sie mit viel Aufwand auf den Kampf in der Arena vorbereitet, wo letztlich das Publikum über Leben und Tod entschied, dann nämlich, wenn einer der Kämpfer so schwer verwundet war, daß er nicht mehr kämpfen konnte.

Ursprünglich stand dem Sieger das Recht zu, den Wehrlosen zu töten, später, in der Kaiserzeit, ging dieses Recht auf den Imperator, den Kaiser, über. Doch richteten sich die Kaiser fast immer nach dem Willen des Publikums. Wenn der Verlierer sich tapfer geschlagen hatte, rief die Menge: »Mitte!« (laß ihn!), und erst dann zeigte der Imperator mit dem Daumen nach oben, zum Zeichen dafür, daß dem Mann das Leben geschenkt werden solle. Hatte der Verlierer sich nach Meinung der Zuschauer feige verhalten, wurde mit dem Ruf »Iugula!« (töte ihn!) sein Leben gefordert, und der Imperator bekräftigte das Todesurteil, indem er mit dem Daumen nach unten zeigte. Gegen den Willen der aufgebrachten Menge zu entscheiden schien politisch unklug. Einer der wenigen, die das wagten, war Kaiser Tiberius. Er ließ einmal, zum größten Unwillen des Publikums, einen Gladiatorenkampf kurzerhand abbrechen, weil er ihn für unmenschlich hielt.

Gladiatorenkämpfe sind vermutlich etruskischen Ursprungs. In Rom sind sie zum erstenmal für das Jahr 264 v. Chr. nachgewiesen. Anfänglich bei Leichenfeiern veranstaltet, fanden sie seit Beginn des 1. Jahrhunderts v. Chr. auch im Rahmen der von den Behörden veranstalteten Spiele statt. Anfang des 5. Jahrhunderts n. Chr. wurden sie von Kaiser Honorius verboten. Die Bezeichnung »Gladiator« kommt von »gladius«, Schwert, das zunächst die einzige Bewaffnung war. Später entwickelten sich verschiedene Kampfarten und dementsprechende Waffen.

Da gab es zum Beispiel die Netzkämpfer, die für den Angriff mit einem Netz und für die Verteidigung sowie – wenn sie siegten – zum Töten mit einem Dreizack ausgerüstet waren; es kam darauf an, dem Gegner, dem »Murmillo«, der eigentlich einen Fisch darstellte, das Netz überzuwerfen und ihn dadurch bewegungsunfähig zu machen. Andere Gladiatoren kämpften mit Schwert und Schild, wieder andere bekämpften einander von kleinen Pferdewagen aus, mit denen sie durch die Arena jagten. Und es gab die endlosen Gruppenzweikämpfe, bei denen gefallene Gegner sofort durch neue Kämpfer aus der entsprechenden Mannschaft ersetzt wurden.

In jedem Fall mußten Gladiatoren mit höchstem Einsatz kämpfen; sonst kamen die sogenannten Exerziermeister mit ihren Auspeitschern in die Arena, die sie antrieben und nicht selten sogar totpeitschten. Trotz oder gerade wegen all dieser Grausamkeiten waren Gladiatorenkämpfe so außerordentlich beliebt. Plinius der Jüngere hielt sie gar für besonders geeignet, »den Mut zu entflammen, da sie zeigen, daß Ruhmesstreben und Siegesdrang selbst in Sklaven und Verbrechern wohnen können«. Kein Wunder, daß Gladiatoren mehr und mehr an Ansehen gewannen und sich schließlich keineswegs mehr nur aus Sklaven und Verbrechern rekrutierten.

Und so konnten auch sie wie die Zirkusstars, die Wagenlenker, frei, berühmt und reich werden. »Die Sieger wurden gut belohnt«, heißt es in Ludwig Friedländers berühmter Sittengeschichte Roms von 1862, »der Festgeber sandte ihnen Schalen mit Goldstücken in die Arena, deren Zahl sich die Zuschauer laut zuriefen oder durch die emporgehaltenen Finger der linken Hand angaben ... Bewährte Fechter konnten hohe Preise fordern; so zahlte Tiberius ausgedienten Gladiatoren für das Auftreten in einem seiner Schauspiele hunderttausend Sesterzen, Nero beschenkte den Murmillio Spicullus mit einem Palast und Besitztümern ...«

Also gab es auch unter den Gladiatoren millionenschwere Stars. Und vor allem sie waren es dann, die bei Frauen aller Stände Glück hatten. Der Gladiator Celadus, ein Thraker, wurde als »Sehnsucht und Stolz der Frauen und Jungfrauen« gepriesen, und ein anderer galt als »Herr der Mädchen«. Selbst auf die Damen der höchsten Gesellschaft übten die starken Männer einen unwiderstehlichen Reiz. Es wurde sogar behauptet, daß Faustina, die Frau Kaiser Marc Aurels da nicht habe widerstehen können. Ihr Sohn Commodus, so sagte man, sei in Wahrheit gar nicht von dem philosophischen und klugen Marc Aurel, sondern von einem Gladiator.

Aber das war sicher auch nur ein Gerücht, zu dem Commodus selbst allerdings reichlich Anlaß gegeben hat. Commodus, der von 180 bis 192 Kaiser war, kämpfte nämlich selbst in der Arena um die Ehrentitel der Gladiatoren. Sein Ehrgeiz war es, als Roms stärkster Mann zu gelten. Tausendmal soll er in der Arena gekämpft haben, davon dreihundertfünfundfünfzigmal noch während der Regierungszeit seines Vaters. Dabei ging es ihm auch ums Geld. Für jeden Kampf ließ er sich aus der Gladiatorenkasse eine Million Sesterzen anweisen. Besonders stolz war Commodus auf seine Siege bei den Tierkämpfen. Der griechische Historiker Cassius Dio berichtete als Augenzeuge, daß Commodus einmal an einem Tag eigenhändig fünf Nilpferde und an anderen Tagen zwei Elefanten, eine Giraffe und mehrere Nashörner getötet habe.

Entartung? Untergang einer einst großartigen Welt, wie man später oft gesagt hat? Für das antike Rom war das alles ein wesentlicher Teil des Lebens, auch der Politik. Und wie heute über Fußball diskutierten damals die Männer stundenlang über die Wettkämpfe, und in den Straßen spielten die Kinder Wagenlenker und Gladiatoren. In der ganzen römischen Literatur gibt es dafür kaum ein Wort des Abscheus. Gewiß, an den Gladiatorenspielen gab es Kritik, aber eigentlich nur unter dem Gesichtspunkt der Ästhetik. Und eine so radikale Ablehnung, wie sie sich bei Seneca findet, der von »reinem Menschenmord« sprach – »Das Ende der Kämpfe ist immer der Tod« – blieb eine Ausnahme.

Und schon gar nicht wurden die Zirkusspiele, die Wagenrennen, in Frage gestellt. Selbst die Christen ließen sich trotz der Mahnungen ihrer Bischöfe nicht vom Besuch des Zirkus abhalten. Sie beriefen sich auf die Heilige Schrift, in der es heißt, Elias sei auf einem Wagen gen Himmel gefahren; folglich könne zumindest die Kunst des Wagenlenkens keine Sünde sein.

7. Kapitel
Im Glauben an Orakel, Hexen und Sterne

Krösus, Aristoteles, Ptolemäus, Kepler, Wallenstein so wie fast jeder zweite Deutsche …

> Du wirst auf die Sternenstunde warten,
> bis dir die Irdische entflieht.
>
> Friedrich Schiller

Weil die Kaiserkronen in seinem Garten zwar viele Blätter, aber keine Blüten ansetzten, zeigte sich Fürst Otto von Bismarck, der »eiserne Kanzler«, der in Wahrheit gar nicht so eisern, sondern höchst nervös und sensibel war, im Mai 1887 äußerst beunruhigt. »Jeden Tag«, so erzählt die Fürstin es der Baronin Spitzemberg, »geht mein Mann vorüber und schaut, ob denn nicht eine Knospe kommen will.« Und sie gestand, daß der Fürst und sie darin ein »bekümmerndes böses Vorzeichen« erblickten. Nicht ohne Erstaunen vermerkte die Baronin dies in ihrem Tagebuch und setzte hinzu: »Ist das nicht merkwürdig von solchem Manne wie Bismarck?«

Aber Bismarck war in der Tat sehr abergläubisch. Dennoch wäre es unsinnig, ihm zu unterstellen, er habe von seinen vielleicht nur unzulänglich gedüngten Lilien auf eine finstere Zukunft geschlossen. Wahrscheinlich hat die Blütenlosigkeit seiner Garten-Kaiserkronen ihn lediglich daran erinnert, was ohnehin offen vor ihm lag und allerdings die Zukunft unsicher erscheinen ließ: nämlich daß der Dreikaiservertrag aus dem Jahr 1872 (zwischen dem Preußen Wilhelm, dem Österreicher Franz Joseph und dem Russen Alexander) wegen der österreichisch-russischen Spannungen nicht verlängert wurde – weswegen Bismarck dann im Juni mit Rußland den Rückversicherungsvertrag schloß. Und wahrscheinlich dachte er auch daran, daß Kaiser Wilhelm schon sehr alt und Kronprinz Friedrich sehr krank war. Beide starben im folgenden Jahr.

Für Leute, die an Vorzeichen glauben, sieht ein solcher Fall natürlich anders aus. Sie nehmen den Tod Wilhelms I. und seines ältesten Sohnes als Beweis für die Richtigkeit jenes bösen Omens der blütenlosen Kaiserkronen. Und schon leiten sie eine für alle Zeiten gültige Zukunftsregel ab: Wenn die Kaiserkronen eines Kanzlers nicht blühen, stirbt im folgenden Jahr der Kaiser und vielleicht auch dessen Sohn. Auf so unsinnige Weise sind sicher zahllose Prophetenregeln entstanden, ohne daß die wahren Zusammenhänge noch erkennbar sind.

Nicht mehr erkennbar ist zum Beispiel, warum man in Mesopotamien, der Heimat aller Weissagungen, die Zukunft aus der Leber las, aus der Leber von eigens für diesen Zweck ausgesuchten und geschlachteten Schafen. Zwar galt den Babyloniern und den Assyrern die Leber als Sitz des Lebens, aber das erklärt nicht alles, schon gar nicht, wie denn der Baru, der Seher, an Form, Falten, Durchblutung der Schafsleber erkennen konnte, ob ein Krieg bevorstand und wie er ausgehen würde. Immerhin scheint man in der Antike mit der Leberschau, der Hepatoskopie, und ihren Ergebnissen recht zufrieden gewesen zu sein. Rund dreitausend Jahre lang glaubte man an sie, und so lange standen die Leberbeschauer in hohem Ansehen und wurden gut bezahlt.

Übrigens verkauften sie ihre Weisheit nicht an jedermann. Sie waren eigentlich nur für die Könige da und für die Feldherrn, also für die große Politik. Alle anderen mußten sich mit ziemlich nichtssagenden allgemein zugänglichen Sprüchen behelfen. Da heißt es zum Beispiel in einer babylonischen Sammlung von Prophezeiungen: »Wenn eine Schlange sich im Bett eines Mannes zusammenrollt, wird dessen Frau die Augen rollen und ihre Kinder für Geld verkaufen.« Und: »Wenn große Mengen von Ameisen kommen, ist das ein schlechtes Zeichen.«

Daß Prophezeiungen dunkel, manchmal völlig nichtssagend, oft auch mehrdeutig waren, ist vor allem von den griechischen Orakeln bekannt. Allerdings waren die Sprüche nicht immer so primitiv wie bei Krösus, dem letzten König von Lydien. Als er in dem von ihm reich beschenkten Delphi anfragen ließ, wie ein Angriffskrieg gegen die Perser ausgehen würde, sagte die Pythia, wenn er den Halys, Lydiens Grenzfluß gegen das Perserreich, überschreite, werde er ein großes Reich zerstören; daß es sein eigenes war, merkte Krösus zu spät. Nein, meist waren die Antworten komplizierter, und was die hellsichtigen Damen in Delphi, Dodona und Olympia weissagten, bedurfte fast immer einer sorgfältigen Interpretation, und zwar durch Priester, die dafür ausgebildet waren.

Sowohl die orakelnden Damen als auch die Priester mußten über politische Zusammenhänge gut informiert sein, besonders in Delphi, das eigentlich so etwas wie ein »politisches Beratungsbüro« war. Lange Zeit genoß es weltweiten Ruf, und die Seherinnen und ihre Interpreten wußten ihr Ansehen zu nutzen: Ihre Voraussagen waren teuer. Außer einer festgesetzten Mindestgebühr nahmen sie freiwillige Spenden und Geschenke. Manchmal kam es auch zu Bestechungsversuchen.

Im 4. vorchristlichen Jahrhundert verloren die griechischen Orakel an Ansehen, nachdem vor allem der Dichter Euripides sie heftig kritisiert hatte. Zwar versuchte man noch in spätrömischer Zeit ihr altes Image wieder herzustellen – da wurde der Philosoph und Historiker Plutarch zum Oberpriester von Delphi bestellt –, aber inzwischen hatte sich eine andere Art von Prophetie durchgesetzt, die auch die Voraussagen aus der Leber und anderen Eingeweiden überflügelte: die Astrologie. Der Glaube, das Schicksal der Menschen aus den Sternen ablesen zu können, kommt aus Babylon und eroberte von da fast die ganze Welt: Persien, Indien, China, das hellenistische Griechenland, Ägypten, später auch Rom und das Abendland. Nur den Juden war Astrologie immer suspekt und deswegen bei ihnen verboten; sie glaubten mehr ihren eigenen Propheten, von denen sie meinten, daß sie mit Gott in direktem Kontakt standen.

Ursprünglich ging es bei der Astrologie um ganz konkrete Voraussagen wirklicher Ereignisse, etwa von Sonnen- und Mondfinsternissen. Dann schloß man von Gestirnskonstellationen auf den Willen der Götter, und schließlich wurden die Voraussagen auf den einzelnen Menschen ausgedehnt. Aristoteles, der dem Abendland über viele Jahrhunderte als absolute Autorität galt, hat zu dieser Entwicklung entschieden beigetragen, indem er schrieb: »Diese Welt hier ist notwendigerweise an die Bewegungen der oberen Welt gebunden. Jede Kraft in unserer Welt ist durch jene Bewegungen beherrscht.«

Es sind nicht gerade sehr viele Große, die sich mit Entschiedenheit gegen die Astrologie ausgesprochen haben – im alten Rom zum Beispiel Cicero, Tacitus, Plinius der Ältere, Plutarch, Seneca und in der Neuzeit Luther, Calvin und der Philosoph Arthur Schopenhauer, für den der Sternenglaube »einen großartigen Beweis von der erbärmlichen Subjektivität der Menschen liefert«, indem er »den Gang der großen Weltkörper auf das armselige Ich bezieht, wie auch die Kometen am Himmel in Verbindung bringt mit den irdischen Händeln und Lumpereien«. Zahllose Politiker aller Zeiten – unter ihnen der so nüchterne Cäsar –, auch viele Päpste, wie zum Beispiel Julius II., waren ausgesprochen sternengläubig.

Als ›Der Spiegel‹ im Jahre 1974 zu dem Thema eine Meinungsumfrage machen ließ, stellte sich heraus, daß in der Bundesrepublik Deutschland fünfundvierzig Prozent aller Bürger zwischen vierzehn und fünfundsechzig Jahren einen Zusammenhang zwischen dem Stand der Sterne und dem menschlichen Schicksal zumindest für möglich halten, wenn nicht gar davon überzeugt sind. Und weiter kam ans Licht, daß noch immer zahlreiche Politiker, Industrielle, Kaufleute und Manager und alle möglichen

Leute sich von Astrologen die für sie und ihre Unternehmungen günstigsten »Sternstunden« voraussagen lassen und daß sich damals immerhin sieben Prozent aller Bundesdeutschen schon einmal ein persönliches Horoskop stellen ließen.

Eine Hochburg der Astrologie war einst das ägyptische Alexandria, und zwar besonders zur Zeit des Mathematikers, Geographen und Sternforschers Claudius Ptolemäus, also im 2. nachchristlichen Jahrhundert. Ptolemäus hat die Beobachtungen und Entdeckungen früherer Sternforscher in dem nach ihm benannten System zusammengefaßt, das die Erde im Mittelpunkt des Weltalls und aller Bewegungen der Planeten annimmt und das während des ganzen Mittelalters gültig blieb, bis es von Kopernikus, Galilei und Kepler entthront und durch das heliozentrische System, bei dem die Sonne im Mittelpunkt unseres Weltalls steht, abgelöst wurde. Nicht abgelöst wurde es freilich für Astrologen; sie tun weiter so, als kreisten die Planeten um die Erde, und das ›Tetrabiblos‹ des Ptolemäus, sein ›Vierbücherwerk‹, in dem Ptolemäus eine wissenschaftliche Begründung der Astrologie versucht hat, gilt für sie ebenfalls weiter, ohne Rücksicht auf alle Erkenntnisse der Physik und der modernen Astronomie.

Indem die katholische Kirche so lange am ptolemäischen System festhielt, verhalf sie – wenngleich unbeabsichtigt – der sich auf Ptolemäus berufenden Astrologie zu immer größerem Ansehen und immer weiterer Verbreitung. Und so ist es denn kein Wunder, daß während des ganzen Mittelalters und bis hinein in die Neuzeit die Astrologie von der Astronomie gar nicht getrennt war; beide zusammen galten als eine Wissenschaft. Auch der bedeutende Astronom Johannes Kepler, der als erster die Bahnen der Planeten errechnete, mußte noch – wie sein Lehrer und Vorgänger Tycho de Brahe – seinem Herrn und Kaiser in Prag regelmäßig Horospkope stellen. Das war zu Beginn des 17. Jahrhunderts.

Vor allem Kepler wird von Astrologen immer wieder als Kronzeuge bemüht, wenn es um die Frage nach der Gültigkeit astrologischer Voraussagen geht, und zwar wegen jenes berühmt gewordenen Horoskops, das Kepler im Jahre 1608 dem sterngläubigen Wallenstein stellte und das sich – wie immer wieder behauptet wurde – so überraschend genau erfüllt hat. Der fünfundzwanzig Jahre alte Freiherr Albrecht von Wallenstein war zu jener Zeit ein ganz unbedeutender Kämmerer am Wiener Hof von Erzherzog Matthias, einem Bruder Kaiser Rudolfs II., ein – so der Wallenstein-Biograph Hellmut Diwald – »total unbeschriebenes Blatt«. Kepler kannte ihn nicht persönlich. Er kannte lediglich Wallensteins auf die Sekunde genau angegebene Geburtszeit: 14. September 1583, nachmittags vier Uhr, eine Minute, dreißig Sekunden. Und allein auf Grund dieser Angaben stellte er ein Horoskop, in dem es hieß:

»Solchergestalt mag ich von diesem Herrn in Wahrheit sagen, daß er ein wachendes, aufgemunttertes, embsiges, unruhiges Gemueth habe; allerhandt Neuerungen begührig; dem gemeinsames menschliches Wesen und Händel nit gefallen, sondern der nach neuen, unversuchten oder doch selzamen Mitteln trachte, doch villmehr in Gedanken habe, dann er eußerlich sehen und spüren läßt. Denn Saturnus im Aufgange machet müßige, melancolische, allzeit wachende Gedanke, Alchymiam, Magiam, Zauberei, Gemeinschafft zu den Geistern, Verachtung und Nichtachtung menschlicher Gebote und Sitten, auch aller Religionen; macht alles argwöhnisch und verdächtig, was Gott oder die Mentschen handeln, als wenn es alles lauter Betrug und viel an anderes darhinder wäre, denn man fürgibet. Und weil der Mond verworfen stehet, wird ihm diese seine Natur zu einem merklichen Nachtheil und Verachtung bey denen, mit welchen er zu conversieren hat, gedeihen, daß er für einen einsamen, lichtscheuen Unmentschen wird gehalten werden. Gestaltsam er auch seyn wirdt unbarmhertzig, ohne brüderliche oder eheliche Lieb, niemandt achtend, nur sich selbst und seinen Wollüsten ergeben, hart über die Untertanen, an sich ziehend, geizig, betrüglich, ungleich im Verhalten, meist stillschweigend, oft ungestüm, auch streitbar, unverzagt ...«

Dieser Darlegung von überwiegend negativen Einflüssen ließ Kepler dann die positiven Seiten folgen: »Es ist aber das Beste an dieser Geburt, daß Jupiter darauf folget und Hoffnungen machet, mit reifem Alter werden sich die meisten Untugenden abwetzen und also diese seine ungewöhnliche Natur zu hohen, wichtigen Sachen fähig wird. Dann sich nebenst auch bei ihm werden sehen lassen großer Ehrendurst und Streben nach zeitlichen Dignitäten und Macht, dadurch er sich viel großer und heimlicher Feindt machet, aber denselben meistenteils obsiegen wird.« Weiter hieß es dann, es sei »kein Zweifel«, daß Wallenstein »zur hohen Dignität, Reichthumb und ... auch zu stattlicher Heurath gelange«. Zum Schluß gab Kepler noch einen negativen Aspekt: »Und weil Mercurius so genau in opposito Jovis stehet, will es das Ansehen gewissen, als werde er einen besonderen Aberglauben haben und dadurch eine große Menge Volkes an sich ziehen, oder sich etwa einmahl von einer Rott, so malcontent, zu einem Haupt- und Räddelführer aufwerffen lassen.«

Auf den ersten Blick könnte man in der Tat verwundert sein, daß im Leben Wallensteins manches von dem, das Kepler hier angedeutet und prophezeit hat, wirklich eingetroffen ist, wie beispielsweise die reiche Heirat und schließlich die Rebellion gegen den Kaiser. Aber die »Erfüllung« des Horoskops »mysteriös genau und fast buchstabengetreu« zu nennen – wie Hellmut Diwald es tut – ist dennoch nicht gerechtfertigt. Und Diwalds Erklärung, Wallenstein habe eben alles getan, um sich sklavisch an die Voraussagen zu halten, das heißt, um sie sklavisch besessen zu verwirklichen, ist ganz und gar überflüssig. Denn bei kritischem Lesen des Keplerschen Horoskops –

und eben zu diesem Zweck wurde es hier so ausführlich wiedergegeben – zeigt sich, wie vage die darin gemachten Angaben in Wahrheit sind. Wach, munter, emsig, unruhig, nach Neuerungen strebend, allem Hergebrachten gegenüber mißtrauisch, dabei nachdenklicher, als es zunächst den Anschein hat, zum Schweigen neigend, egoistisch, rücksichtslos, sehr ehrgeizig, nach Auszeichnung und Macht strebend, mit einer Neigung zum Aberglauben: All dies und noch andere angedeutete Eigenschaften trafen gewiß nicht nur auf den fünfundzwanzigjährigen Wallenstein zu, sondern auf zahlreiche junge Männer jener Zeit. Und die Voraussagen von einer reichen Heirat und von der Möglichkeit, zu einer Art Rebellenführer zu werden, die dann beide eintrafen, waren damals für einen jungen Adligen auch nicht sonderlich originell.

Es heißt, Wallenstein habe später wiederholt von dem ungeheuren Eindruck gesprochen, den Keplers Horoskop auf ihn gemacht habe. Aber andererseits scheint er genauere Voraussagen vermißt zu haben. Jedenfalls bat er Kepler im Jahre 1624 um ein neues Horoskop, und zwar mit detaillierten Angaben, was ihm in jedem Jahr an Glück oder Unglück zustoßen werde, wer seine heimlichen Feinde seien und welchen Tod er wann sterben werde. Anläßlich dieses zweiten Horoskops für den inzwischen einundvierzigjährigen Wallenstein vertrat Kepler einen Standpunkt, den die Astrologen gerne verschweigen. Da lehnte er es nämlich ganz entschieden ab, sich in Einzelheiten festzulegen, und er fragte, ob man ihn etwa als Komödianten mißbrauchen wolle. Ja, er sagte ausdrücklich, er müsse Wallenstein »den Wahn nehmen, als ob so ganz die Particularia« – die Teilgeschehnisse – »aus dem Himmel vorauszusagen seien«. Was Wallensteins Frage nach der Todesursache betreffe, so sei, wer so frage, »noch nie recht in die Schul gegangen und hat das Licht der Vernunft das ihm Gott angezündet, noch nie recht geputzt; und wenn er nur mit Fleiß nachsinnen würde, wird er finden, daß diese Frage, beides, zu erörtern und auch vorzulegen, eine recht unsinnige Weise sei«.

Vor allem wies Kepler in diesem zweiten Wallenstein-Horoskop mehrmals nachdrücklich darauf hin, daß nie allein die Sterne das Geschehen bewirken, vielmehr »tun der Geborene und andere, mit welchen er es zu tun hat, viel und fangen viel aus freier Willkür an, was sie auch wohl hätten unterlassen können und wozu sie vom Himmel nicht gezwungen waren; dadurch aber befördern oder verhindern sie natürliche Zufälle, so daß sie ihre himmlische Zeit, Maß und Particularität nicht erreichen«. Das heißt, Kepler hielt den Menschen für fähig, über sein Schicksal letztlich selbst nach freiem Willen zu entscheiden.

Damit lehnte er jedoch die Astrologie nicht etwa ab. Er folgte vielmehr dem italienischen Physiker Giambattista delle Porta (1535–1615), von dem der berühmte Satz stammt: »Die Sterne zwingen nicht, sie machen geneigt« – ein Satz, der indessen allen Astrologen noch heute als bequeme Ausrede dienen kann, wenn ihre Prophezeiungen nicht eintreffen.

Für Kepler war dieser Satz jedoch nicht als Hintertür gedacht, Kepler wehrte sich lediglich gegen astrologischen Fatalismus. Und er warnte vor den Pfuschern auf dem Gebiet der Astrologie, die vorgeben, das Schicksal bis in alle Einzelheiten voraussagen zu können; zu ihnen solle gehen, »wer gern mit sehenden Augen betrogen sein will«. Nur allzu klar sah der Wissenschaftler Kepler, der sich in diesem Zusammenhang gern einen Philosophen nannte, die Gefahren, die ein leichtfertiger Umgang mit der Astrologie gerade zu seiner Zeit heraufbeschwor, nämlich das Überhandnehmen von Humbug, Teufels- und Hexenglauben, die für die Betroffenen zu einer Frage um Leben und Tod werden konnte. Kepler selbst gehörte zu den Betroffenen, denn seine Mutter geriet in den Verdacht, eine Hexe zu sein. Sechs Jahre lang mußte Kepler, zu jener Zeit in der ganzen Welt berühmt und anerkannt, um das Leben seiner Mutter kämpfen.

Es war im Jahr 1615 in dem württembergischen Städtchen Leonberg, wo Kepler einst die Lateinschule besucht hatte, daß man seine Mutter der Hexerei beschuldigte. Die Leonberger Hexenrichter, die in jenem Jahr sechs Frauen als Hexen verbrennen ließen, setzten alles daran, die alte Katharina Kepler auf den Holzstoß zu bringen. Als ihr Sohn von der Anschuldigung hörte, schrieb er an den Rat von Leonberg, die Verfolger seiner Mutter seien offenbar »vom Teufel aufgehetzt«, und er, Hofmathematiker Seiner Kaiserlichen Majestät, verlange Abschriften von allen seine Mutter betreffenden Akten. So erfuhr er, was bis dahin geschehen war:

Eine Nachbarin der alten Kepler, eine Glaserfrau, litt seit längerem an einer Unterleibskrankheit, und weil dagegen keine Arznei half, behauptete sie, verhext worden zu sein. Sie gab an, bei der alten Kepler kurz vor Ausbruch ihrer Krankheit einen Becher Wein getrunken zu haben. Nun folgerte sie, daß das ein Hexentrunk gewesen und Mutter Kepler folglich eine Hexe sein müsse.

Eine solche Anschuldigung genügte vollauf, ein Verfahren in Gang zu bringen, zumal die örtlichen Behörden durch einen Erlaß der herzoglich-württembergischen Regierung zu eifrigem Vorgehen gegen Hexen ermahnt worden waren. Eine Frau, die erst einmal in den Verdacht der Hexerei gekommen war, hatte so gut wie keine Aussichten, dem Feuertod zu entgehen. Es nützte Katharina Kepler gar nichts, daß sie das Unterleibsleiden der Glaserfrau mit deren früherem liederlichen Lebenswandel in Zusammenhang brachte. Ebensowenig half eine Klage auf Verleumdung. Und selbst der Brief ihres Sohnes an den Stadtrat hat die Hexenverfolger nur scheinbar beruhigt; in Wahrheit sammelten sie neues Material.

Für einige Monate nahm Kepler seine Mutter zu sich nach Linz, wo er damals lebte. Doch litt die alte Frau dort so sehr unter Heimweh, daß sie wieder in die Heimat zurückkehrte, wo sie zu ihrer Tochter und deren Mann, einem Pfarrer, zog. Aber auch das half ihr nichts.

Im Sommer 1620 wurde sie im Pfarrhaus verhaftet. Sie wurde eingesperrt und an eine eiserne Kette geschlossen. Vierzehn Monate lang blieb die dreiundsiebzigjährige Frau angekettet, dazu Tag und Nacht von zwei Männern bewacht.

Die Anklage warf ihr jetzt noch andere Hexereien vor: Durch den bösen Blick habe sie zwei Kinder getötet, ebenso das Kalb eines Nachbarn; ein Schneider, der bei ihr einmal einen Becher Wein getrunken hatte, sagte aus, er sei danach wie gelähmt gewesen, ein zwölfjähriges Mädchen behauptete, bei einer Begegnung mit ihr auf der Straße plötzlich einen Stich im Arm gefühlt zu haben, und irgend jemand wollte gesehen haben, wie sie durch geschlossene Türen ging.

Zwar war das alles unbewiesen, aber Beweise waren in Hexenprozessen nicht erforderlich; die Hexenverfolger brauchten lediglich ein Geständnis. Und um Geständnisse zu erhalten, galt die körperliche Folter als bewährtes Mittel. Als Kepler erfuhr, daß seine Mutter gefoltert werden sollte, reiste er sofort nach Leonberg. In zähen Verhandlungen erreichte er zunächst einen Aufschub der Folter. Aber schließlich setzte er es durch, daß die juristische Fakultät der Universität Tübingen um ein Gutachten gebeten wurde. Begründet hatte er einen entsprechenden Antrag mit dem schweren Leben, daß seine Mutter hatte führen müssen; ihr Mann, sein Vater, habe sie schlecht behandelt und sie schließlich gar verlassen. So sei sie, die die Kinder allein durchbringen mußte, hart und rechthaberisch geworden und mit Nachbarn und auch mit der Obrigkeit häufig in Streit geraten. Das habe sie schließlich in den Verdacht gebracht, eine Hexe zu sein.

Die Fakultät in Tübingen kam zu der Ansicht, man könne sich in diesem Fall mit der Territio begnügen, einer bloßen Androhung der Folter in der Folterkammer, bei genauer Demonstration der Folterinstrumente. Viele Angeklagte legten bereits dabei ein Geständnis ab. Katharina Kepler zeigte sich indessen von der Territio keineswegs beeindruckt – obgleich sie nicht wußte, ob es bei der bloßen Androhung der Folter bleiben würde. »Sie hat gesagt«, heißt es im Protokoll, »man mache mit ihr, was man wolle, und wenn man ihr auch jede Ader aus dem Leibe herausziehen würde, so wüßte sie doch nichts zu bekennen ... Gott werde nach ihrem Tode offenbaren, daß ihr Unrecht und Gewalt geschehen ...« Da ließ man sie endlich frei.

Ein halbes Jahr später ist Keplers Mutter gestorben. Er selbst überlebte sie nur um neun Jahre. Nachdem er die letzte Zeit im Dienste Wallensteins gestanden hatte, starb er, nicht ganz sechzigjährig, in Regensburg, wo er am Reichstag Ferdinands II. teilnehmen wollte. Auf diesem Reichstag klagten hilfesuchende Flüchtlinge aus Bamberg dem Kaiser, daß allein in den Fürstentümern Bamberg und Würzburg nach einer langen Reihe von Hexenprozessen mehr als zweitausend Menschen verbrannt worden seien.

Das geschah in jenem Zeitalter, das andererseits die geistigen Grundlagen für die Aufklärung, das Jahrhundert der Vernunft, legte. Hexenprozesse aber fanden noch weiterhin statt, bis weit ins 18. Jahrhundert hinein, und die letzten Hinrichtungen von Hexen (meist Verbrennung bei lebendigem Leibe) erfolgten in Würzburg 1749, in Endingen 1751, in Kempten 1775, in Glarus 1782 und in Posen 1793. Da erst schien der Hexenwahn beendet zu sein, der aus dem Umbruch der geistigen, religiösen und politischen Verhältnisse im Spätmittelalter aufgebrochen war wie eine Massenhysterie, als die völlig verunsicherten Menschen meinten, die Teufelsherrschaft der prophezeiten Endzeit sei angebrochen.

Aber sogar in unserer angeblich so nüchternen und vernünftigen Gegenwart werden noch Tausende von Hexenprozessen geführt, wenngleich unter anderem Aspekt, indem es da um Schädigungen durch »Hexen« und »Hexer«, durch Magiker, Zauberer, Gesundbeter und Hellseher geht oder auch um Teufelsaustreibungen und Exorzisten. Die Hinwendung zum Magischen, Okkulten, Übersinnlichen, die Bereitschaft an die geheimnisvolle Kraft Psi, an die Macht außerirdischer Wesen und an Voraussagen aller Art zu glauben, vor allem aber nach wie vor an die Astrologie, scheint von Jahr zu Jahr größer zu werden.

Nur für kurze Zeit wurde die Astrologie, die heute durch Horoskope in Zeitungen und Illustrierten eine ungeheure Verbreitung und (wenn auch nicht immer eingestandene) Anerkennung findet, von einer anderen Art der Voraussage verdrängt, nämlich von der Zahlenmystik. Das war zur Zeit Voltaires und Casanovas, als in vielen Ländern Staatslotterien entstanden und die Menschen auf diese Weise zu Geld kommen wollten. Da pries der »Zauberer« Cagliostro (dessen Familie später von Goethe aufgespürt wurde) seine Lotterietips an: Wer von Spargel geträumt hatte, sollte auf die 5 setzen, während Regen auf die 89 hindeutete. Cagliostro selbst hat auf diese Weise nicht gewonnen; ihm schien es sicherer, seine Tips zu verkaufen oder ganz einfach seine junge hübsche Frau gegen Geld an reiche Kavaliere »auszuleihen«. Daß er schließlich wegen Betrügereien zum Tode verurteilt, dann zu Lebenslänglich begnadigt wurde und als Gefangener starb, hat er nicht vorausgesehen.

Voraussagen für die Zukunft werden immer dann aktuell, wenn etwas Neues beginnt, und sei es nur ein neues Kalenderjahr. Da wird seit alten Zeiten besonders in Deutschland Blei oder Zinn gegossen. Daß dieser Brauch, wie manchmal behauptet wird, aus dem antiken Griechenland stammt, ist nicht belegt. Blei (oder Zinn) wird über einer Kerze geschmolzen und dann in eine Schüssel mit Wasser gegossen. Ergeben sich dabei Sterne, bedeutet das Glück. Kreuze lassen auf Leid schließen, Männchen auf Reichtum. Und ein Sarg auf den Tod.

Das Bleigießen läßt sich auch komplizierter machen (wenn man nämlich die Schwierigkeit der Zukunftsvision unterstreichen möchte). In Ostpreußen zum Beispiel mußte, wer seine Zukunft erfahren wollte, sich die Schüssel mit dem Wasser über den Kopf halten, und ein anderer mußte das Blei hineingießen, wobei manchmal sogar fließend Wasser erforderlich war. Nur die Schweizer machten es noch umständlicher. Bei ihnen mußte ein Mädchen am Brunnen rücklings Wasser schöpfen, das geschmolzene Blei hineingießen und während des Gießens und bis das Wasser gefror, durch ein Röhrchen ins Wasser pusten. Bildete sich dann ein Buchstabe, dann wußte das Mädchen immerhin, wie der Name seines künftigen Bräutigams anfing.

Wer kein Blei zur Hand hat, aber dennoch in die Zukunft sehen will, der muß in der Neujahrsnacht aufs Dach steigen, aber rücklings auf einer Leiter. Sieht er dann durch den Schornstein hinab, erblickt er all jene, die im kommenden Jahr sterben. Weitverbreitet war in deutschen Landen auch dieses Zukunftsspiel: Jedes Familienmitglied wirft in der Neujahrsnacht einen Kranz aufs Dach; wessen Kranz oben liegen bleibt (in manchen Gegenden: herunterfällt), muß bis zum nächsten Sommer sterben.

Die meisten Voraussagen drehen sich um Tod und Krankheit, um Glück und gute Ernte. Nach einer alten Regel soll man in der Neujahrsnacht fastend und schweigend drei oder gar sieben Kirchen umschreiten. Dann sieht man auf dem Wege das ganze kommende Jahr. Steht ein Krieg bevor, so hört man das Getrampel von Soldaten und Pferden, hört man Ähren von der Sense fallen, wird die Ernte gut.

Über dies alles kann man lächeln. Aber niemand sollte übersehen, daß die Menschen ohne Vorausschau in die Zukunft nicht leben könnten. Immer mehr muß geplant und vorausberechnet werden, um zum Beispiel eine moderne Großstadt lebensfähig zu erhalten. Und in der Tat werden in unserer wissenschaftsgläubigen Zeit mehr und kompliziertere Voraussagen gewagt als je zuvor, allerdings keineswegs immer nur aufgrund sorgfältiger Berechnungen und Umfragen. Nur Allzuvieles unterscheidet sich wenig von Prophezeiungen aus dem Kaffeesatz, aus den Karten oder aus den Sternen.

Daß es schwierig ist, richtige Voraussagen zu treffen, zeigt sich täglich in der Politik. Auch im Journalismus. Von allem, was zum Beispiel der berühmte Theodor Wolff in seinen Leitartikeln im ›Berliner Tageblatt‹ vorausgesagt hat, ist kaum etwas eingetroffen. Ähnlich war es bei Hans Zehrer, dem langjährigen Chefredakteur der ›Welt‹. Als er starb, hatten seine Redakteure Mühe, aus dem Archiv auch nur einen seiner vielen prophetischen Artikel herauszufinden, der noch einigermaßen standhielt. Und man denke an die vielen falschen Voraussagen der allzuvielen Experten über die politische und wirtschaftliche Zukunft unserer Welt – zum Beispiel über das Verhältnis zwischen den Industriemächten und den Entwicklungsländern. Plötzlich und völlig überraschend mußten wir einsehen, daß die sogenannten »Entwicklungsländer«, jedenfalls jene Länder der Dritten Welt, die Öl oder andere lebenswichtige Rohstoffe besitzen, keineswegs erst von uns »entwickelt« werden müssen, um unseren Status zu erreichen, sondern daß sie mit Sicherheit die Beherrscher der Welt von morgen sein werden, ja es eigentlich heute schon sind.

Nur die Mediziner scheinen es mit Prognosen leichter zu haben. Sie machen – zwar anders als einst die Babylonier – einen Lebertest und wissen dann, wie lange ihr Patient mit seiner Säuferleber noch durchhalten kann. Doch gibt es auch bei diesen Voraussagen noch Hoffnung: Lebertests, sagen manche Experten, seien allenfalls in der Hälfte aller Fälle richtig. Und damit sind wir wieder beim Kaffeesatz und bei den Sternen.

8. Kapitel
Teils für, teils gegen den blauen Dunst

Im Gleichschritt mit dem Alten Dessauer, Madame de Staël und Graf Tolstoj gegen die starken Raucher von Walter Raleigh bis zu Thomas Mann und Churchill …

> Wer Tabak raucht, riecht wie ein Schwein.
> Wer Tabak schnupft, sieht aus wie ein Schwein.
> Wer Tabak kaut, ist ein Schwein.
>
> Madame de Staël

Die Nichtraucher sind im Vormarsch. Und zwar auf der ganzen Welt. Einer der vielen Meilensteine an ihrem Weg in eine rauchfreie Zukunft ist eine zu Beginn des Jahres 1975 in New York in Kraft getretene städtische Verordnung, die das Rauchen in Fahrstühlen, Supermärkten, College-Unterrichtsräumen sowie in religiösen Zentren und Erholungsstätten bei Strafe verbietet. Wer dort dennoch raucht, kann mit einem Bußgeld bis zu einer Höhe von tausend Dollar oder gar mit einem Jahr Gefängnis bestraft werden. Andere Meilensteine waren kurz zuvor ein erster deutscher Nichtraucher-Kongreß in Bad Neuenahr (unter dem Zentralthema, wie man ein ganzes Volk vor den schädlichen Folgen des Rauchens und Passivrauchens schützen kann) sowie einige Gerichtsurteile, die den Nichtrauchern ein Recht auf qualmfreie Luft bestätigen. Da wurde zum Beispiel in Neumünster einem Zahnarzt recht gegeben, als er darauf bestand, einen Fortbildungskursus nur dann zu besuchen, wenn dort ein generelles Rauchverbot ausgesprochen würde. In Stuttgart wurde einem Taxifahrer bestätigt, daß er mit seiner Weigerung, in seinem »Nichtraucher«-Taxi rauchende Passagiere zu fahren, nicht gegen die Beförderungspflicht verstößt. Und in München sprach sich eine überwältigende Mehrheit für die Abschaffung der Raucherabteile der Straßenbahn aus, wobei das am häufigsten genannte Argument hieß: Umweltschutz für den Fahrgastpartner.

Mit alledem ist zwar der jahrhundertealte Streit zwischen Rauchern und Nichtrauchern – in dem schon König Jakob I. von England, der Sohn Maria Stuarts, 1603 in einer lateinischen Schrift so leidenschaftlich »gegen den Gestank des angezündeten Tabaks« und »die häßliche Rauchgewohnheit«, die kurz zuvor von Königin Elisabeths Admiral Sir Walther Raleigh in Mode gebracht worden war, Partei nahm – noch keineswegs entschieden. Aber eine Wende zeichnet sich ab, nachdem in der Vergangenheit eine Runde nach der anderen an die Raucher gegangen war.

Ihren ersten wirklich entscheidenden Sieg hatten die Raucher im Revolutionsjahr 1848 errungen, die deutschen Raucher jedenfalls, und zwar in Berlin, wo damals – wie in anderen Städten auch – das Rauchen auf offener Straße wegen Feuergefahr verboten war. Während der Märzrevolution aber wurde auf Berlins Straßen und Plätzen immer häufiger geraucht, ohne daß die Polizei gewagt hätte, dagegen einzuschreiten. Als dann das Verbot aufgehoben wurde, hat das für den Verlauf der Revolution eine nicht unerhebliche Rolle gespielt. Werner von Siemens, der Begründer der Elektrotechnik, schildert das in seinen Lebenserinnerungen:

Am 19. März, so berichtet er, als das Militär bereits aus der Stadt herausgezogen war und die Revolutionäre ihre Gefallenen auf dem Schloßplatz aufgebahrt hatten, wo der König und die Königin die Toten ehren sollten, machte eine Gruppe von Revolutionären plötzlich Anstalten, das Schloß zu stürmen. Aber der junge Fürst Lichnowsky hielt die Männer auf, indem er ihnen sagte, daß der König doch alle ihre Forderungen bewilligt habe. »Wirklich, alle?« fragte einer. »Wirklich alle!« war die

Antwort. »Ooch det Roochen?« fragte ein anderer. »Ja, auch das Rauchen«, antwortete Lichnowsky, obwohl das Rauchverbot zu jener Zeit noch bestand. »Ooch im Tiergarten?« wurde weitergefragt. Als auch das bejaht wurde, sagte einer der Revolutionäre: »Na, denn können wir ja zu Hause jehen«, und dann löste die eben noch so angriffslustige Gruppe sich ganz friedlich auf.

So ist in Berlin die Achtundvierziger Revolution in blauen Dunst aufgegangen; Freiheit hatte man gefordert, aber man begnügte sich mit Rauchfreiheit, die dann tatsächlich gewährt wurde. Am 25. März erging auf »Allerhöchste Anordnung« diese Bekanntmachung: »Das Verbot des nicht feuergefährlichen Tabakrauchens in den Straßen der hiesigen Residenz und der Vorstädte ist aufgehoben.«

Mit diesem Sieg der Raucher waren allerdings nicht alle Berliner einverstanden. In den folgenden Jahren wurden der Polizeipräsident und der preußische Innenminister von den Nichtrauchern immer aufs neue beschworen, das Rauchverbot in der Öffentlichkeit wieder einzuführen. Man schrieb »im Interesse der öffentlichen Schicklichkeit, Gesittung und des allgemeinen Wohles« und meinte, es sei unerhört, daß eine solche Unsitte staatlichen Schutz genieße und daß der Nichtraucher gezwungen sei, dies über sich ergehen zu lassen. Lieber sollte man Getreide anpflanzen statt des elenden Tabakkrauts, das »auf blödsinnige und geckenhafte Weise als stinkender Qualm verpafft« werde und die erfrischend belebende, reine Gottesluft verpeste. »Nichtraucher«, so schloß ein Brief aus dem Jahre 1852, »erhoffen von Ihnen, Herr Polizeipräsident, die Wiedereinführung des Rauchverbots, und das nichtrauchende Publikum würde Ihnen einen stillen, tiefgefühlten Dank für den Genuß reiner, frischer Luft wissen.«

Doch schon damals schien dem Staat reine, frische Luft sehr viel weniger einträglich als die immer erfreulicher werdende Tabaksteuer. Und hinzu kam, daß die Raucher zu jener Zeit auf dem Vormarsch waren und, besonders in Preußen, bereits auf eine Tradition zurückblicken konnten. Diese Tradition ging zurück auf das berühmte Tabakskollegium Friedrich Wilhelms I., jene prahlerisch-gemütliche Runde pfeiferauchender und biertrinkender Männer aus der engsten Umgebung des Soldatenkönigs, bei der dieser selbst an einem Abend bis zu dreißig Pfeifen geraucht haben soll. Für die erzwungenermaßen teilnehmenden Nichtraucher war das Kollegium jedoch eine Qual.

Zu ihnen gehörte der junge Kronprinz Friedrich, der den Rauch der andern nicht ertragen konnte und sein Leben lang Nichtraucher blieb. Wegen des Tabakskollegiums hatte er mit seinem Vater viel Ärger. Der König schimpfte ihn einen Hasenfuß, der zu zimperlich sei, um an männlichen Vergnügen Geschmack zu finden. Der im Tabakskollegium des Soldatenkönigs gezüchtete Cliquengeist, der den Nichtraucher als Schwächling und Duckmäuser ablehnte, hat sich nicht nur in Kreisen des preußischen Militärs und bei den Raucherkommenten der Studenten weiterentwickelt, sondern wirkt in der Zigarettenwerbung bis heute fort. Während dieses positive Image des Rauchers in der Realität schon längst unterhöhlt ist, zeigt die Werbung den Raucher noch immer als den erfolgreichen, starken jungen Mann, der teilhat an allen schönen Dingen des Lebens und der großen weiten Welt, an Reichtum, Reisen, Abenteuern. Und der natürlich immer braungebrannt und gesund ist und vor allem bei den Frauen Erfolg hat.

Kronprinz Friedrich sah das schon damals entschieden anders. Er hat später behauptet, die Teilnehmer des Tabakskollegiums hätten ständig wie »eine Herde von März-Schafen« gehustet. Übrigens war Friedrich dort nicht der einzige Nichtraucher. Auch Graf Seckendorf, der Gesandte des Kaisers, mochte nicht rauchen, mußte aber dennoch regelmäßig an den Sitzungen teilnehmen und den Rauch der andern schlucken. Und dann war da noch der »Alte Dessauer«, der Feldmarschall und Freund des Königs, der die Armee neu organisiert und dabei den Gleichschritt eingeführt hatte. Auch er blieb Nichtraucher, mochte indessen das Zeremoniell nicht stören und »rauchte« deswegen – wie übrigens der kaiserliche Gesandte auch – seine Pfeife kalt.

Bei dem Alten Dessauer scheint sich die Abneigung gegen das Rauchen auf einen seiner Nachkommen vererbt und bei diesem noch verstärkt zu haben. Das war bei Fürst Leopold III. von Anhalt-Dessau, der seinen Untertanen ausdrücklich erlaubte, jedem, der im Lande Anhalt auf der Straße rauchte, die Pfeife ungestraft »aus dem Maull« zu schlagen.

Dennoch nahm das Rauchen in ganz Deutschland immer mehr zu, vor allem auch an den Universitäten, wo bald ein rechter Kerl ohne Bierglas und Pfeife nicht mehr vorstellbar war. Als die französische Schriftstellerin Madame de Staël nach Deutschland kam, entsetzte sie sich über die verpesteten deutschen Wirtsstuben und notierte, es gebe »nichts Rauchgeschwängerteres« als die deutschen Männer. Aber sie fand nicht nur das Rauchen von Tabak widerlich, sondern auch das Schnupfen und Kauen: »Wer Tabak raucht, riecht wie ein Schwein. Wer Tabak schnupft, sieht aus wie ein Schwein. Wer Tabak kaut, ist ein Schwein«, meinte sie.

Das war zur Zeit Goethes, der gegen das Rauchen ähnlich scharf wetterte. »Das Rauchen macht dumm«, sagte er zu Major von Knebel, dem Prinzenerzieher am Weimarer Hof, »es macht unfähig zum Denken und Dichten. Es ist auch nur für Müßiggänger, für Menschen, die Langeweile haben, die ein Drittel des Lebens verschlafen, ein Drittel mit Essen, Trinken und anderen notwendigen oder überflüssigen Dingen hindudeln und alsdann nicht wissen, was sie mit dem letzten Drittel anfangen sollen. Für solche faulen Türken sind der liebevolle Verkehr mit den Pfeifen und der behagliche Augenblicke der Dampfwolke, die sie in die Luft blasen, eine geistvolle Unterhaltung, weil sie ihnen über die Stunden hinweghilft...«

Über Raucher hat er sich furchtbar geärgert. Und noch mehr über Raucherinnen. Daß er einer seiner Köchinnen, die ihn zwar unsäglich geärgert und zwei Jahre lang schlecht bedient hatte, ein betont schonungsloses Zeugnis ausstellte, geschah sicherlich auch deswegen, weil sie heimlich rauchte. Sie habe sich, schrieb er ihr ins Zeugnis, »widerspenstig, zudringlich, grob, unruhig und tückisch gezeigt und ihm das Leben sauer und zuletzt ganz unerträglich gemacht«. Für dieses Zeugnis rächte die Köchin sich auf eine einfache, aber höchst wirksame Weise. Nachdem sie das Schriftstück voller Wut zerrissen hatte, ging sie – während Goethe einen Spaziergang machte – in sein Arbeitszimmer und rauchte dort ihre Pfeife, um ihm den Raum so recht zu verpesten. Als er zurückkam und sein Arbeitszimmer betrat, drangen ihm dicke Schwaden Tabakrauchs entgegen. Nichts hätte ihn härter treffen können.

»Es liegt im Rauchen eine arge Unhöflichkeit«, hat er gesagt, »eine impertinente Ungeselligkeit. Die Raucher verpesten die Luft weit und breit und ersticken jeden honetten Menschen, der nicht zu seiner Verteidigung zu rauchen vermag. Wer ist schon imstande, in das Zimmer eines Rauchers zu treten, ohne Übelkeit zu empfinden?« Und er erregte sich: »Was kostet der Greul! Schon jetzt gehen fünfundzwanzig Millionen Taler in Deutschland in Tabaksrauch auf, die Summe kann auf vierzig, fünfzig, sechzig Millionen steigen. Und kein Hungriger wird gesättigt und kein Nackter wird gekleidet. Was könnte mit dem Gelde geschehen!«

Hatte Goethe so unrecht? Die Summe stieg und stieg und stieg. Und – entgegen der deutlich stärker werdenden Antirauchertendenz – gewöhnen sich immer mehr junge Menschen das Rauchen an. Selbst zehnjährige Schüler sehen die Zigarette offenbar als ein Statussymbol an, und junge Schülerinnen halten das Rauchen für besonders attraktiv, klagte kürzlich der Bundesvorstand des Deutschen Kassenärzteverbandes und forderte die Kultusminister der Bundesländer auf, in den Schulen ein allgemeines Rauchverbot zu erlassen. Die in den Schulen eingeführten »Raucherzimmer« und die »Raucherecken« auf den Schulhöfen sollten umgehend abgeschafft werden.

Und noch einmal Goethe: »Wenn es so fortgehen sollte, wie es den Anschein hat, so wird man nach zwei oder drei Menschenaltern schon sehen, was die Bierbäuche und Schmauchlümmel aus Deutschland gemacht haben. An der Geistlosigkeit, der Verkrüppelung und Armseligkeit unserer Literatur wird man es zuerst bemerken, und jene Gesellen werden dennoch diese Misere höchlich bewundern...« – Zu den »Schmauchlümmeln« in der Literatur gehörten Herder, Schiller, Lenau, Lord Byron, Thackeray, E.T.A. Hoffmann, Adalbert Stifter, Oscar Wilde und viele, viele andere, zu denen in der Musik Johann Sebastian Bach, Beethoven, Brahms, Richard Strauss – um nur diese zu nennen.

Nichtraucher wie Goethe war Napoleon, er schnupfte lediglich. Als er (1804) in Frankfurt den Erbprinzen von Hessen-Darmstadt rauchen sah, sagte er ihm: »Wenn Sie nach Paris kommen und Ihre Kleider nach Rauch riechen, so wird keine Frau Sie empfangen.« Was zu Napoleons Zeiten noch gelten mochte, wurde unter seinem Neffen entschieden anders: Napoleon III. war der erste zigarettenrauchende Kaiser, und folglich wurde die Zigarette in französischen Offizierskreisen und überhaupt in der Gesellschaft zu einem unerläßlichen Attribut, mochte Victor Hugo das auch noch so abscheulich finden.

In England hingegen, wo das Rauchen zur Zeit Königin Elisabeths I. stark verbreitet war, hatten die Raucher es während der langen Regierungszeit Königin Viktorias äußerst schwer. Jedenfalls bei Hofe. Viktoria war gegen Tabaksqualm ebenso allergisch wie einst Maria Theresia, die Aktenstücke, die nach Rauch stanken, erst parfümieren ließ, bevor sie sie las. In der Umgebung Königin Viktorias herrschte strengstes Rauchverbot. Es wird erzählt, daß Viktorias Enkel, der deutsche Kronprinz und spätere Kaiser Wilhelm II., der sein Leben lang geraucht hat, und seine Begleiter sich bei einem Besuch bei der Queen in ihren Zimmern auf den Fußboden legten und den Rauch in die Kamine pusteten.

In demokratischen Zeiten ist es für Nichtraucher sehr viel schwerer, gegen Raucher einzuschreiten. Der erste deutsche Bundeskanzler und Nichtraucher Adenauer hat es dennoch durchgesetzt, daß bei Kabinettsitzungen in seiner Gegenwart nicht geraucht wurde. Selbst Oskar Kokoschka, der (ähnlich wie Jean Paul Sartre) ohne Zigarette kaum vorstellbar ist, hat nicht gewagt, in Adenauers Gegenwart zu rauchen, jedenfalls nicht in einem geschlossenen Raum, als er ihn 1966 in Cadenabbia porträtierte. In Kokoschkas Lebenserinnerungen heißt es: »Gewöhnlich machten wir eine Viertelstunde Pause und ergingen uns vor dem Haus, ich eine Zigarette rauchend, die ich mir trotz seines Zuredens in seiner Gegenwart im Hause nicht erlaubte, während er eine Tasse Bouillon zu sich nahm.«

Bei weitem nicht so erfolgreich in der Einschüchterung von Rauchern war der Nichtraucher Henry Ford I. Vergeblich hat er einmal versucht, seinen Arbeitern und Angestellten während der Arbeitszeit das Rauchen zu verbieten. Und als Lenin (im Jahre 1917) seine berühmte Fahrt in einem Sonderwagen durch Deutschland machte, zusammen mit seiner Frau und einunddreißig Genossen, war eines seiner Hauptprobleme, die Mitfahrenden möglichst am Rauchen zu hindern; denn auch Lenin hatte eine Aversion gegen Tabakrauch.

Meist sehr viel härter als der Kampf zwischen Rauchern und Nichtrauchern (der wegen einer größeren Bereitschaft der Nichtraucher zum Nachgeben bisher häufiger zugunsten der Raucher ausging) ist der Kampf vieler Raucher gegen sich selbst. Auch dafür gibt es unter den

Berühmten Beispiele. Eines ist Sigmund Freud, der Vater der Psychoanalyse, der entschieden dazu beigetragen hat, das Saugen an der Zigarre, an der Zigarette oder an der Pfeife als Rudiment aus der Säuglingszeit zu entlarven oder darin – mit Robert Musil – eine Ersatzhandlung zu sehen. Musil schrieb: »Bestes Gegenmittel: ein wenig geleistet zu haben. Arbeite statt zu rauchen...« Musil arbeitete *und* rauchte. Dasselbe tat Freud. Aber eines Tages prophezeite ein Freund dem noch nicht Vierzigjährigen, daß er im Alter von einundfünfzig Jahren sterben werde. Freud war von einem frühen Tod ohnehin überzeugt, da er häufig unter Herzbeschwerden und von Zeit zu Zeit unter Anfällen von Todesangst litt. Er führte das auf zu starkes Rauchen zurück; immerhin kam er täglich auf zwanzig Zigarren. Auf Anraten seines Freundes versuchte er nun, das Rauchen einzustellen. Doch ging es da – wie der Siebenunddreißigjährige schrieb – mit seinem Herzen nicht besser, sondern schlechter:

»Bald nach der Entziehung kamen leidliche Tage... Aber da kam plötzlich ein großes Herzelend, größer als je beim Rauchen. Tollste Arrhythmie, beständige Herzspannung – Pressung – Brennung, heißes Laufen in den linken Arm... und dabei ein Druck auf die Stimmung, der sich in Ersatz der gangbaren Beschädigungsdelirien durch Toten- und Abschiedsmalereien äußerte...«

Nach siebenwöchiger Abstinenz rauchte Freud täglich wieder mehrere Zigarren und fühlte sich dann viel besser als während des Nichtrauchens. Doch äußerte er nun Zweifel, das einundfünfzigste Lebensjahr überhaupt zu erreichen. Er meinte, zwischen Vierzig und Fünfzig an einem Herzschlag zu sterben. Der Freund überredete ihn, es noch einmal ohne Rauchen zu versuchen. Freud ließ sich darauf ein und rauchte wöchentlich nur noch eine einzige Zigarre. Nach ein paar Wochen meinte er, auch auf diese eine verzichten zu können. Und diesmal hielt er länger als ein Jahr durch. Aber dann wurde er rückfällig und kam endgültig zu der Überzeugung, das

Rauchen unmöglich ganz aufgeben zu können. Doch hat er von da an nicht mehr übermäßig stark geraucht. Sein einundfünfzigstes Lebens- und prophezeites Todesjahr hat er um einunddreißig Jahre überlebt. Er starb infolge eines lange und geduldig ertragenen Mundhöhlenkrebses.

Krebs (und zwar Lungenkrebs) diagnostizierte man eines Tages auch bei Thomas Mann, der ebenfalls so gern Zigarren rauchte und im ›Zauberberg‹ den jungen Hans Castorp sagen ließ (womit er Millionen von Rauchern aus der Seele sprach und noch immer spricht): »Ich verstehe es nicht, wie jemand nicht rauchen kann – er bringt sich doch, sozusagen, um des Lebens bestes Teil und jedenfalls um ein ganz eminentes Vergnügen! Wenn ich aufwache, so freue ich mich, daß ich tagsüber werde rauchen dürfen, und wenn ich esse, so freue ich mich wieder darauf, ja ich kann sagen, daß ich eigentlich bloß esse, um rauchen zu können, wenn ich damit natürlich auch etwas übertreibe. Aber den Tag ohne Tabak, das wäre für mich der Gipfel der Schalheit, ein vollständig öder und reizloser Tag, und wenn ich mir morgens sagen müßte: heute gibt's nichts zu rauchen – ich glaube, ich fände den Mut gar nicht, aufzustehen, wahrhaftig, ich bliebe liegen.«

Nun wurde dies freilich zu einer Zeit gesagt, als man noch nicht so recht wußte, welche gesundheitlichen Schäden das Rauchen mit sich bringt. Man konnte es noch als reinen Genuß sehen. Oder andererseits als etwas Lasterhaftes, Unsittliches, so wie der russische Dichter Leo Graf Tolstoj es sah. Für Tolstoj gehörte der Tabak zu den Betäubungsmitteln wie Schnaps, Wein, Bier, Haschisch, Opium, Äther, Morphium. In seiner Schrift ›Warum die Menschen sich betäuben‹ (aus dem Jahre 1890) versuchte Tolstoj zu beweisen, daß die Menschen keineswegs, wie sie behaupten, aus Langeweile oder aus Genußsucht trinken oder rauchen, sondern um ihr Gewissen einzuschläfern. Denn, so argumentierte er: »Unser Leben ist nicht, wie es nach den Forderungen des Gewissens sein sollte.«

Es aber entsprechend umzugestalten, fehle die Kraft, und um nicht ständig unter einem schlechten Gewissen zu leiden, werde das Gewissen betäubt. Tolstoj wußte dafür ein Beispiel:

»Ich erinnere mich der überraschenden Aussage eines angeklagten Kochs, der meine Verwandte, ein altes Fräulein, getötet hatte, bei der er in Diensten stand.« Der Koch hatte erzählt: »Als er ins Schlafzimmer kam und das Messer an ihren Hals legte und sie röchelnd zurückfiel und das Blut strömend herausquoll, habe ihn Furcht erfaßt. ›Ich konnte den Schnitt nicht weiter führen‹, sagte er, ›und ging aus dem Schlafzimmer in das Wohnzimmer, setzte mich dort auf den Stuhl und rauchte eine Zigarette.‹ Erst nachdem er sich durch den Tabak betäubt hatte, fühlte er wieder die Kraft in sich, in das Schlafzimmer zurückzugehen, seine Mordtat fortzusetzen und die Habseligkeiten der alten Frau zu durchsuchen.«

Genauso verhielten sich die Menschen auch in alltäglichen Situationen, meinte Tolstoj und schilderte dann seine eigenen Rauchgewohnheiten: »Wann empfand ich das besondere Bedürfnis nach Tabak? Es geschah das immer in solchen Augenblicken, wenn ich nicht gern an das denken wollte, was mir durch den Sinn ging – wenn ich *vergessen* wollte, nicht *denken*. Ich sitze allein, müßig, ich weiß aber, ich muß an die Arbeit gehen, ich habe nur keine rechte Lust dazu. Ich zünde eine Zigarette an und sitze weiter müßig da... Ich spiele Karten und verspiele mehr als die Summe, auf die ich mich beschränken wollte – ich rauche. Ich habe mich in eine unbehagliche Lage gebracht, ich habe schlecht gehandelt, ich habe mich geirrt, und ich muß mir meine Lage eingestehen, um mich aus ihr zu befreien, aber ich kann sie mir nicht eingestehen, ich beschuldige die andern und – rauche...«

Daß Rauchen die geistige Arbeit, das Denken fördere, sei ein verhängnisvoller Irrtum, meinte Tolstoj; es setze lediglich die Kritikfähigkeit herab: »Es ist sehr wahrscheinlich daß Kants Werke... nicht in einer so unklaren, schlechten Sprache geschrieben wären, wenn er nicht so viel geraucht hätte.« Ja, Tolstoj war überzeugt, alle Verrücktheiten und alle Übel dieser Welt kämen nur davon, daß die Menschen ihr Gewissen ständig betäubten und sich in den Zustand der Trunkenheit versetzten. »Wäre es sonst möglich«, fragte er, »daß die Menschen ... ruhig alles das tun könnten, was in unserer Welt geschieht, vom Eiffelturm an bis zur allgemeinen Wehrpflicht? ... Millionen Zentner Eisen vergeudet man, um einen Turm zu bauen; und Millionen Menschen halten es für ihre Pflicht, auf diesen Turm hinaufzuklettern, oben zu verweilen und wieder herunterzuklettern ... Oder ein anderes: Alle europäischen Völker sind nun schon Jahrzehnte damit beschäftigt, die besten Mittel zu ersinnen, um die Menschen totzuschlagen ...«

Als Tolstoj dies schrieb, um mitzuhelfen, die Welt »von diesem furchtbaren Übel« der Betäubung durch Alkohol und Tabak zu befreien, war er zweiundsechzig Jahre alt und hatte sich das Rauchen, das Trinken und sogar das Fleischessen abgewöhnt. Aber später wurde er rückfällig. Zwar brachte er es weiterhin fertig, auf Fleisch und Alkohol zu verzichten, von seinem verhaßten Tabak aber kam er nie ganz los.

Ebensowenig konnte Wilhelm Busch das Rauchen einstellen oder es auch nur reduzieren, obwohl er deutlich merkte, daß es ihm nicht bekam. Er rauchte allerdings so stark, daß es bei ihm mehrmals zu Nikotinvergiftungen kam. Richtig zu Tode geraucht aber hat sich, wie Alma Mahler sagt (und sie erzählt es in ihrem Tagebuch ziemlich genau), Franz Werfel, der noch rauchte, und zwar gegen alle ärztlichen Ermahnungen, als seine Herzanfälle schon immer häufiger und heftiger auftraten und er sich zwischendurch gar nicht mehr erholte. Mit sechsundfünfzig Jahren machte sein Herz nicht mehr mit.

In diesem Punkt hat Friedrich Engels, der sein Leben lang viel Geld für »feine Zigarren« ausgab (während sein unökonomischer Freund Marx sich meistens nur billigstes Kraut leisten konnte), sehr viel länger gebraucht: Er war vierundsiebzig, als er an Speiseröhrenkrebs starb, wobei er übrigens seinen Humor bis zuletzt nicht verlor. Der behandelnde Arzt notierte wenige Tage vor Engels' Tod: »Er kann sich nur noch durch die Schreibtafel verständlich machen. Trotzdem ist er in guter Stimmung... Auf der Schreibtafel macht er die heitersten Witze.«

Inzwischen sind die Zeiten vorbei, da man das Rauchen als ein mehr oder weniger harmloses Laster mißverstehen konnte, mit dem es sich gut leben läßt. Seit dem Terry-Report ›Smoking and Health‹ (1964), der den ursächlichen Zusammenhang von Rauchen und Lungenkrebs deutlich machte, wurden nicht nur Karzinome der Mundhöhle, des Magen- und Darmtrakts, der Speiseröhre, der Blase sowie vor allem Herz- und Kreislaufkrankheiten als Folgen des Rauchens entlarvt, vielmehr konnte auch die Gefährlichkeit des Passivrauchens bewiesen werden. Das heißt, Nichtraucher, die den Rauch der andern einatmen, sind in einem sehr viel stärkeren Maße mitbetroffen, als man lange Zeit für möglich gehalten hat. An ihrem Arbeitsplatz, in der Eisenbahn, in Restaurants, in allen Räumen, in denen geraucht wird, kann – so haben Messungen ergeben – die Nikotin- und Staubkonzentration in kurzer Zeit so hoch ansteigen, daß ein Nichtraucher dabei so viele Tabak- und Schwefelprodukte einatmet wie beim Rauchen mehrerer Zigaretten.

Längst nicht mehr zeitgemäß ist also jene Einstellung, die Winston Churchill jahrzehntelang vertrat (im Alter jedoch revidieren mußte): »Wenn eine Zeitung ständig über die Gefahren des Rauchens schreibt«, meinte er, »dann bestelle ich sie ab.« Und geradezu unvorstellbar ist es heute, daß ein eingefleischter Nichtraucher aus purer Höflichkeit eine schwere Havanna raucht, wie es der britische Premier Benjamin Disraeli während eines Besuchs bei Bismarck tat, was er dann sogleich seiner raucherfeindlichen Queen nach London berichtete:

»Ich nahm Bismarcks Einladung an. Nach dem Essen

zogen wir uns in ein Zimmer zurück; er rauchte, und ich folgte seinem Beispiel ... Ich glaube, damit habe ich meiner Gesundheit einen letzten Stoß versetzt, aber ich fühlte, daß es absolut notwendig sei. In einem solchen Falle erweckt der Nichtraucher den Eindruck, als wolle er die Worte des andern belauern ...«

9. Kapitel
Mit neunzig noch aktiv

So wie Dandolo, Andrea Doria, Florence Nightingale, John D. Rockefeller, Bertrand Russell, Adenauer und Picasso ...

> Bis zum Alter von 100 Jahren sollte der Mensch studieren, zwischen 100 und 200 seinen Beruf ausüben, und erst nach dem 2. Jahrhundert damit beginnen, seine Schlüsse zu ziehen.
>
> George Bernard Shaw

In der Bundesrepublik Deutschland ist es Sitte, daß ein neugewählter Bundestag jeweils von seinem ältesten Mitglied eröffnet wird. So war es auch am 19. Oktober 1965. Da gab der fast neunzigjährige Abgeordnete Dr. Konrad Adenauer, der von 1949 bis 1963 Bundeskanzler gewesen war, vor dem Hohen Hause sein Geburtsdatum an: »Ich bin geboren am 5. Januar 1876.« Und als sich auf die Frage des Bundestagspräsidenten, ob jemand in diesem Hause älter sei, niemand meldete, sagte Adenauer: »Meine Damen und Herren, ich stelle fest, daß ich einzig bin.«

»Einzig«, das sollte in diesem Falle der Älteste heißen, der einzige in so hohem Alter im Deutschen Bundestag. »Einzig« war Adenauer, der mit einundneunzig starb und bis zuletzt an seinen Memoiren gearbeitet hatte, zwar nicht in der Geschichte, aber es kommt schon sehr selten vor, daß berühmte Männer mit neunzig noch aktiv sind, ja – und das gilt natürlich ebenso für Frauen – es an Lebensjahren überhaupt so weit bringen.

»Ich werde uralt«, sagte der Philosoph Arthur Schopenhauer einmal, »mein langer Schlaf und mein guter

Magen sagen mir das. Ich möchte neunzig Jahre werden. Selbst bei den Achtzigern hat der Tod noch etwas Gewaltsames. Bei den Neunzigern gehen Leben und Tod ruhig ineinander über.« Sein Wunsch ging nicht annähernd in Erfüllung; Schopenhauer starb an einer Lungenentzündung im Alter von zweiundsiebzig Jahren und sieben Monaten, wie sein Testamentsvollstrecker es am 22. September 1860 in einer Frankfurter Zeitung anzeigte.

Was eigentlich hatte den sprichwörtlichen Pessimisten in dieser Hinsicht wohl so optimistisch sein lassen? War es überhaupt Optimismus? Oder stand nicht in Wahrheit Furcht dahinter, die uneingestandene Furcht vor einem leidensvollen Sterben, vor Krankheit und allen möglichen Übeln, die er mit dem Hinweis auf langen Schlaf und gesunden Magen nur verdrängen wollte? Schon der Göttinger Philosoph und Naturwissenschaftler Georg Friedrich Lichtenberg, der nur das siebenundfünfzigste Lebensjahr erreichte, hatte gesagt, daß nichts schneller alt macht als der immer gegenwärtige Gedanke ans Älterwerden.

Letztlich verbirgt sich da eine durch und durch negative Auffassung vom Alter, die ja keineswegs – wie heute oft behauptet – neu, sondern im Gegenteil uralt ist, genau wie die damit verbundene Verherrlichung von Jugend und Jugendlichkeit. Aus Vorzeiten ist überliefert, daß Kranke und Greise ausgesetzt, also getötet werden konnten. Eine Gleichsetzung von Alter mit Lebenserfahrung, sicherem Urteilsvermögen und Weisheit hat sich erst langsam entwickelt, bis sie bei den Griechen fast zu einem Dogma wurde, das dann allerdings durch die Taten des jungen Alexander und die über Jahrhunderte anhaltende Verherrlichung seiner Heldengestalt schon bald wieder erschüttert wurde.

Martin Luther, der dem Psalmisten des Alten Testaments folgte, als er das Leben des Menschen mit siebzig Jahren und, »wenn es hoch kommt«, mit achtzig ansetzte, sagte – an Cicero anknüpfend – zwei Jahre vor seinem Tode im Alter von dreiundsechzig Jahren: »Das Alter ist da, welches an ihm selbst alt und kalt und ungestalt, krank und schwach ist; der Krug geht so lange zu Wasser, bis er zerbricht; ich habe lange genug gelebt, Gott beschere mir ein selig Stündlein, darin der faule unnütze Madensack unter die Erde komme zu seinem Volk und den Würmern zuteil werde!«

Auch Goethe schätzte Jugend höher als das Alter. Im Hinblick auf Napoleon sagte der Achtundsiebzigjährige zu Eckermann (am 11. März 1828): »Ja, ja, mein Guter, man muß jung sein, um große Dinge zu tun.« Und er fügte hinzu, wenn er, Goethe, ein regierender Fürst wäre, dann würde er sich nicht mit Leuten umgeben, die »bloß durch Geburt... heraufgekommen sind und nun in ihrem Alter im gewohnten Gleise langsam gemächlich fortgehen...« Nein: »Junge Männer wollte ich haben!... Da wäre es eine Lust, zu herrschen und sein Volk vorwärtszubringen!« Goethe starb vor Vollendung seines dreiundachtzigsten Jahres, während Napoleon es als Gefangener auf St. Helena nicht einmal bis ins zweiundfünfzigste brachte, er starb an Magenkrebs. Sehr viel älter aber wurde Goethes letzte Liebe, Ulrike von Levetzow, nämlich gut fünfundneunzig Jahre; um siebenundsechzig Jahre hat sie ihn überlebt und ihm die ganze Zeit – wie sie es sah – die Treue gehalten.

Eine wirklich positive (wenngleich nie unumstrittene) Einstellung zum Alter entwickelte sich genaugenommen erst mit der Gerontologie, der Lehre vom Altern des Menschen, und der Geriatrie, der Altersheilkunde, das heißt der Lehre von den Krankheiten des alternden und des alten Menschen, ihrer Vorbeugung und Behandlung. Diese Zweige der Medizin wie überhaupt die gesamte medizinische Wissenschaft haben ja auch praktisch dazu geführt, daß die durchschnittliche Lebenserwartung des Menschen heute sehr viel höher liegt als in vergangenen Zeiten. In den europäischen Ländern ist sie nirgendwo mehr unter siebzig Jahren; in der Bundesrepublik beträgt sie bei Männern zweiundsiebzig, bei Frauen neunundsiebzig. Das sind jedoch lediglich Durchschnittswerte, von denen es zu allen Zeiten starke Abweichungen gegeben hat. Aber um auf der Suche nach Männern und Frauen, die wie Konrad Adenauer noch mit neunzig aktiv waren, einigermaßen erfolgreich zu sein, müssen rund zwei Jahrtausende Weltgeschichte abgeleuchtet werden, und zwar in allen Lebensbereichen.

Überraschenderweise stellt man dabei fest, daß gerade von jenen historischen Persönlichkeiten, die nach allgemeiner Ansicht ein besonders hohes Alter erreichten, weitaus die meisten bei weitem nicht an die neunzig herangekommen sind. So zum Beispiel der Hohenstaufenkaiser, der noch immer – wie die Sage geht – im Kyffhäuser auf eine Chance der Wiederkehr wartet: Es war – jedenfalls ursprünglich – Friedrich II., der schon mit knapp sechsundfünfzig Jahren gestorben ist, nachdem er das mittelalterliche Kaisertum auf eine letzte, glanzvolle Höhe gebracht hatte. Sein Großvater, Friedrich Barbarossa, auf den die Kyffhäusersage später übertragen wurde und von dem sehr viel mehr die Vorstellung verbreitet ist, er sei uralt geworden, war achtundsechzig, als er auf dem von ihm geführten dritten Kreuzzug bei einem Bad im Saleph in Kleinasien einem Herzschlag erlag.

Wie schon im antiken Rom, wo nur sehr wenige politische Herrscher die Siebzig, nicht einer die Achtzig überschritten hat – zu den wenigen Ausnahmen gehörte Kaiser Augustus, der nach fünfundfünfzigjähriger Regierungszeit im Alter von sechsundsiebzig Jahren starb –, lag auch im Mittelalter die Lebenserwartung nicht hoch. Barbarossas großes Vorbild, Karl der Große, den er heiligsprechen lassen wollte und dessen irdische Überreste er Weihnachten 1165 in Aachen unter Hymnen und Lobgesängen in ein goldenes Gefäß und einen kunstvollen Schrein umbetten ließ, gehörte zu den Ausnahmen und war doch nur einundsiebzig, als er am 21. Januar 814 in

Aachen starb und in seltsamer Hast beigesetzt wurde (keineswegs, wie später erzählt wurde, sitzend und in vollem Ornat). Nach einem Bad hatte Karl sich erkältet und dann vergeblich versucht, sich selbst zu kurieren, nachdem er seine Ärzte zum Teufel gejagt hatte, weil sie ihm ständig in den Ohren lagen, mäßiger zu essen und vor allem auf gebratenes Fleisch zu verzichten.

Wenn von denen die Rede ist, die wie Karl über Generationen regierten und im Alter von Enkeln und Urenkeln umgeben waren, dann taucht immer auch jene berühmt gewordene Photographie von der alten Viktoria von England auf: Sie zeigt die alte Königin mit ihrem Sohn, dem späteren Georg V., ihrem Enkel, dem späteren Eduard VII., und ihrem Urenkel Eduard, der vier Jahrzehnte später als Eduard VIII. auf den Thron verzichtete und als Herzog von Windsor ins Exil mußte. Fast vierundsechzig Jahre hat Viktoria regiert. Aber um neunzig Jahre alt zu werden, hätte sie noch gut acht weitere Jahre regieren oder doch zumindest leben müssen. Der Schwiegervater ihrer ältesten Tochter, der deutsche Kaiser Wilhelm I., gehörte zu den wenigen, die ein so hohes Alter erreichten. Fast einundneunzig ist er geworden, während sein Kanzler, der »Alte im Sachsenwald«, im Alter von dreiundachtzig Jahren starb.

Mehr noch als Wilhelm I. von Preußen galt Kaiser Franz Joseph von Österreich über Jahrzehnte hin als ein Bild des ewig regierenden Herrschers. Seine Regierungszeit dauerte mehr als doppelt so lange wie die Wilhelms: fast achtundsechzig Jahre. Dennoch war Franz Joseph »erst« sechsundachtzig, als der Tod – im November 1916 – es ihm ersparte, den Untergang der österreichungarischen Doppelmonarchie noch mitzuerleben. Aber vermutlich hätte der »gute alte Herr« den Zusammenbruch seines Reiches und seiner Zeit ohnehin nicht mehr ganz erfaßt; schon den Weltkrieg begriff er ja nicht mehr, sondern verwechselte alles mit vorhergegangenen Kriegen. Er schimpfte auf die »verfluchten Preußen«, weil er meinte, daß Österreich noch immer, wie im Jahre 1866, gegen sie im Krieg sei, und als man ihm klarzumachen versuchte, daß eben die Preußen jetzt Österreichs Verbündete waren in einem Krieg gegen fast die ganze Welt, da schien er maßlos überrascht. Der Fünfundachtzigjährige begriff es nicht mehr. In seinem Kopf wirbelte alles durcheinander.

So war es fast ein Jahrhundert zuvor auch dem alten Prinzen Eugen ergangen, dem Sieger von Zenta und Belgrad im Kampf gegen die Türken, der in Österreich nicht nur Feldherr, sondern zeitweise auch Staatskanzler, Kriegs- und Außenminister war. Als er die Siebzig überschritt, verlor er auffallend rasch nicht nur seine körperliche Elastizität, sondern auch seine Gedächtniskraft. Dennoch wurde ihm, als es aus Anlaß der polnischen Thronfolge zwischen Österreich und Frankreich zu einem Krieg kam, der Oberbefehl über die Rheinarmee anvertraut. Dabei wußte Eugen kaum noch, worum es eigentlich ging. Er konnte sich, so wird von verschiedenen Seiten berichtet, oft nicht an das erinnern, was er selbst gerade ausgesprochen hatte. Andere setzten für ihn die Befehle auf, die er dann lediglich unterzeichnete; im übrigen habe er während jenes Feldzugs nur in seinem Zelt gesessen, Tricktrack gespielt und ab und zu vor sich hin gelacht.

Der junge Friedrich von Preußen, damals noch Kronprinz, der an dem Krieg für kurze Zeit teilnahm, und zwar in Eugens unmittelbarer Umgebung, sah mit Entsetzen – so schrieb er in einem Brief –, wie »Gott die erhabensten Genien erniedrigen kann«. Auch später, als König, stand ihm das tragische Ende des Prinzen Eugen noch vor Augen. In seiner ›Geschichte meiner Zeit‹ schrieb er, Eugen sei für seinen Ruhm einige Jahre zu spät gestorben (mit dreiundsiebzig): »Welch erniedrigende Einsichten für unsere Eitelkeit! Ein Conde, ein Eugen, ein Marlborough merken, daß das Erlöschen ihres Geistes dem Ende ihres Körpers vorausgeht, und die größten Genien enden im Schwachsinn.«

Friedrich selbst hatte das Glück, bis zum letzten Augenblick seines Lebens – er starb vierundsiebzigjährig – geistig völlig klar zu sein. Als Siebzigjähriger schrieb er seinem Freund d'Alembert über seinen Alterszustand: »Man muß dem Zeitpunkt, der unsern Dummheiten und unseren Qualen ein Ende bereitet, fröhlichen Sinnes entgegensehen und sich freuen, daß der Tod uns von den Leidenschaften, die uns peinigen, befreit. Nach reiflicher Überlegung dieses wichtigen Gegenstandes denke ich, meine gute Laune zu bewahren, solange meine elende und gebrechliche Maschine dauert. Fern davon, mich über mein nahes Ende zu beklagen, muß ich mich vielmehr beim Publikum entschuldigen, daß ich die Impertinenz gehabt habe, so lange zu leben, es gelangweilt und ermüdet zu haben und ihm Dreiviertel des Jahrhunderts zur Last gewesen zu sein, was über den Spaß geht.«

Es ist schon ein seltenes Glück, nicht nur alt zu werden, sondern dabei auch einigermaßen gesund und aktiv zu bleiben. Viele erträumen es sich. Und dieser uralte Wunschtraum hat sicher dazu beigetragen, daß vielen biblischen Gestalten, besonders den Patriarchen von Adam bis Noah, ein so hohes Lebensalter nachgesagt wird. Sie sollen ja sogar viele Jahrhunderte gelebt haben, am längsten – wie Moses berichtet – Methusalem, nämlich neunhundertneunundsechzig Jahre.

Indessen sind es nicht nur solche legendären Zahlen, sondern oft auch Angaben aus geschichtlicher Zeit, die sich genauerer Nachprüfung entziehen. Wenn es zum Beispiel heißt, der griechische Chorlyriker Stesichoros aus Himera sei sechsundneunzig Jahre alt geworden, dann ist das natürlich gar nicht zu belegen. Fest steht nur, daß Stesichoros um 600 v. Chr. gelebt hat und wahrscheinlich ein außergewöhnlich hohes Alter erreichte. Auch von Sophokles, dem Dichter der ›Elektra‹, des ›König Ödipus‹, der ›Antigone‹, läßt sich nicht mit Sicherheit sagen, ob er wirklich, wie oft angegeben wird, einundneunzig Jahre alt geworden ist.

Nur allzuoft sind Altersangaben ungenau. Man weiß vielleicht das Todesjahr und daß der Betreffende schon recht alt war, und dann wird das Geburtsjahr mehr oder weniger genau geschätzt. So ist es auch bei dem heiligen Antonius, dem großen Wundertäter und Patriarchen des Mönchtums. Der christliche Einsiedler, der noch heute als Schutzheiliger gegen Feuer, Pest und Seuchen fortwirkt, starb 356 oder 357, und man meint, daß er um das Jahr 250 zur Welt gekommen ist; danach könnte er also mehr als hundert Jahre alt geworden sein.

Zu den berühmten alten Männern aus der Übergangszeit von der Antike zum Mittelalter gehört Flavius Cassiodorus, Geheimsekretär Theoderichs des Großen und Leiter der Zivilverwaltung des Ostgotenreiches. Dieser Staatsmann und Gelehrte, der vielleicht dreiundneunzig Jahre alt geworden ist, sah auch für seine Zeit schon einen »Bildungsnotstand« heraufkommen. Deswegen ließ er Handschriften sammeln und abschreiben, um das in jener Zeit des Umbruchs bedrohte Bildungsgut der Antike zu erhalten. »Er verband altrömische Ideen mit germanischen Aspirationen, wie es nicht zum zweiten Male vorgekommen ist«, schrieb 1300 Jahre später Leopold von Ranke, »Historiograph des preußischen Staates«.

Ranke, der Altmeister der strengen Quellenkritik und kritischen Geschichtsforschung, stand mit neunzig noch mitten in der Arbeit. Als Fünfundachtzigjähriger hatte er angefangen, seine ›Weltgeschichte‹ zu veröffentlichen. »Ich habe Vertrauen genug zu dem Publikum und der Welt«, heißt es in dem Entwurf seiner Vorrede, der gegen Ende des Jahres 1880 entstand, »um im hohen Alter ein Werk zu unternehmen, zu dessen Durchführung frische und jugendliche Kräfte erforderlich wären; aber es ist nicht ein Werk der letzten Jahre, was ich vorlege; es beruht auf den Arbeiten des ganzen Lebens.« Was dann in den letzten fünfeinhalb Jahren seines Lebens noch entstand, waren neun Teile seiner ›Weltgeschichte‹, von denen er sechs, das waren etwa viertausendfünfhundert

Druckseiten, selbst veröffentlichte; die anderen wurden aus seinem Nachlaß zusammengestellt.

Wenngleich Ranke in seiner Vorrede – wie schon zitiert – sagte, daß für ein solches Werk »frische und jugendliche Kräfte erforderlich« seien, schrieb der Achtzigjährige andererseits in einem Brief an Bismarck: »Ich habe immer gedacht, daß der Historiker alt werden muß: er muß viel erleben und der Gesamtentwicklung einer großen Epoche anwohnen, um seinerseits fähig zu werden, die früheren Zustände zu beurteilen.«

Als Leopold von Ranke im Mai 1886, in seinem einundneunzigsten Lebensjahr, starb – zwei Jahre vor Kaiser Wilhelm I. –, war beispielsweise Konrad Adenauer schon zehn. Und Bertrand Russell, der englische Philosoph und Nobelpreisträger, der noch als Mittneunziger hartnäckig gegen Atomwaffen kämpfte, bis sein Leben mit nahezu achtundneunzig endete, war vierzehn Jahre alt. Zu ihrer Generation gehörte auch Albert Schweitzer, der Theologe, Musiker und Arzt, der als Dreißigjähriger nach Afrika, nach Lambarene, gegangen war. Sehr bald wurde er von manchen deshalb zum Idol stilisiert, was andere wiederum kritisch sahen. Dennoch nahm die ganze Welt Anteil, als er in Lambarene nach einem neunzigjährigen Leben ohne jeden Prunk begraben wurde und man ihm ein einfaches weißes Holzkreuz setzte.

Als »Genius der Menschlichkeit« hatte Winston Churchill ihn gerühmt, Englands großer alter Mann, der sechs Wochen vor dem Urwalddoktor auf die Welt gekommen war und sie acht Monate vor ihm wieder verließ, ebenfalls nach einem neunzig Jahre langen, erfüllten Leben. Auch Somerset Maugham, der 1965 – nicht ganz zweiundneunzig Jahre alt – starb, gehört jener Generation an. Vom Trubel der Welt, dem »hurly-burly«, wie er es nannte, hatte er sich längst zurückgezogen, hatte auch – nach dreißig Romanen, zwölf Theaterstücken und drei Bänden Kurzgeschichten – schon viele Jahre nicht mehr geschrieben. Wenige Monate vor seinem Tod von einem Fernsehreporter gebeten, etwas über sein Leben zu sagen, antwortete er: »Ich würde es nicht noch einmal leben wollen.« Und warum? Weil ein Sprachfehler ihm Zeit seines Lebens zu schaffen gemacht hatte: »Da ist mein ewiges Stottern. Man hat mich ausgelacht. Aber da war nichts zu machen...«

Ähnlich resignierend, fast bitter klang, was George Bernard Shaw anläßlich seines eigenen neunzigsten Geburtstages sagte: »Ich wünsche meinem ärgsten Feinde nicht, neunzig Jahre alt zu werden.« Aber vielleicht war dieses Wort, das der alte, boshafte Spötter in keiner Weise begründete, gar nicht resignierend gemeint, sondern gerade andersherum: Warum sollte er ausgerechnet seinem ärgsten Feind wünschen, so alt zu werden! Er selbst lebte noch mehr als vier Jahre und sagte in seinem vierundneunzigsten Lebensjahr:

»Bis zum Alter von einhundert Jahren sollte der Mensch studieren, zwischen einhundert und zweihundert seinen Beruf ausüben und erst nach dem zweiten Jahrhundert damit beginnen, seine Schlüsse zu ziehen.« Vielleicht hatte er selber das tatsächlich vor; er starb jedenfalls ganz zufällig, an einem Unfall, im Jahre 1950.

Zu jener Zeit konnte der neunundsechzigjährige Pablo Picasso, gemessen an Somerset Maughams und vor allem an dem Alter, das er noch erreichen sollte, als ein junger Mann angesehen werden. Seit vier Jahren lebte er mit der vierzig Jahre jüngeren Françoise Gilot zusammen, mit der er zwei kleine Kinder hatte, den dreijährigen Sohn Claude und die einjährige Paloma, denen später noch ein drittes Kind folgte. Noch eine erstaunlich lange Zeit, bis zu seinem Tode im Alter von einundneunzig Jahren, war Picasso geradezu unglaublich produktiv. Und auch in der Liebe suchte er noch lange nach neuen Abenteuern.

Auf diesem Gebiet war einst auch Herzog Louis François Armand von Richelieu, ein Urgroßneffe des berühmten Kardinals Richelieu, noch im hohen Alter aktiv gewesen. Er war zweifellos einer der größten Frauenhelden seiner Zeit und stand in dem Ruf, die Hälfte aller Männer von vornehmem Stand in Paris zu Hahnreien gemacht zu haben. Seine Affären brachten ihn häufig in Schwierigkeiten. Schon der Fünfzehnjährige mußte deswegen für ein Jahr in die Bastille (die damals allerdings noch ein Luxusgefängnis war). Und der Vierundachtzigjährige, der gerade zum drittenmal geheiratet hatte, wurde von seiner dreiundvierzig Jahre jüngeren Frau, die von ihm schwanger war, in flagranti beim Ehebruch ertappt. Der Herzog von Richelieu, der täglich vor dem Essen einen Teelöffel eines von ihm selbst nach einem geheimen Rezept gemixten Aphrodisiakums schluckte, ist zweiundneunzig Jahre alt geworden – während sein Zeitgenosse Casanova übrigens nur die dreiundsiebzig erreichte.

Noch älter wurde John Davison Rockefeller, der Begründer der amerikanischen Millionärsdynastie. Er hat gezeigt, daß es sogar möglich ist, den Haß zu überleben, den Haß derer allerdings, die vor einem sterben. Der alte Rockefeller war nicht nur der reichste Mann der Welt, sonder auch – wegen seiner Rücksichtslosigkeit – der meist gehaßte. Aber als er (1937) im achtundneunzigsten Lebensjahr starb – unmittelbar nach einem Golfspiel –, da konnte der Friedhof die Blumen kaum fassen. Amerika haßte ihn nicht mehr; inzwischen hatte sich die andere Seite seines Lebenswerks gezeigt: die Auswirkungen seiner großzügigen Stiftungen für Wissenschaft und Forschung.

Rockefeller hatte sich als alter Mann von allen Geschäften zurückgezogen. Höchst aktiv war dagegen noch mit über neunzig Jahren Enrico Dandolo, der bedeutendste Doge Venedigs. Als etwa Achtzigjähriger, fast erblindet, wurde er für das höchste Amt des Stadtstaates gewählt, das er dann allerdings diktatorisch ausgeübt hat. Mit seiner rücksichtslosen Politik gelang es ihm, Venedigs Machtstellung entscheidend auszubauen. Im Jahre 1204 eroberte Dandolo als Führer des vierten Kreuzzuges mit seinem Kreuzfahrerheer das oströmische Konstantinopel, und zwar für Venedig, und begründete damit Venedigs maritimes Imperium mit Stützpunkten auf Kreta, Rhodos, Euböa, Lemnos und vielen anderen Inseln im östlichen Mittelmeer. Konstantinopel ist bei der Eroberung nahezu völlig zerstört worden, und der englische Byzantinist Steven Runciman hat diesen Kreuzzug das größte Verbrechen gegen die Menschlichkeit in der ganzen Geschichte genannt. Dandolo ist in dem von ihm eroberten Konstantinopel im Jahre 1205 gestorben. Ob er da wirklich achtundneunzig Jahre alt war, ist nicht ganz sicher, da sein Geburtsdatum nicht genau bekannt ist. Es heißt, er sei um 1107 auf die Welt gekommen.

Über neunzig Jahre alt wurde einige Jahrhunderte später auch der genuesische Doge Andrea Doria, geboren am 30. November 1468, gestorben fünf Tage vor Vollendung seines zweiundneunzigsten Jahres. Fast achtzigjährig schlug er die berühmte Verschwörung des Fiesco nieder, und der Sechsundachtzigjährige vertrieb die Franzosen von Korsika, so daß die Insel vorübergehend an Genua kam. Im Dienste Kaiser Karls V. kämpfte Doria lange Zeit erfolgreich gegen die Türken. Doria blieb bis zu seinem Tod im Amt.

In den italienischen Stadtrepubliken Genua und Venedig wurde es fast zur Regel, die höchsten Ämter mit verhältnismäßig alten Männern zu besetzen. Das gilt noch mehr für die römische Kirche und ihr höchstes Amt, wenngleich nicht zu allen Zeiten. Im Mittelalter waren die Päpste oft sehr jung. Aber selbst in der gesamten, nahezu zwei Jahrtausende umspannenden Papstfolge gibt es nur drei, die mit Sicherheit die Neunzig überschritten. Einer war Gregor IX. (1147–1241), der große Gegenspieler Friedrichs II. von Hohenstaufen im Kampf um den ersten Platz in der Weltpolitik. Er war bereits achtzig Jahre alt, als er – wie er es nannte – zum »Vikar Gottes« gewählt wurde, und noch vierzehn Jahre hat er dann regiert, und zwar energisch und ausgesprochen kreativ.

Erst in der Neuzeit haben Päpste wieder ein so hohes Alter erreicht: Innozenz X. (1574–1665, Papst seit 1644), der jedoch in den letzten Jahren keinerlei Autorität mehr besaß, und Leo XIII., der im Jahre 1878 als Achtundsechzigjähriger auf den Stuhl Petri kam; er wurde dreiundneunzig Jahre alt.

Mit den Päpsten könnte dieser Streifzug durch die Geschichte beendet sein. Freilich ließe sich noch der eine oder andere finden, der die Neunzig erreichte oder sie gar überschritt. Aber um Vollständigkeit ist es hier nicht zu tun. Immerhin: Thomas Hobbes muß noch genannt werden, der englische Philosoph aus dem 17. Jahrhundert, der lehrte, daß der Mensch von Natur aus kein »animal sociale«, sondern nur von Selbstsucht bestimmt sei und daß erst der Staatsvertrag den »Krieg aller gegen alle« beende. Hobbes hat immer sehr maßvoll gelebt, und seit seinem siebzigsten Lebensjahr trank er keinen Wein und aß er kein Fleisch mehr. Er starb im Alter von einundneunzig Jahren, nachdem er bis kurz vor seinem Tode schriftstellerisch tätig gewesen war.

Von bedeutenden Frauen sollte noch der im Krimkrieg weltberühmt gewordenen englischen Krankenschwester Florence Nightingale gedacht werden, die ein Leben lang mit großem Erfolg für eine Verbesserung der militärischen und zivilen Krankenpflege kämpfte, bis sie im Alter von neunzig Jahren starb. Dann Cosima Wagner, Tochter von Franz Liszt und Marie D'Agoult, die im Jahre 1870 Richard Wagner heiratete, den sie um nahezu ein halbes Jahrhundert überlebt hat, bis sie im dreiundneunzigsten Lebensjahr starb. Ihr vor allem ist die Fortführung der Bayreuther Festspiele nach Wagners Tod zu verdanken.

Zwar nicht ganz so alt, aber doch immerhin fast achtundachtzig Jahre wurde die amerikanische Schriftstellerin Helen Keller (1880–1968), die als kleines Kind, im Alter von neunzehn Monaten, blind wurde und das Gehör verlor. Von ihrem siebenten Lebensjahr an erhielt sie Unterricht, wobei sie lernte, sich durch das Fingeralphabet zu verständigen. Sie studierte am Radcliffe College, erwarb den Doktortitel in Philosophie und schrieb schließlich zahlreiche Bücher.

Und nicht vergessen sein darf die Hamburger Lehrerin und Schriftstellerin Elise Averdieck, die die Heil- und Diakonissenanstalt Bethesda gründete. Nach Vollendung ihres neunzigsten Lebensjahres begann sie, ihre Memoiren zu schreiben. Als sie starb, war sie fast hundert Jahre alt.

Und damit sind wir bei jenem Alter, das man dem Maler Tizian zugeschrieben hat, dem Hauptmeister der venezianischen Hochrenaissance, der bis zu seinem Tode aktiv war. Sein letztes Werk, die Pieta mit Magdalena und Hieronymus, 1573 begonnen, war unvollendet, als Tizian 1576 ein Opfer der Pest wurde. Lange Zeit ist angenommen worden, er sei damals an die hundert Jahre alt gewesen. Aber entwicklungsgeschichtlich wahrscheinlicher ist es, daß Tiziano Vecelli, wie er eigentlich hieß, nicht 1476/77, sondern erst 1489/90 geboren wurde.

Dann hätte also auch er wie nun einmal weitaus die meisten Menschen die Neunzig nicht erreicht. Und sicher werden auch künftig die meisten jenes Alter nicht erreichen – mögen manche Wissenschaftler auch überzeugt sein, das menschliche Herz sei so konstruiert, daß es seine Arbeit zweihundert Jahre lang tun könnte.

10. Kapitel
Zu Weihnachten geschrieben und erlebt

Von Lessing, Napoleon und Josephine, von Beethoven, Dostojewski, Paul Gauguin und anderen ...

> Wer aber nichts zu geben hat, der muß beten für die Armen ...
>
> Clemens von Brentano

> Ich glaube an das Gute im Menschen.
>
> Anne Frank

Nicht immer war Weihnachten das Fest der teuren Geschenke, ja nicht einmal ein Anlaß für große und bedeutende Worte. Ein Streifzug durch Briefe und Tagebücher historischer Größen zeigt, daß man noch vor zweihundert Jahren mit Weihnachten nicht gerade viele Umstände machte. Und er zeigt zugleich, wie oft das Fest der Liebe und des Friedens in Kriegszeiten fiel.

»Ich bin zu müde, um auf ihre reizenden Verse zu antworten, und zu sehr ausgefroren ...« Es ist Friedrich, Preußens junger König, der nach seinem Überfall auf das österreichische Schlesien in seinem Quartier vor der Festung Glogau einen Brief Voltaires beantwortet – Weihnachten 1740: »Wollen Sie etwas von meiner Lebensweise erfahren? Wir marschieren von 7 Uhr bis 4 Uhr des Nachmittags. Dann speise ich zu Mittag, hierauf arbeite ich und empfange langweilige Besuche, dann folgt eine Menge geschmackloser Geschäfte: es gilt, schwierige Menschen zurechtzusetzen, Hitzköpfe zu zügeln, Faulpelze anzutreiben ..., Raubsüchtige in den Grenzen des Rechts zu halten, Schwätzer anzuhören ... So sind meine Beschäftigungen; herzlich gern würde ich sie einem anderen abtreten, wenn nicht dieses Phantom, Ruhm genannt, mir zu oft erschiene ...«

Wirklich war es Ruhmsucht, die den Achtundzwanzigjährigen in den Krieg getrieben hatte. Für ihn zahlte sie sich aus; Schlesien wurde preußisch, und Friedrich kehrte als Triumphator nach Berlin zurück. Aber bald reizte ihn der Ruhm nicht mehr. Acht Jahre später, 1748, wieder zu Weihnachten, schreibt er: »Ich bin dieses Lebens müde, der Ewige Jude ist es weniger gewesen als ich...« Doch wird er noch achtunddreißig Jahre, in denen er Preußen die europäische Großmachtstellung erkämpft, König sein, und um Weihnachten 1774 schreibt er an Voltaire, was heute, nach mehr als zwei Jahrhunderten, wieder höchst aktuell klingt:

»Das anständige Mittelmaß bekommt den Staaten am besten. Reichtümer haben Weichlichkeit und Verderbnis im Gefolge. Nicht als ob eine Republik wie Sparta heutzutage bestehen könnte. Aber wenn die rechte Mitte zwischen Bedürfnis und Überfluß eingehalten wird, bewahrt der Nationalcharakter mehr von seiner strafferen Männlichkeit, von seiner Arbeitsfähigkeit und von seinem Streben nach Größe. Große Reichtümer machen die Menschen entweder zu Geizhälsen oder zu Verschwendern.«

Von Verschwendung konnte kaum die Rede sein im Preußen Friedrichs des Großen, das Lessing einmal das »sklavischste Land von Europa« nannte, zu jener Zeit, da er als Sekretär des preußischen Generals Tauentzien in Breslau saß und auch ein wenig am Siebenjährigen Krieg teilnahm. Anderthalb Jahrzehnte später, Weihnachten 1777, hatte Lessing private Sorgen. Da wurde ihm am Tag von Christi Geburt ein Sohn geboren, ihm aber nach wenigen Stunden wieder genommen. Und Lessing schrieb in einem Brief:

»Meine Freude war nur kurz: Und ich verlor ihn so ungern, diesen Sohn! denn er hatte so viel Verstand! so viel Verstand! – Glauben Sie nicht, daß die wenigen Stunden meiner Vaterschaft mich schon zu einem Affen von Vater gemacht haben! Ich weiß, was ich sage. – War es nicht Verstand, daß man ihn mit eisernen Zangen auf die

Welt ziehen mußte? daß er so bald Unrat merkte? – War es nicht Verstand, daß er die erste Gelegenheit ergriff, sich wieder davonzumachen? – Freilich zerrt mir der kleine Ruschelkopf auch die Mutter mit fort! – Denn noch ist wenig Hoffnung, daß ich sie behalten werde. – Ich wollte es auch einmal so gut haben wie andere Menschen! Aber es ist mir schlecht bekommen.«

Tatsächlich stirbt nach wenigen Tagen auch seine Frau, und voll Bitterkeit schreibt er: »... diese Erfahrung habe ich nun auch gemacht. Ich freue mich, daß mir viel dergleichen Erfahrungen nicht mehr übrig sein können zu machen, und bin ganz leicht.« Drei Jahre nach ihr, 1781, stirbt er selbst, eben zweiundfünfzig Jahre alt.

In Lessings Todesjahr, zwei Tage vor dem Heiligen Abend, schreibt der vierundzwanzigjährige Mozart in Wien einen langen Brief an seinen Vater. Er beginnt »ganz voll Zorn und Wut über die schändlichen Lügen des Erzbuben Winter«. Offenbar hatte der Violonist Peter Winter gegenüber Mozarts Vater Andeutungen über dessen Beziehungen zu Constance Weber gemacht, und – was ihn noch sehr viel mehr ärgerte – jener Winter hatte Constances Vormund vor Mozart gewarnt: »... daß man sich mit mir in acht nehmen müsse – daß ich nichts Gewisses hätte – daß ich starken Umgang mit ihr hätte – daß ich sie vielleicht sitzen lassen würde und das Mädchen hernach unglücklich wäre etc....«

Er, Mozart, habe schließlich – so erklärte er seinem »très cher Père« – keinen anderen Ausweg gesehen, als seiner Constance einen förmlichen »Ehekontrakt« zu geben: »Ich verfaßte die Schrift also, daß ich mich verpflichte in Zeit von 3 Jahren die Mademoiselle Constance Weber zu ehelichen; wofern sich die Unmöglichkeit bei mir ereignen sollte, daß ich meine Gedanken ändern sollte, so solle sie alle Jahre 300 Gulden von mir zu ziehen haben.« – Das war keine geringe Summe, und so macht er dem Vater die Sache folgendermaßen klar:

»Ich konnte ja nichts leichteres in der Welt schreiben. –

Denn ich wußte, daß es zu der Bezahlung dieser 300 Gulden niemalen kommen wird, weil ich sie niemalen verlassen werde – und sollte ich so unglücklich sein, meine Gedanken verändern zu können, so würde ich recht froh sein, wenn ich mich mit 300 Gulden davon befreien könnte – und die Constance, wie ich sie kenne, würde zu stolz sein, um sich verkaufen zu lassen.«

Er kann den Vater aber vollends beruhigen, was den Ehekontrakt angeht: Denn: »Was tat aber das himmlische Mädchen ...? Sie ... sagte zu mir: ›Lieber Mozart! Ich brauche keine schriftliche Versicherung von Ihnen, ich glaube Ihren Worten so‹ – und zerriß die Schrift. – Dieser Zug machte mir meine liebe Constance noch werter ...«

Zum Schluß seines Briefes, in dem er den Vater noch um die Einwilligung zur Heirat dieses Mädchens bittet, »dem nichts als Geld fehlt«, und zugleich um Verzeihung, weil er die Einwilligung ja schon vorausgesetzt hat, kommt er noch einmal auf den Erzbuben Winter zurück: »Wegen dem Winter muß ich Ihnen nur noch das sagen: Er hat unter andern einmal zu mir gesagt: Sie sind nicht gescheit, wenn Sie heiraten. – Sie verdienen Geld genug, Sie können es schon. Halten Sie sich eine Maitresse. Was hält Ihnen denn zurück? – Das bissel Dreck Religion? – Nun glauben Sie, was Sie wollen. Adieu ...«

Nur ein gutes Jahrzehnt weiter – inzwischen war Mozart schon nicht mehr unter den Lebenden, auch Friedrich der Große hatte die Weltbühne verlassen, und in Frankreich war die große Revolution ausgebrochen – schreibt Goethe am Heiligen Abend 1792, jenes Jahres, in dem er die Kanonade von Valmy miterlebt hat (»Von hier und heute geht eine neue Epoche der Weltgeschichte aus«), einen Brief an seine Mutter. Es ist die Antwort auf einen Brief von ihr, den er »mitten im Getümmel des Krieges erhielt« und in dem sie ihn gefragt hatte, ob er die ihm angetragene Frankfurter Ratsherrenstelle annehmen werde. Längere Zeit war er dem Angebot ausgewichen. Jetzt lehnt er ab mit der Begründung:

»Des Herzogs Durchl. haben mich seit so vielen Jahren mit ausgezeichneter Gnade behandelt, daß es der größte Undank sein würde, meinen Posten in einem Augenblick zu verlassen, da der Staat treuer Diener am meisten bedarf.« Deutlich sah Goethe den Zusammenbruch des Heiligen Römischen Reiches voraus, doch erschien ihm das nicht als nationale Katastrophe. Er schrieb den ›Bürgergeneral‹, und dann beginnt, mit einem Gespräch über die Urpflanze, seine Zusammenarbeit mit Schiller, der ihm am 24. Dezember 1798 brieflich berichtet, daß er soeben ›Die Piccolomini‹ beendet und ans Berliner Nationaltheater geschickt hat:

»Ich setze mich mit einem sehr erleichterten Herzen nieder, um Ihnen zu schreiben, daß die Piccolomini soeben an Iffland abgegangen sind. Er hat mich in seinem Briefe so tribuliert und gequält zu eilen, daß ich heute meine ganze Willenskraft zusammennahm, drei Kopisten zugleich anstellte und ... das Werk wirklich zustande brachte ... So ist aber auch schwerlich ein Heiliger Abend auf dreißig Meilen in der Runde verbracht worden, so gehetzt nämlich und qualvoll über der Angst, nicht fertig zu werden.«

Zu jener Zeit ist wieder einmal Krieg in Europa. Die Koalition (England, Österreich, Rußland, die Türkei, Neapel, der Kirchenstaat) kämpft gegen die Französische Republik, wo im November 1799 Napoleon Bonaparte Erster Konsul wird. »Die Revolution ist zu Ende!« erklärt er, und Weihnachten 1799 schickt er dem König von England eine Friedensbotschaft:

»Soll der Krieg, der seit acht Jahren in den vier Weltteilen wütet, ewig währen? Gibt es denn keine Mittel, sich zu verständigen? Wie können die beiden aufgeklärtesten Nationen Europas – mächtiger und stärker, als es ihre Sicherheit und Unabhängigkeit erfordert – dem Gedanken eitler Größe das Wohl des Handels, den inneren

Wohlstand, das Glück der Familien zum Opfer bringen? Warum begreifen sie nicht, daß der Frieden das erste Bedürfnis wie auch der höchste Ruhm ist...?«

Napoleon hat von Frieden geträumt, aber immer Kriege geführt. Im Herbst 1805 – inzwischen war er Kaiser der Franzosen – marschierte er gegen Österreich und errang am 2. Dezember in der Dreikaiserschlacht bei Austerlitz den entscheidenden Sieg über die vereinigte österreichisch-russische Hauptmacht. Kurz zuvor hatten seine Truppen Wien besetzt, wo gerade Beethovens neue Oper ›Fidelio‹ uraufgeführt wurde, in einem nahezu leeren Theater. Und in der Weihnachtsnummer der von Kotzebue herausgegebenen Zeitschrift ›Der Freimütige‹ konnte Beethoven über sein Werk folgendes lesen:

»Man hat in den letzteren Zeiten wenig Neues von Bedeutung gegeben. Eine neue Beethovensche Oper: ›Fidelio, oder die eheliche Liebe‹ gefiel nicht. Sie wurde nur einige Male aufgeführt und blieb gleich nach der ersten Vorstellung ganz leer. Auch ist die Musik wirklich weit unter den Erwartungen, wozu sich Kenner und Liebhaber berechtigt glaubten. Die Melodien sowohl als die Charakteristik vermissen, so gesucht auch manches darin ist, doch jenen glücklichen, treffenden, unwiderstehlichen Ausdruck der Leidenschaft, der uns in Mozartschen und Cherubinischen Werken so unwiderstehlich ergreift. Die Musik hat einige hübsche Stellen, aber sie ist sehr weit entfernt, ein vollkommenes, ja auch ein gelungenes Werk zu sein.«

Damals war Beethoven fünfunddreißig Jahre alt. Gut zwei Jahrzehnte später kam für ihn das letzte Weihnachten. Inzwischen gänzlich ertaubt und an einer Leberzirrhose leidend, die die Ärzte als »Wassersucht« bezeichneten, wurde der Sechsundfünfzigjährige wenige Tage vor dem Fest operiert. In Gegenwart von Beethovens Neffen Karl führte Professor Dr. Wawruch eine operative Entnahme der angesammelten Wassermenge durch. In einem der Konversationshefte, in denen Beethoven und seine

Besucher einander schriftlich verständigten, findet sich darüber diese Aufzeichnung:

»Wawruch: Ich hoffe, daß Sie in einer halben Stunde sich schon erleichtert finden werden. Der alte Herzog von York ist ja schon viermal operiert worden und ist nun besser ... Neffe: Gleich ist's vorbei. Es wird tüchtig fließen. Wawruch: Gottlob, es ist glücklich vorbei. Fühlen Sie schon eine Erleichterung? Wenn Sie sich unwohl befänden, so müssen Sie es mir sagen. – Haben Sie den Stich sehr empfunden? – Von heute an geht ja die Sonne schon immer höher. God save you! – Laue Mandelmilch. – Fühlen Sie jetzt keinen Schmerz? – Bleiben Sie nur ruhig auf der Seite liegen. Wir werden das Wasser bald abmessen. – Fünf und eine halbe Maß. – Ich hoffe, daß Sie heute ruhiger schlafen werden ... Sie haben sich ritterlich gehalten... Neffe: Alle heftigen Bewegungen mußt du vermeiden, wenn du genesen willst. – Mandelmilch darfst du trinken nach Belieben ... Kaffee nur eine Tasse. – Wawruch sagt, der Stoff sei schon seit Jahren in dir gewesen ...«

Wenig später machte der junge Gerhard v. Breuning, der sich viel um den Kranken kümmerte, folgende Eintragung in das Konversationsheft, nachdem er sich zunächst erkundigte, ob die Operation des Bauchstichs gut verlaufen und ob sie schmerzfrei gewesen sei: »Ich hörte heute, daß dich die Wanzen so sehr quälten und beunruhigen, daß du alle Augenblicke aus dem Schlaf geweckt wirst, da doch der Schlaf jetzt für dich gut ist; ich werde daher dir etwas, um die Wanzen zu vertreiben, bringen.«

Aber weder ein Mittel gegen die Wanzen noch weitere operative Eingriffe konnten die Lage des Kranken bessern. Und so blieb denn Beethovens Wunsch, den er in jenen Dezembertagen in einem Brief geäußert hatte, unerfüllt: »Ich hoffe, noch einige große Werke zur Welt zu bringen und dann meine Laufbahn zu beschließen.« Seine Laufbahn war beschlossen. Nachdem Gelbsucht, Brechdurchfall und Erstickungsanfälle hinzugekommen waren, starb Ludwig van Beethoven am 26. März 1827.

Zu jener Zeit war auch der ein Jahr jüngere Napoleon schon nicht mehr am Leben. Achtzehn Jahre zuvor, Weihnachten 1809, hatte er an Josephine geschrieben, die er einst so leidenschaftlich geliebt hatte, obgleich sie ihn schon kurz nach der Hochzeit betrog und seine Liebesbriefe an Andenkenjäger verkaufte. Nach dreizehnjähriger Ehe hatte er sich von ihr scheiden lassen, hing aber immer noch an ihr wie auch an ihren Kindern aus erster Ehe, Hortense und Eugen, den er zum Vizekönig von Italien machte.

»Eugen sagte mir gestern, Du seiest den ganzen Tag traurig gewesen. Das ist nicht recht, meine Freundin. Es ist ja das Gegenteil von dem, was Du mir versprachst. – Der Anblick der Tuilerien hat mich tief betrübt. Als ich dieses große Schloß wiedersah, schien es mir so leer, und ich fand mich so vereinsamt darin. Lebe wohl, meine Freundin, bleibe gesund!«

Und ein paar Jahre später, Weihnachten 1815, als er schon der »gefangene Adler« von St. Helena war, erhielt Napoleon einen Brief von seiner Mutter, der – so notiert der Marquis de Montholon, der freiwillig mitgegangen war ins Exil, unter dem 25. Dezember – »in ihm schmerzliche Empfindungen erweckt«. Und auch noch am 26. Dezember:

»Ein trauriger Tag. Der Kaiser steht immer noch unter dem Eindruck des Briefes seiner Mutter. Vergebens sucht er Vergessen in der Arbeit. Mehrere Durchreisende bitten, ihn sehen zu dürfen; er weigert sich, sie zu empfangen, und sagt mißgestimmt zum Admiral: ›Antworten Sie ihnen: Tote empfangen keine Besuche!‹«

Tote? War es denn nicht erst gestern, daß die junge Intelligenz Europas, vor allem Deutschlands, in ihm den Erschaffer einer neuen Ordnung verehrt hatte? Goethe sah in ihm das Universalgenie, Hegel setzte ihn gar dem Weltgeist gleich. Und Hölderlin verglich ihn mit dem »Geist der Natur«, der sich in kein Gefäß bannen lasse, was auch für ihn selbst galt, den Dichter des ›Hyperion‹.

Weihnachten 1821, im Todesjahr Napoleons, schrieb der Dichter Clemens Brentano an sein Patenkind: »Jetzt ist es sehr kalt, viele arme Kinder frieren sehr, arme Leute haben kein Wasser, weil die Brunnen vertrocknet sind und die Teiche gefroren, da können sie die Kühe nicht tränken, da können diese keine Milch geben, da müssen auch wohl Kinder und Eltern noch hungern zu der Kälte. Was ist aber da anzufangen? Wir wollen das Christkind fragen, es sagt: ›Was ihr dem ärmsten, geringsten Kinde oder Menschen gebt, das habt ihr mir gegeben ...‹ Wer aber nichts zu geben hat, wie alle kleinen Jungen und wie Du, der muß beten für die Armen, daß Gott seine Engel schickt, welche ihnen Kleider und Holz bringen und welche machen, daß ... sie was zu essen haben.«

Inzwischen war Weihnachten, das erst im 4. Jahrhundert gegen starke Widerstände in der christlichen Kirche als das Fest der Geburt Christi eingeführt wurde, sehr viel innerlicher geworden, vor allem in Deutschland, wo der Weihnachtsbaum, der dem sechzehnjährigen Goethe noch eine Neuheit war, sich im 19. Jahrhundert mehr und mehr verbreitete. Älter als der Weihnachtsbaum ist das Schenken, das aber auch damals schon nicht immer nur Freude auslöste. Weihnachten 1808 schreibt die siebenunddreißigjährige Rahel Levin ihrem späteren Mann, dem Diplomaten Karl August Varnhagen von Ense:

»Heiligabend hat mir den Rest gegeben. Ich sah niemand, den ich liebte, schenkte für vieles Geld; und bekam auch manches; nichts, was mir lieb wäre; dieses Fest gewöhne ich mir ab. Dann kann's mir kein Leid mehr bringen ...«

Aber was war ihr Leid verglichen mit jenem, von dem Dostojewski zu Weihnachten 1849 seinem Bruder berichtet: Man hatte ihn und zweiunddreißig andere politisch Verfolgte zwei Tage vor dem Fest in Petersburg auf einen Exerzierplatz gebracht: »Dort wurde uns allen das Todesurteil verlesen, man ließ uns das Kreuz küssen, und man hüllte uns in unsere Sterbekittel (weiße Kapuzen).

Dann wurden drei an den Exekutionspfahl gebunden. Ich war der sechste ... und hatte nur noch eine Minute zu leben ...«

Plötzlich stellte sich heraus, daß alles nur eine häßliche Farce war, um die Gefangenen zu erschrecken. Die Männer wurden von den Pfählen wieder abgebunden, und – so Dostojewski weiter – »es wurde uns verkündet, Seine Kaiserliche Majestät schenke uns das Leben. Dann folgten die wirklichen Urteilsverkündungen ... Ich bin zu vier Jahren Zwangsarbeit verurteilt ...«

Am Tag des Heiligen Abends sollten sie nach Sibirien abtransportiert werden. Und an den Rand des Briefes schreibt er noch: »Ich weiß nicht, ob ich marschieren muß oder reiten darf. Ich hoffe, ich werde reiten. Vielleicht!«

Für Deutschland war unterdessen die Zeit des Biedermeiers gekommen mit ihrem Sinn für Haus und Familie, für das Stille, Sanfte, Gemütliche. Zu Weihnachten 1856 schreibt Theodor Storm an seine Eltern:

»Mein ganzes Haus riecht nach braunen Kuchen ..., und ich sitze sozusagen schon seit einer Woche im Scheine des Tannenbaums. Ja, wie ich den Nagel meines Daumens besehe, so ist auch der schon halbwegs vergoldet. Denn ich arbeite jetzt abends nur in Schaumgold, Knittergold und bunten Bonbonpapieren ... Gestern abend habe ich sogar Mandeln und Zitronat für die Weihnachtskuchen schneiden helfen, auch Kardamom dazu gestoßen und Hirschhornsalz ...«

Aber gerade das Biedermeier wußte auch, daß der Untergrund nicht sicher war, und die Menschen hatten Angst. Zu Weihnachten 1860 schreibt Stifter, der Dichter des ›Nachsommer‹, an Louise von Eichendorff:

»Die Weltlage betrübt mich sehr, und wenn nicht die große Liebe meiner Gattin zu mir und die wahrlich noch größere von meiner Seite zu ihr unser ganzes, und zwar großes Glück ausmachte und wenn es nicht noch einzelne gute und liebe Menschen gäbe, an denen man sich erlaben kann, so wäre im jetzigen Europa zu leben wahrlich nicht der Mühe werth, so viel Schwäche, Unverstand und Schlechtigkeit kommt zu Tage.«

Was ihn so beunruhigte, war der Krieg, in dem Österreich von Italien, dem neuen Italien Cavours, und von Frankreich bei Solferino geschlagen worden war. Immer größer wird Stifters Abscheu vor einer Welt, in der Kriege möglich sind, ja verherrlicht werden. Wie wird ihn erst der preußisch-österreichische Konflikt aus der Fassung bringen, jener Staatsmann vor allem, den er dafür verantwortlich macht und für den er »nicht genug Worte der Verdammung« findet: Bismarck.

Aber noch ist Otto von Bismarck lediglich Gesandter in St. Petersburg und scheint dort in eben jenen Dezembertagen des Jahres 1860 nichts anderes als »Weihnachtssorgen« zu haben auf der Suche nach Geschenken für seine Frau. »Ich finde hier nichts für Johanna, was nicht überteuer wäre«, schreibt er aus Petersburg seiner Schwester Malwine; »bitte kaufe ihr wieder bei Friedberg 12 bis 20 Perlen, die zu ihrer Schnur, d.h. zu den größten davon passen; so um 300 Thaler herum will ich daran wenden ...«

Zwei Jahre später – inzwischen ist Bismarck preußischer Ministerpräsident und zugleich Minister des Auswärtigen – notiert Kronprinz Friedrich Wilhelm, der spätere Kaiser der neunundneunzig Tage, nach einer ersten Begegnung mit Bismarck: »Er machte manche schlechten Witze während der Unterredung, sogar unpassende, und hat mir recht mißfallen ...« Im übrigen schreibt der Kronprinz von Weihnachtseinkäufen, die er zusammen mit seiner Frau gemacht hat. Und da hatten sie, zwei Tage vor dem Fest, einen Unfall:

»Am Halleschen Tor fuhr uns ein Bauernwagen dermaßen an, daß Fensterscheibe in tausend Stücken in den Wagen geworfen, Laterne abgebrochen und Frauchen einen Glassplitter schmerzhaft in den Mittelfinger der rechten Hand erhielt, so daß wir zu Dr. Wegner behufs Herausziehens fahren mußten.«

Das erinnert denn doch an die oft bemühte gute alte Zeit, in der manches so viel bedächtiger vor sich ging, die aber dennoch nicht allen nur Gutes brachte. Weihnachten 1886 schrieb Paul Gauguin, der einige Jahre zuvor seinen sicheren und einträglichen bürgerlichen Beruf aufgegeben hatte, um nur noch zu malen, an seine Frau, von der er – zusammen mit seinem jüngsten Sohn Clovis – getrennt in Paris lebte, während sie mit den zwei älteren Kindern bei ihren Eltern in Dänemark wohnte:

»Meine liebe Mette! ... Ich weiß nicht, wie ich mich mit den 350 frcs aus dem Verkauf meines Jongkind durchgeschlagen habe. Überdies mußte ich auch noch die Pension für Clovis bezahlen. Ich habe ihn jetzt wieder bei mir. Er hat keine Schuhe anzuziehen und nicht ein Spielzeug zum Fest. Man gewöhnt sich schließlich an alles. Eben habe ich (glücklicherweise) 27 Tage im Krankenhaus gelegen. Leider Gottes bin ich schon wieder heraus. Immer diese Rückenschmerzen, die mich im Winter überfallen ...«

Dem achtunddreißigjährigen Gauguin fiel die Trennung von Frau und Kindern schwerer als gedacht. Und als noch schwieriger erwies es sich, von der Kunst zu leben. Voll Bitterkeit und nicht ohne Neid fährt er fort: »Du glaubst vielleicht, ich habe während der Nächte im Krankenhaus mit Freude an die Einsamkeit gedacht, in der ich mein Leben zubringe!? Ich sage Dir, ich habe dort eine solche Bitterkeit in meinem Herzen aufgespeichert – wenn Du jetzt gekommen wärest – Du wolltest ja gern Clovis zwei Stunden sehen! – ich hätte Dir einen bösen Empfang bereitet. – Du hast Dein Heim und Dein sicheres tägliches Brot. Hüte das wie Deinen Augapfel. Du lebst in einem Paradies. Ich dagegen ...! – Frage Schuffenecker, was die Maler von meinen Bildern halten. Und doch bringen sie nichts ein. Und ein Mensch, der nichts hat, ist verloren ... Inzwischen ist meine ganze Garderobe im Pfandhaus, und ich kann nicht einmal Besuch machen ...«

Er schließt seinen Brief: »Wenn Du ein paar Trikots übrig hast, schicke sie mir. Ich habe nichts mehr. Ich muß Dich wieder anbetteln! Dein Gatte Paul.«

Soviel zur »guten alten Zeit«, die wie alle Zeit so schnell vorüberging. Bismarck gründete das zweite Deutsche Reich, wurde zwanzig Jahre später entlassen und schrieb seine ›Gedanken und Erinnerungen‹, deren erster und zweiter Band im Herbst 1898 erschienen. In den Weihnachtstagen jenes Jahres notierte die Baronin Spitzemberg in ihr Tagebuch: »Herr Scheringer, der Inhaber der Gselliusschen Buchhandlung, erzählte mir von seiner Not: längst ist die Auflage von 100000 Exemplaren vergriffen, und Cotta kann auch nicht annähernd nachliefern, was gefordert wird. Dabei ist es merkwürdig und noch nie dagewesen, daß nicht nur die gebildeten Kreise aller politischen und religiösen Bekenntnisse das Buch kaufen, sondern zu Dutzenden ehrbare Handwerksmeister, Bäcker, Schlachter, die offen sagen, sie wollen Bismarcks Buch bloß im Hause haben, besitzen; lesen und verstehen können sie es kaum! Wie rührend und erfreulich!«

Auch die Söhne jener ehrbaren Handwerksmeister mögen Bismarcks Buch noch ungelesen besessen haben, als in die meisten deutschen Bücherschränke ein anderer Bestseller kam – auch er nur von wenigen gelesen: Hitlers ›Mein Kampf‹. Bei seinem Namen steigen Erinnerungen auf an solche Weihnachten, wie Emil Barth sie 1944 in seinem Tagebuch festhielt: »Am gestrigen Heiligabend ... langer und beklemmender Aufenthalt im Keller bei Einflügen in breiter Front und fortwährendem Beben der Erde von massierten Einschlägen ...«

Und mancher denkt vielleicht an diese Eintragung, die am 27. Dezember 1943 ein vierzehnjähriges jüdisches Mädchen in sein Tagebuch machte, Anne Frank, die in einem Amsterdamer Hinterhaus versteckt vor Hitlers Geheimer Staatspolizei leben mußte: »Ich habe zum ersten Male in meinem Leben etwas zu Weihnachten bekommen ... Miep hat einen Kuchen gebacken mit der Inschrift Friede 1944 ...«

Fünfzehn Monate später, unmittelbar vor dem Ende des Zweiten Weltkrieges, kam Anne Frank im Konzentrationslager Bergen-Belsen ums Leben. In ihrem Tagebuch steht auch dieser Satz. »Ich glaube an das Gute im Menschen.«

11. Kapitel
Selbst im Tod noch ohne Ruhe

Von den Pharaonen über Petrus, Dante, Descartes bis zu Friedrich dem Großen und dem letzten Zaren ...

Es ist einerlei, sie werden mich finden.
Arthur Schopenhauer auf die Frage,
wo er einmal ruhen wolle

Es ist ein uralter Glaube, daß die Toten Ruhe brauchen, ungestörten, geheiligten Frieden – nicht nur für sich selbst, sondern zugleich für die anderen, die im Leben blieben. Totenseelen, die nicht zur Ruhe kommen, können den Lebenden – so heißt es – zur Plage werden, indem sie sich rächen für angetane Schmach, auch fürs Vergessenwerden, für mangelnde Wegbereitung in ein neues Leben. Ausgang für ein neues Leben, Warteraum, Behausung für die Totenseele, wo sie Ruhe finden soll, ist das Grab. Und zu allen Zeiten galt Grabfrevel als schweres Verbrechen.

In der königlichen Totenstadt von Byblos in Syrien drohten schreckliche Flüche jedem, der es gewagt hätte, einen Sarg zu öffnen. Auch in Ägypten, wo im Verlauf der Jahrhunderte Millionen Menschen mumifiziert wurden, war die Angst vor ruhestörenden Grabräubern groß. Aber weder Flüche noch raffinierte technische Sicherungen oder die Anlage von irreführenden Scheingräbern hinderten die Grabräuber am Eindringen. Und heute werden die Mumien der Pharaonen, für deren ewige Ruhe einst so unvorstellbar viel Mühe aufgewendet wurde, Tag für Tag von schaulustigen Besuchern gestört.

In anderen Fällen sind es religiöse Gründe, aus denen Tote um ihre Ruhe gebracht werden. Das gilt zum Beispiel für viele Heilige der christlichen Kirchen. Nicht selten wurden deren Gebeine mehrmals exhumiert oder gestohlen und als Reliquien stückweise verkauft, verschenkt, verehrt. Vor einigen Jahren fand man angeblich die Gebeine des heiligen Petrus, und zwar in Rom, unter dem Hochaltar der vatikanischen Basilika (wo man sie wegen der Petrus-Tradition, aus der entscheidende Privilegien des Papsttums hergeleitet wurden, immer hatte finden wollen): die Knochen eines sechzig- bis siebzigjährigen kräftigen, untersetzt gebauten Mannes, dabei purpurfarbene, mit Goldfäden durchwebte Stoffreste. Dies alles lag in einer Holzkiste, die seit gut fünfzehn Jahren im Magazin der vatikanischen Grotten gestanden hatte.

Zuvor sollen die Knochen in einer Mauernische der sogenannten Sgraffiti-Mauer unter der Inschrift »Hier ist Petrus« gewesen sein. Und davor im ursprünglichen Petrusgrab, von wo sie aus Furcht vor Reliquienräubern in die Mauernische umgebettet worden seien. Das behauptete jedenfalls die Finderin jener Holzkiste, die römische Professorin für Epigraphik und Altertumskunde Margherita Guarducci, und Papst Paul VI. erklärte im Juli 1968: »Die Reliquien des heiligen Petrus sind auf eine Weise, die wir als überzeugend hinnehmen können, identifiziert worden.« Daß es wirklich die Gebeine Petri sind, kann dennoch nicht als wissenschaftlich erwiesen gelten.

Am häufigsten sind es politische Gründe, derentwegen Tote um ihre Ruhe gebracht werden. Cicero zum Beispiel, der (43 v. Chr) von politischen Gegnern bei Formiae ermordet wurde, sollte nach dem Willen seiner Feinde keine Ruhe finden. Deswegen wurde sein Leichnam verstümmelt, und als die abgehauenen Teile in Rom eintrafen, ließ Marcus Antonius, der ein Jahr zuvor zusammen mit Cäsar Konsul geworden war, sie über der Rednertribüne anbringen.

Zerstückelung einer Leiche und Grablosigkeit galten schon bei den Griechen als Strafe. Homer erzählt, daß Hektor nicht den Flammen übergeben werden sollte, sondern der Gefräßigkeit der Hunde. Und bei Sophokles verlangt Elektra, daß Orest die Leiche des Äghist unbestattet läßt. Mit Grablosigkeit bestraften die Römer den toten Tiberius Gracchus, der zusammen mit seinem Bruder Gaius eine soziale Revolution versucht hatte, dabei aber gescheitert war. Er wurde ermordet, und Plutarch berichtet: »Als sein Bruder bat, ihn mitnehmen und heimlich bei Nacht bestatten zu dürfen, schlug man es ihm ab und warf den Toten mit den anderen Leichen in den Tiber.« Kurze Zeit darauf verweigerte man auch Gaius Gracchus die Bestattung, nachdem er sich selbst das Leben genommen hatte.

Jahrhunderte später sollte Dante Alighieri, der Dichter der ›Divina Commedia‹, noch nach seinem Tode bestraft werden. Bei Lebzeiten – Dante hatte sich auf politischem Gebiet intensiv betätigt – war er aus seiner Heimatstadt Florenz verbannt und in Abwesenheit zweimal zum Tode verurteilt worden. Acht Jahre nach seinem Tod in Ravenna forderte Kardinallegat Bertrand du Pouget, die Gebeine des Dichters auszugraben und öffentlich zu verbrennen. Die Stadtregenten von Ravenna aber weigerten sich. Einige Jahrzehnte später – inzwischen hatte sich die Einstellung der Florentiner zu ihrem bedeutendsten Sohn gewandelt – bat Florenz um die Gebeine des Dichters, damit sie im Dom von Santa Fiore unter einem Denkmal bestattet würden. Aber Ravenna lehnte ab, und auch in späteren Jahrhunderten, als die Bitte wiederholt wurde (zuletzt im Jahre 1864), wollte Ravenna die Gebeine des großen Dichters nicht herausgeben.

Inzwischen hatte man allerdings festgestellt, daß Dantes Sarkophag – er war im Jahre 1520 geöffnet worden – gar keine Gebeine enthielt. Man fand sie dann gerade rechtzeitig zum sechshundertsten Geburtstag des Dichters (1865), einen Tag vor den Jubiläumsfeiern: Ein Sakristan behauptete, ihm sei der Dichter im Traum erschienen und habe ihm angezeigt, wo seine Gebeine versteckt seien, nämlich in der Kirchenmauer. Als man die Mauer aufbrach, kam eine hölzerne Kiste mit Knochen zutage und mit einer Inschrift, aus der man schloß, daß Franziskanermönche kurz vor 1520 die Überreste des Dichters aus dem Sarkophag genommen und sie in der Mauer versteckt hatten, um sie nicht an die Florentiner kommen zu lassen. Noch einmal, zum sechshundertsten Jahrestag von Dantes Tod, 1921, wurden die Gebeine aus dem Sarkophag genommen, diesmal um sie von Wissenschaftlern – so heißt es – inventarisieren, rekonstruieren und genau vermessen zu lassen. Erst seitdem liegt Dante ungestört.

Tote völlig zu vernichten, damit nichts von ihnen nachbleibt – wie es im Dritten Reich auf verbrecherische Weise mit Millionen Juden geschah – ist nicht immer nur als Strafe zu verstehen, sondern oft mit der Absicht verbunden, Mythen- und Reliquienbildung für alle Zukunft auszuschalten oder auch nur eine politisch unerwünschte Verehrung zu verhindern, wie 1974 im Fall des Prager Studenten Jan Palach. Weil der tschechoslowakische Staatssicherheitsdienst am Grabe Jan Palachs, der sich Anfang 1969 aus Protest gegen die sowjetische Okkupation auf dem Wenzelsplatz in Prag mit Benzin übergossen und verbrannt hatte, Demonstrationen befürchtete (nachdem sich dort immer häufiger Gegner des Systems getroffen hatten), wurde das Grab geöffnet, und Jan Palachs Überreste wurden herausgenommen. Offiziell hieß es, die Exhumierung und eine dann erfolgte Einäscherung seien auf Wunsch der Mutter und des Bruders erfolgt. In Wahrheit ging es um die Auslöschung einer Erinnerung.

Um Erinnerung und Gedenken gar nicht erst aufkommen zu lassen, waren in Hitlers Konzentrationslagern riesige Verbrennungsanlagen eingerichtet worden, wo die Vernichtung von Menschenleben zu nie dagewesenen Ausmaßen des Entsetzens gesteigert wurde. Was nach der Vergasung mit den Toten geschah, hat der ehemalige Lagerkommandant des KZ Auschwitz, Rudolf Höß, nach dem Krieg beschrieben (bevor er 1947 in Polen gehenkt wurde):

»Eine halbe Stunde nach dem Einwurf des Gases wurde

die Tür geöffnet und die Entlüftungsanlage eingeschaltet. Es wurde sofort mit dem Herausziehen der Leichen begonnen ... Den Leichen wurden nun durch ein Sonderkommando die Goldzähne entfernt und den Frauen die Haare abgeschnitten. Hiernach wurden sie durch den Aufzug nach oben gebracht vor die inzwischen angeheizten Öfen. Je nach Körperbeschaffenheit wurden bis zu drei Leichen in eine Ofenkammer gebracht. Auch die Dauer der Verbrennung war durch die Körperbeschaffenheit bedingt. Es dauerte im Durchschnitt 20 Minuten ... Die Krematorien I und II konnten innerhalb 24 Stunden etwa 2000 Leichen verbrennen ... Die Anlagen III und IV sollten 1500 Leichen innerhalb 24 Stunden verbrennen können ... Die Asche fiel während des ohne Unterbrechung fortgesetzten Verbrennens durch die Roste und wurde laufend entfernt und zerstampft. Das Aschenmehl wurde mittels Lastwagen nach der Weichsel gefahren und dort schaufelweise in die Strömung geworfen, wo es sofort abtrieb und sich auflöste.«

Allein im oberschlesischen Auschwitz, das im Frühjahr 1940 für die »Endlösung der Judenfrage« errichtet worden war, wurden zwei Millionen Menschen vergast, ihre Leichen verbrannt und ihre Asche in die Weichsel geschaufelt. Nur kurze Zeit später sollten auch diejenigen spurlos verschwinden, die für die Massenmorde an insgesamt vier oder gar fünf Millionen Juden an erster Stelle verantwortlich gewesen waren – oder doch wenigstens einige von ihnen: Mit der Begründung, »damit nicht Unbelehrbare eine Gedächtnisstätte errichten könnten«, wurde 1946 die Asche der als Kriegsverbrecher in Nürnberg verurteilten, dort (mit Ausnahme von Göring, der Selbstmord beging) gehängten und im Krematorium des ehemaligen Konzentrationslagers Dachau verbrannten Nazi-Größen (Ribbentrop, Keitel, Kaltenbrunner, Rosenberg, Frank, Frick, Streicher, Sauckel, Jodl, Seiß-Inquart) in die Isar gestreut. Die Gebeine des damals in Abwesenheit ebenfalls zum Tode verurteilten Bormann wurden erst ein Vierteljahrhundert später in Berlin entdeckt und identifiziert und schließlich (1974) zur Bestattung freigegeben.

Nach nahezu drei Jahrzehnten Frieden in einem stabilen Rechtsstaat fürchtete niemand mehr, daß die Gebeine oder das Grab einer einstigen Nazi-Größe noch zu einer politischen Gedächtnisstätte werden könnte. Anders mag dies im Jahre 1944 der Reichsführer SS und Chef der deutschen Polizei, Himmler, bei den Grabstätten der noch am 20. Juli hingerichteten Offiziere Graf Schenk von Stauffenberg, Beck, Olbricht, Mertz und Haeften befürchtet haben. Aber wahrscheinlich war es wütende Rache, die ihn zu dem Befehl veranlaßte, die am Abend des gescheiterten Attentats auf Hitler standrechtlich erschossenen und dann in ihren Uniformen beigesetzten Widerstandskämpfer wieder auszugraben und zu verbrennen.

Von Himmler, dem entscheidenden Organisator der »Endlösung«, blieben ebenfalls keine Spuren. Nachdem er in einem britischen Gefangenenlager bei Lüneburg Selbstmord begangen hatte (als man seine Identität feststellte), gerieten seine Überreste auf eine Müllkippe. Fraglich ist noch, ob auch Hitler ganz spurlos verschwunden ist. Ob, wie von russischer Seite behauptet, seine Asche verstreut wurde oder die im Hof der ehemaligen Reichskanzlei gefundenen Überreste noch irgendwo verwahrt werden (wie auch Teile seines Kiefers), ist noch immer ungeklärt.

Und gar nicht mehr nachprüfbar ist, wie jener Mann, der Hitler einst zum Reichskanzler ernannte, der ehemalige Feldmarschall und Reichspräsident Paul von Hindenburg, und seine Frau im Jahre 1946 in die Grabkirche der heiligen Elisabeth zu Marburg gekommen sind. Hindenburg war nach seinem Tode im Tannenberg-Nationaldenkmal in Ostpreußen beigesetzt worden. Als die Rote Armee kam, wurden er und seine Frau (die zunächst in Hannover beigesetzt, später aber zu ihm übergeführt worden war) in ein thüringisches Salzbergwerk gebracht. Von da kamen sie nach Marburg, wo Hindenburgs Grab zu einem starken Anziehungspunkt wurde. Dort lagen eine Zeitlang auch Friedrich der Große und sein Vater. Auch sie hatte man vor der Roten Armee gerettet, aus der Garnisonkirche in Potsdam nach mehreren Zwischenstationen auf die Burg Hohenzollern gebracht. Im Jahr 1991 wurden sie wieder nach Potsdam zurückgebracht. Seitdem ruht Friedrich endlich so, wie er es einst in seinem Testament bestimmt hatte: »... in Sanssouci, auf der Höhe der Terrassen in einer Gruft, die ich mir habe herrichten lassen ...«

Weil er nicht mehr in Moskaus politisches Konzept paßte, wurde vor einigen Jahren auch Stalin aus seiner Ruhe aufgeschreckt. Nach einem entsprechenden Beschluß des XXII. Parteitags der KPdSU holte man ihn eines Nachts aus dem Mausoleum am Roten Platz in Moskau, wo er seit 1953 in einem gläsernen Sarkophag an der Seite Lenins aufgebahrt stand, und setzte ihn in einer Gruft vor der Kremlmauer bei. In der Begründung hieß es: »Lenin soll nicht neben einem Übeltäter liegen.«

Ob Lenin seitdem wirklich Ruhe hat? Nicht nur, daß er in seinem Glassarg Tag für Tag von vielen hundert Menschen angestarrt wird, entscheidender könnte sein, daß vom wirklichen Lenin in Wahrheit nicht allzuviel übrig ist. Als Lenin, der Gründer der Sowjetunion und ihr erster Regierungschef, 1924 starb und Stalin sich an die Spitze drängte, gegen den Willen Lenins an Trotzki vorbei, interessierte man sich vor allem für Lenins Gehirn. Es wurde herausgenommen (wobei sich zeigte, daß die eine Hälfte infolge mehrerer Schlaganfälle total zerstört war) und in einem eigens gegründeten Forschungsinstitut in vierunddreißigtausend Schnitte zerlegt. Nicht sofort, nachträglich gesehen sogar auffallend spät interessierte man sich dann auch für die Erhaltung seines Leichnams, und es wurden zahlreiche Experten für die Einbalsamierung herangezogen. Ihre Aufgabe war es, den Toten ohne Austrocknung zu konservieren, und zwar so, daß es aussieht, als ob er nur schlafe. Vor einigen Jahren hieß es, der Körper (oder das, was blieb) müsse noch jetzt regelmäßig im Abstand einiger Monate für mehrere Stunden in ein Spezialbad getaucht werden, um frisch zu bleiben. Spätestens mit der Auflösung der UdSSR dürfte das ein Ende gefunden haben. Denn da wurde das Lenin-Mausoleum geschlossen.

Um wirklich und endgültig Ruhe zu haben und auch im Grab nicht gestört zu werden, hatte Albert Einstein verfügt, ihn zu verbrennen und seine Asche in einen Fluß zu streuen. Auch Robert Musil und G. B. Shaw wollten keine körperlichen Spuren hinterlassen: Musil ließ seine Asche in einem Wald ausstreuen (weil das in seiner Familie so üblich gewesen sei), und der Zyniker Shaw bestimmte, seine Asche mit der seiner Frau (mit der er angeblich nie die Ehe vollzogen hatte) zu vermengen und in seinem Garten verwehen zu lassen. Auch Friedrich Engels war – ganz im Gegensatz zu so vielen seiner Jünger – jeder Helden- und Totenverehrung so sehr abgeneigt, daß er seinen Leichnam verbrennen und die Urne mit der Asche ins Meer versenken ließ.

Zu denen, die lange brauchten, bis sie endgültig Ruhe fanden, gehören Descartes, Napoleon und sein Sohn, der Herzog von Reichstadt. Descartes, der französische Philosoph und Mathematiker (»Cogito, ergo sum«), war auf Wunsch Königin Christines nach Schweden gekommen, wo er jedoch krank wurde und 1650 starb; in Stockholm wurde er beigesetzt. Sechzehn Jahre später holten ihn Freunde in einem Kupfersarg nach Paris. Während der Revolutionszeit gab es einen langjährigen Streit über den Antrag, Descartes zu den Großen der Nation zu legen, ins Panthéon français. Er kam jedoch nur in den Jardin Elysée. Aber auch dort blieb er nicht. Im Jahre 1819 wurden seine Gebeine noch einmal umgebettet, und zwar nach Saint-Germain-des Prés in die Kapelle des Heiligsten Herzens.

Napoleon war zunächst auf der Insel St. Helena beigesetzt worden (1821). Neunzehn Jahre später wurde er nach Frankreich heimgeholt. Und genau hundert Jahre nach ihm, in der Nacht vom 14. zum 15. Dezember 1940, brachten deutsche Soldaten (als Geschenk Hitlers an den Marschall Pétain und das besiegte Frankreich) seinen Sohn nach Paris, den in Wien aufgewachsenen Herzog von Reichstadt (den die Wiener früher nie hatten hergeben wollen), allerdings ohne dessen Herz und Eingeweide – sie blieben in Wien, das Herz in der Lorettokapelle der Augustinerkirche, das Gefäß mit den Eingeweiden in der Stephanskirche. Im Jahre 1969 wurde der Sarkophag des Sohnes Napoleons und der österreichischen Kaisertochter Marie Louise innerhalb des Invalidendoms noch einmal umgestellt. Aus einer Seitenkapelle wurde er in das Untergeschoß gebracht, in eine Nische neben dem Porphyr-Sarkophag seines Vaters.

Wo Reichstadt ein gutes Jahrhundert gelegen hatte, in der Kapuzinergruft zu Wien, hatte einst seine damals siebenunddreißigjährige Ur-Ur-Großmutter Maria Theresia gestanden und von einem Gerüst herab auf den prächtigen Doppelsarkophag geschaut, den sie für sich und ihren geliebten Franz hatte anfertigen lassen. Große Winden hielten den schweren Deckel hoch, und mit einem Blick auf die in Holz ausgearbeitete Mulde des zinnernen Doppelbettes sagte sie: »Hier wird einmal gut ruhen sein.«

Lange vor ihr ruhte ihr »Franzl« dort, mit dem sie sechzehn Kinder gehabt und der sie immer wieder mit anderen Frauen betrogen hatte. Aber als er im Sarkophag lag, gehörte er ganz ihr, und nahezu täglich stieg sie in die Gruft hinab, um mit ihm Zwiesprache zu halten. Als sie dann immer korpulenter wurde und das Treppensteigen ihr höchst beschwerlich war, sie aber auf die Gruftbesuche nicht verzichten wollte, ließ sie außen am Gebäude einen Aufzug anbringen, ein ziemlich kompliziertes Provisorium. Nach ihrem letzten Besuch in der Gruft blieb sie mit dem Aufzug dreimal stecken. Sie nahm es als Zeichen dafür, daß der liebe Franz nun nicht mehr länger auf sie warten wollte. Tatsächlich ist sie kurz danach gestorben, im Alter von dreiundsechzig Jahren; seitdem hat sie Ruhe an der Seite ihres Franzl.

Nicht in die berühmte Kapuzinergruft durfte im Jahre 1914 die Herzogin Sofie von Hohenberg, die Frau des in Sarajevo zusammen mit ihr ermordeten österreichischen Thronfolgers Franz Ferdinand. Die geborene Gräfin Chotek galt als nicht standesgemäß, und die Ehe war gegen den Willen Kaiser Franz Josephs zustande gekommen. Eigentlich war es eine »Ehe linker Hand« geworden; der Thronfolger hatte zustimmen müssen, daß Sofie niemals Erzherzogin werden und niemals den Titel Kaiserin führen sollte und daß sie und ihre Kinder von der Thronfolge und den Thronrechten ausgeschlossen blieben. Deswegen waren alle ganz froh, daß Franz Ferdinand vor seinem Tod die Gruft in Artstetten als gemeinsame Grabstätte bestimmt hatte. Indem der österreichische Thronfolger auf seinen Platz in der Kapuzinergruft verzichtete, blieben er und seine Frau, die ersten Opfer des Ersten Weltkriegs, auch im Tode vereint.

Einige Jahre zuvor war dies für den damaligen österreichischen Thronfolger Rudolf und dessen Geliebte, die Baronesse Marie Vetsera, nicht möglich gewesen. Nachdem die beiden in Mayerling gemeinsam aus dem Leben geschieden waren und der Leichnam des Thronfolgers in die Hofburg überführt wurde, blieb die Leiche der Vetsera zunächst noch am Ort des Trauerspiels. In einem »offiziellen Akt« hieß es darüber:

»Sie hatte eine Schußwunde an der linken Schläfe, die hinter dem rechten Ohr herauskam. Es waren ... etwa 38 Stunden seit dem Tod verflossen, ohne daß dem eiskalten Leichnam sein Recht geworden war. Die Leiche befand sich auch in demselben Zustand, in welchem sie am Tag zuvor zugleich mit jener des Kronprinzen aufgefunden wurde: die Augen weit geöffnet und starr hervortretend: aus dem halbgeöffneten Mund war ein gestockter Blutstrom hervorgequollen, der einen Teil des Körpers bedeckte; die Arme ruhten leicht gebogen im Schoß, die linke Hand umschloß krampfhaft ein Taschentuch, welches nur mit Anwendung großer Gewalt aus der erstarrten Hand entfernt werden konnte. Bei der ersten Auffindung wurde die Leiche im Zimmer des Kronprinzen, auf dem Rücken liegend, vorgefunden; sie war jedoch von dort in ein anderes Zimmer getragen, auf ein Bett gelegt und mit Kleidern derart überdeckt worden, daß sie erst nach der Entfernung der Kleider sichtbar wurde. – An der armen Leiche wurde vielfach gefrevelt. Man hatte ihr die Liebesdienste versagt, die dem entseelten Ebenbild Gottes überall dort, wo christlicher Glauben herrscht, willig geleistet werden.«

Und in einem anderen Bericht hieß es dann: »Der Leichnam der Baronesse Vetsera wurde in der Nacht ... nur in einen Pelz gehüllt, mittels Fiaker von Mayerling nach Stift Heiligenkreuz überführt, dort in einen Sarg gelegt und bestattet.«

Nicht bestattet, sondern vernichtet wurden neunundzwanzig Jahre später die Leichname der letzten Zarenfamilie. In der Nacht vom 16. auf den 17. Juli 1918 hatten Rotgardisten Zar Nikolaus II., seine Frau, seine Töchter und den noch nicht vierzehnjährigen Thronfolger in Jekaterinburg erschossen. Ein Augenzeuge sagte später aus:

»Man nahm aus den Wäscheschränken mehrere Laken, befestigte sie an zwei Deichseln, die man aus dem Pferdestall geholt hatte, und brachte die Leichen auf dieser improvisierten Tragbahre fort. Sogleich bildeten sich auf dem Laken große Blutflecke, und das Blut tropfte ununterbrochen den ganzen Weg entlang auf den Fußboden der Zimmer ..., auf die Treppe und auf die Erde im Hof ...«

Draußen stand ein Lastwagen. »Man breitete auf dem Boden des Lastwagens ein großes Stück Soldatentuch aus und warf die Leichname wie Holzscheite darauf. Dann bedeckte man sie mit einem anderen Stück Tuch. Die Arbeit, die im Schein einer Laterne durchgeführt und von albernen Späßen und Grobheiten begleitet wurde, dauerte nicht länger als 40 Minuten ...«

Der Wagen fuhr aus der Stadt zu einem verlassenen Bergwerk. Dort – so ein anderer Augenzeuge – wurden die Leichen »in eine der Gruben gelegt, um am nächsten Tag vernichtet zu werden«. In einem Bericht eines Untersuchungsrichters heißt es: »Am 17. Juli erschien der Sekretär des Kommissars V. in der Drogerie der ›Russischen Gesellschaft‹ in Jekaterinburg mit einem Befehl folgenden Inhalts: ›Dem Überbringer sind unverzüglich achtzig Kilogramm Schwefelsäure auszuhändigen.‹ ... Am späten Abend kam der Sekretär mit einem zweiten Auftrag ... in den Laden: ›Dem Überbringer sind noch drei Flaschen Schwefelsäure zu übergeben.‹ Das geschah. Also erhielt er im ganzen hundertneunzig Kilogramm Schwefelsäure ... Die Untersuchung hat ergeben, daß die Flaschen mit der Schwefelsäure in Kisten verpackt und mit Stricken verschnürt wurden. Am 17. und 18. Juli wurden sie ... mit Hilfe der Rotgardisten in das Bergwerk transportiert.« – Viele Jahre später, im Juli 1991, wurden Reste von den Skeletten der Zarenfamilie entdeckt und identifiziert; übrigens nicht von Anastasia.

Als die letzten Romanows getötet und ihre Leichname vernichtet wurden – ob nun mit oder ohne die jüngste Zarentochter, Anastasia, mag dahingestellt bleiben –, waren im Ersten Weltkrieg schon Millionen Menschen ums Leben gekommen und viele von ihnen irgendwo verscharrt worden. Und zahllosen Opfern anderer Kriege und Revolutionen ist es ebenso ergangen. Keiner weiß, wo sie geblieben sind.

Da war der Optimismus des ansonsten so pessimistischen Philosophen Schopenhauer schon recht erstaunlich: Er hatte sich eine »Grabstätte auf ewige Zeit« gewünscht, in »starkem, eichenhölzernen Sarge«, bedeckt von einem granitenen »4 bis 5 fuß langen Grabstein«, auf dem nur der Name Arthur Schopenhauer stehen sollte, »schlechterdings nichts weiter, kein Datum, noch Jahreszahl gar nichts, keine Sylbe«. Und auf die Frage, wo er ruhen wolle, hatte er geantwortet: »Es ist einerlei, sie werden mich finden.«

12. Kapitel
Als Ehemann oder Vater nicht gerade vorbildlich

Jean-Jacques Rousseau, Paul Gauguin, Oscar Wilde, Leo Tolstoj und sogar schon Adam ...

Wer die Pflichten eines Vaters nicht erfüllen kann, hat auch nicht das Recht, es zu werden.
Jean-Jacques Rousseau

Wenn man das Kind der Mutter,
die Frau dem Mann ausliefert,
pflegt man die Tyrannei auf Erden.
Simone de Beauvoir

»Vater werden ist nicht schwer, Vater sein dagegen sehr«, reimte schon Wilhelm Busch (übrigens ohne einschlägige Erfahrung, zumindest für den zweiten Teil seiner Aussage). Heutzutage gilt das mehr denn je. Denn was immer Kinder und Jugendliche anstellen, ob sie gammeln und in der Schule nicht recht mitkommen, ob sie auf die schiefe Bahn geraten und im späteren Leben versagen oder gar kriminell werden: Schuld haben immer die Eltern. Jedenfalls behaupten das Psychologen und Psychiater. Und es ist ja auch nicht schwierig, das elterliche Fehlverhalten plausibel zu machen, sondern im Gegenteil höchst einfach: Wenn Kinder nicht so einschlagen, wie sie sollten, wenn sie irgendwelche Komplexe haben – und welches Kind hat keine! –, wenn sie verhaltensgestört sind, dann haben sich die Eltern entweder zu wenig um sie gekümmert oder aber gerade zu viel.

Dazwischen scheint es nichts zu geben, und so mag man denn Jean Paul Sartre recht geben, der es als ein

Glück empfand, daß er ohne Vater aufgewachsen ist. »Es gibt keine guten Väter«, sagt Sartre, »das ist die Regel; die Schuld daran soll man nicht den Menschen geben, sondern dem Band der Vaterschaft, das faul ist. Kinder machen, ausgezeichnet; Kinder *haben,* welche Unbill! Hätte mein Vater weitergelebt, er hätte mich mit seiner ganzen Länge überragt und dabei erdrückt. Glücklicherweise starb er sehr früh.«

An anderer Stelle seines autobiographischen Buches ›Die Wörter‹ hat Sartre seine Meinung noch einmal begründet. »Ein Vater«, sagt er da, »hätte mich mit einigen dauerhaften Zwangsvorstellungen belastet; seine Launen wären für mich zu Grundsätzen geworden, seine Unwissenheit hätte mein Wissen, sein Groll meinen Stolz bedeutet, seine Manieren hätten sich für mich in Gesetze verwandelt. Er hätte mich bewohnt ...« Und sich auf Freud berufend, kommt Sartre zu dem Ergebnis: »Ich stimme gern der Deutung eines bedeutenden Psychoanalytikers zu: ich habe kein Über-Ich.« Ob der Existenzialist Sartre diese Meinung auch dann vertreten hätte, wenn er selbst Kinder gehabt hätte, muß ebenso dahingestellt bleiben wie die Frage nach dem wahren Grund seiner Kinderlosigkeit. Möglicherweise war Sartre sich zu allen Zeiten seines Lebens immer selbst genug, so wie man es dem egozentrisch veranlagten Albrecht Dürer nachsagt. Beide, Sartre und Dürer, haben sich schon im Knabenalter in auffallender Weise für sich selbst interessiert, für die eigene Person, für ihr Aussehen, für das eigene Verhalten; beide sahen ein Leben lang das eigene Ich im Mittelpunkt allen Geschehens. Bei Dürer, der sich im Alter von dreißig Jahren als Genie und mit fünfzig fast als Gott fühlte, fällt auf, daß er in seinen ausführlichen Tagebuchaufzeichnungen, in denen er alles festhielt, was ihm widerfuhr an Glück und Leid und was er sich erträumte, über die Kinderlosigkeit seiner Ehe kein Wort verlor: An Nachwuchs war er offenbar nicht interessiert.

Eine noch stärkere, bewußt forcierte Egozentrik fand sich bei dem ebenfalls kinderlosen Dali, der sich noch mehr als Genie fühlte und dabei außer seinem eigenen Ich und seiner Frau Gala, die er indessen als Teil von sich selbst erlebte, nichts gelten ließ. »Ich sorge mich sehr um meine Gesundheit«, schrieb er einmal, »und bemühe mich, das am Leben zu erhalten, was für mich das Außergewöhnlichste auf der Welt ist: ich.«

Dalis Egozentrik war krankhaft überzogen. Der Fünfzigjährige notierte in sein ›Tagebuch eines Genies‹: »Jeden Morgen beim Aufwachen erfahre ich eine erlesene Wonne, die ich heute zum ersten Male definiere: die Wonne, Salvador Dali zu sein, und ich frage mich hingerissen, was er heute wohl Wunderbares vollbringen wird, dieser Salvador Dali. Und von Tag zu Tag fällt es mir schwerer, zu verstehen, wie die anderen leben können, ohne Gala oder Salvador Dali zu sein.«

Außer sich selbst brauchte er allenfalls Gala, aber auch sie nur als ständige Bestätigung seiner Genialität: »Am Abend erstirbt Gala in Bewunderung vor meinen Bildern. Ich gehe glücklich ins Bett ... Danke, Gala! Dir verdanke ich, daß ich Maler bin. Ohne Dich hätte ich nicht an meine Begabung geglaubt!«

Kinder wären da ganz überflüssig, Kinder würden nur stören, und so sagte er denn auch: »Ich liebe weder Tiere noch Kinder. Das bewegt sich dauernd. Bewegung rund um mich her erfüllt mich mit Angst ... Was die Kinder betrifft, so mag ich sie erst von dem Augenblick an, wo sie ›erotisabel‹ werden, das heißt eine gewisse Schönheit erwerben. Die Neugeborenen und die kleinen Kinder mit ihrem zu kleinen Körper und dem riesigen Kopf finde ich gräßlich und angsteinflößend. Sie ähneln gleichzeitig dem Embryo, der sie waren, und dem Greis, der sie werden, und alles, was Ursprung oder Ende beschwört, verursacht mir unerträgliches Elend.« Und dann folgt ein Satz, der den Kern des Problems bloßlegt, nämlich daß Dali nicht sicher ist, von Kindern als Genie erkannt zu werden, was bedeutet, sie könnten ihn in Frage stellen: »Man spürt in ihnen das Vorhandensein einer ganz und gar ungeheuerlichen, abweichenden Intelligenz.«

Was für Salvador Dali zu einem existenziellen Problem wurde, scheint für Jean-Jacques Rousseau lediglich eine Frage des Haushaltsbudgets gewesen zu sein. Aber wahrscheinlich steckte auch bei ihm mehr dahinter, als er sich entschloß, auf Kinder zu verzichten. Allerdings hat er nicht darauf verzichtet, sie erst einmal in die Welt zu setzen. Rousseau hatte sich nach einer recht abenteuerlichen und ungesicherten Kindheit und Jugend – die Mutter war wenige Tage nach seiner Geburt gestorben, der Vater hatte den Zehnjährigen verlassen – in allen möglichen Berufen versucht, als Kupferstecher und Uhrmacher, als Musiklehrer, Notenschreiber, Komponist, als Lakai und Hausdiener, dann als Sekretär, und er hatte, inzwischen dreiunddreißig Jahre alt, Thérèse Levasseur kennengelernt, eine zweiundzwanzigjährige Hausangestellte, ein – wie er später schrieb – »gefühlvolles, schlichtes und jeglicher Gefallsucht bares Mädchen«. In Thérèse verliebte er sich, obgleich sie weder schreiben noch richtig lesen konnte und er bald einsehen mußte, daß es vergebliche Liebesmüh war, ihr auch nur das Zifferblatt der Uhr verständlich zu machen. Er nannte sie eine »Personne stupide«, ein dummes Frauenzimmer, aber gerade das gefiel ihm, indem er in ihrem Geist die »unberührte Natur« zu erkennen meinte. Er erklärte sich bereit, mit ihr zusammenzuleben, allerdings ohne sie zu ehelichen: »Ich sagte ihr im voraus, daß ich sie niemals verlassen, aber auch niemals heiraten würde.«

Das Leben mit Thérèse begann im Jahre 1745 in Paris. Es gefiel ihm so sehr, daß er schwärmte: »Unsere süße Gemeinschaft ersetzte mir alles andere: Die Zukunft kümmerte mich nicht mehr oder doch nur als eine verlängerte Gegenwart, denn ich trug nach nichts anderem mehr Verlangen als nach ihrer ewigen Dauer.« Zugleich war dieses zärtliche Leben zu zweit ihm so günstig, daß er in weniger als drei Monaten eine ganze Oper schrieb, die indessen durchaus kein Erfolg wurde und die auch nicht das einzige Ergebnis jener »süßen Gemeinschaft« blieb. Ein anderes brauchte etwas länger und stellte die beiden vor ganz neue Probleme. Das war ein Kind, ein Sohn, den Thérèse zum Ende des folgenden Jahres auf die Welt brachte. Rousseau schrieb später: »Dies würde mich in Ansehung meiner Verhältnisse in die äußerste Bedrängnis geworfen haben, wenn meine Tischgenossen« – zu Mittag aß er stets in einem Gasthof – »mich nicht auf den einzigen Ausweg verwiesen hätten, der mich allem entreißen konnte.« Dieser Ausweg war, das Kind ins Findelhaus zu bringen.

Nun war dies im damaligen Paris keineswegs ungewöhnlich, im Gegenteil. Aus Aufzeichnungen geht hervor, daß von 1740 bis 1749 in der französischen Hauptstadt 32917 Kinder in die Findelhäuser gegeben wurden, jährlich also mehr als 3000. Im nächsten Jahrzehnt waren es sogar mehr als doppelt soviel, nämlich gut 67000 Kinder. Die Findelhäuser, die es in ganz Europa gab, waren ja dafür da, unerwünschte, meist uneheliche Kinder aufzunehmen und ihnen Adoptiveltern zu vermitteln. Rousseau selbst war auch sogleich bereit, diese Einrichtung »kühn und ohne das geringste Bedenken« – so sagte er – zu nutzen. Aber Thérèse machte Einwände, die er jedoch mit Hilfe ihrer Mutter »besiegen« konnte. »Nur nach undenklichen Mühen gelang es mir, sie zur Annahme dieses einzigen Mittels zu bewegen, das ihre Ehre retten konnte. Da ihre Mutter sich vor neuem Kindersegen fürchtete und mir beistand, ließ sie sich endlich bestimmen.«

Nach nur einem Jahr standen die beiden vor demselben Problem. Wieder war ein Kind gekommen, wieder gaben sie es ins Findelhaus. Als Rousseau achtunddreißig Jahre alt war, kam das dritte Kind. Immer noch meinte er, sich ein Kind finanziell nicht leisten zu können. Und so überredete er Thérèse ein drittes Mal zu dem für ihn so bequemen Ausweg.

Als das dritte Kind ins Findelhaus gegeben wurde, beteiligte er sich gerade an dem Preisausschreiben der Akademie von Dijon über die Frage »Ob der Fortschritt der Wissenschaften und Künste zur Läuterung der Sitten beigetragen hat«. Seine Arbeit erhielt den ersten Preis und wurde im Jahre 1750 von der Akademie veröffentlicht. Von da an war Rousseau berühmt und erfolgreich, allerdings blieb er immer umstritten und wurde zeitweise politisch verfolgt. So schienen also die Voraussetzungen für das Aufziehen von Kindern auch da nicht gegeben. Deswegen brachte Rousseau auch das vierte und das fünfte Kind ins Findelhaus. In seinem Roman ›Emile‹, in dem er die Grundsätze einer »natürlichen Erziehung« entwickelte, aber schrieb er: »Wer die Pflichten eines Vaters nicht erfüllen kann, hat auch nicht das Recht, es zu werden. Weder Armut noch Arbeit noch menschliche Rücksichten entbinden ihn der Pflicht, seine Kinder zu ernähren und zu erziehen.«

Es ist die Theorie aufgestellt worden, Rousseau sei in Wahrheit impotent gewesen und habe die Geschichte von seinen Kindern nur erfunden, um mit seiner Männlichkeit zu prahlen. Oder die fünf Kinder habe Thérèse nicht von ihm, sondern von andern Männern gehabt, und deswegen sei es ihm leichtgefallen, sie wegzugeben. Aber es gibt nichts, was eine solche Annahme stützt. Im Gegenteil, alles spricht gegen sie, wie zum Beispiel seine Selbstverteidigung in einem Brief an die Frau seines Freundes de Francueil. Da heißt es:

»Sie, Madame, kennen meine Lage. Ich verdiene mein Brot von einem Tag zum andern mühevoll genug. Wie könnte ich noch eine Familie ernähren? Und wie könnte ich den Beruf eines Schriftstellers ausüben, wenn häusliche Sorgen und lärmende Kinder mir die Ruhe des Geistes raubten, die zu einer gewinnbringenden Arbeit erforderlich ist? Die Schriften, die der Hunger diktiert, tragen nicht viel ein. Also müßte ich zu Protektionen meine Zuflucht nehmen, zur Intrige, zur Verstellung; ich müßte mich um irgendeinen untergeordneten Posten bewerben; kurz, ich müßte all die Schändlichkeiten begehen, die ich verabscheue. Mich, meine Kinder und ihre Mutter von dem Blute der Unglücklichen ernähren! Nein, Madame, es ist besser, sie sind Waisen, als daß sie einen Schurken zum Vater haben.«

Und er, der so oft von reichen Gönnern lebte, griff die Reichen an und machte sie gewissermaßen für seine Situation verantwortlich: »Man muß keine Kinder machen, wenn man sie nicht ernähren kann! Madame, die Erde bringt genug hervor, um alle Menschen zu ernähren; allein Ihr Stand, der Stand der Reichen, ist es, der dem meinen das Brot für seine Kinder stiehlt.« – Abschließend berief er sich auf Platon, der in seiner utopischen Republik die Erziehung der Kinder durch die Eltern ablehnte: »Jedes sollte seinem Vater unbekannt bleiben, und alle sollten die Kinder des Staates sein. Ich habe nie das süße Gefühl gekostet, die eigenen Kinder zu umarmen. So habe ich zwar Grund, mich zu beklagen, aber ich befreie sie vom Elend. Sie sehen nicht, daß Sie, indem Sie stets den Vorurteilen der Welt folgen, das für die Unehre des Lasters halten, was nur eine Folge der Armut ist.«

Als Rousseau fast fünfzig Jahre alt war und sich infolge einer Krankheit dem Tod nahe fühlte, schrieb er der Herzogin von Luxembourg von »Gewissensbissen«, seine Kinder »mit so wenig Vorsorge, sie eines Tages wiederzuerkennen, dem Findelhaus übergeben« zu haben; »zu meinem und der Mutter tiefstem Bedauern werde ich sterben, ohne das Vergehen gutmachen zu können.«

Es liegt in der Natur der Sache, das ganze Problem von der Seite Rosseaus zu sehen; nur von ihm liegen Äußerungen vor, nicht von den Kindern, nicht von Thérèse, die er als Sechsundfünfzigjähriger doch noch geheiratet hat. Auch ist er ja – und da liegt in solchen Fällen das eigentlich Entscheidende – das Genie, neben dem alle anderen Menschen von vornherein als zweitrangig angesehen werden, das heißt, es wird schlicht vorausgesetzt, daß sie sich ganz und gar in den Dienst der Größeren stellen müssen. Aber es gibt auch den anderen Aspekt, der allerdings immer zu kurz kommt, wenn von den Großen und ihren Taten die Rede ist, den Aspekt jener, die im Schatten stehen, die ausgenützt, unterdrückt, ausgebeutet oder geopfert werden. Freilich läßt sich nicht einfach der eine Aspekt durch den andern ersetzen; beide gehören zusammen, überschneiden einander. So hat sich auch Rousseau manchmal wiederum von Thérèse ausgenutzt gefühlt, beziehungsweise von ihrer Familie, ihren Eltern, die zeitweise im selben Haus wohnten. Da ging es ihm ähnlich wie Goethe mit Christianes Clan, und er schrieb: »Die Zeit verging und das Geld mit ihr. Wir waren zu zweit, wir waren zu vieren, und, um es genau zu sagen, wir waren sieben oder acht; denn obwohl Thérèse von einer Uneigennützigkeit war, die wenige Beispiele hatte, so war ihre Mutter gar nicht so wie sie. Sobald sie sich durch meine Unterstützung versorgt glaubte, ließ sie ihre ganze Familie kommen, damit diese mitgenießen konnte; Schwestern, Söhne, Töchter, Enkelinnen, alle kamen.«

Beide Seiten müssen auch im Fall Gauguin und seiner Frau gesehen werden. Da ist noch schwerer zu sagen, wer wem geopfert wurde. Die einen hielten Gauguin, der Frau und fünf Kinder seiner Malerei wegen verließ, für den vollkommenen Egoisten, die Mehrheit aber verurteilte die Frau, weil sie seiner Entscheidung und seiner Kunst keinerlei Verständnis entgegenbrachte. Von heute her gesehen, da Gauguins Werk voll anerkannt ist, scheint es leicht, ihm Recht zu geben. Aber vor hundert Jahren, als der »Sonntagsmaler« zum erstenmal ausstellte und kaum Beachtung fand, sich dann aber trotzdem entschloß, seinen einträglichen bürgerlichen Beruf aufzugeben und nur noch zu malen, sah alles ganz anders aus.

Als der fünfundzwanzigjährige Paul Gauguin im November 1873 die zwei Jahre jüngere Dänin Mette-Sophie Gad, die sich in Paris als Sprachlehrerin durchschlug, heiratete, war er ein erfolgreicher Börsenmakler, der ein geregeltes, sorgenfreies Leben führte, nachdem er zuvor von seinem siebzehnten Lebensjahr an sechs Jahre zur See gefahren war. Die letzten drei Jahre war er Matrose bei der französischen Kriegsmarine. Im August 1874 kam das erste Kind, der Sohn Emil, drei Jahre danach das zweite, die Tochter Aline. Inzwischen hatte Gauguin zu malen begonnen, aber nur als Sonntagsmaler und ohne fachliche Ausbildung. 1876 schickte er zum ersten Mal ein Bild auf eine Ausstellung. Drei Jahre später, als sein drittes Kind, der Sohn Clovis, auf die Welt kam, beteiligte er sich an der vierten Impressionistenausstellung mit einer Statuette. Im nächsten Jahr, auf der fünften Impressionistenausstellung, war er mit sieben Gemälden und einer Marmorbüste vertreten. Und wieder ein Jahr später, 1881, als Mette das vierte Kind bekam, entschloß er sich, die Börse, an der er bis dahin immer größere Gewinne gemacht hatte, so daß er mit seiner Familie ziemlich aufwendig leben konnte, aufzugeben. Im Januar des übernächsten Jahres – inzwischen hatte er auch auf der sechsten und siebten Impressionistenausstellung Bilder gezeigt – kündigte er seine einträgliche Stellung und erklärte: »Von nun male ich alle Tage.«

Als Gauguin diesen Entschluß gefaßt hatte, war er überzeugt, sich als Maler innerhalb kurzer Zeit durchsetzen zu können. Dennoch: Die Schwierigkeiten unterschätzte er gewaltig. Bestimmt hat er nicht geglaubt, daß es viele Jahre dauern sollte, bis seine Bilder gefragt waren, und daß er das selbst gar nicht mehr erleben würde. Vor allem aber darf man dies nicht übersehen: Sein Entschluß, nur noch zu malen und vom Malen zu leben, kam für Mette völlig überraschend. Zu Recht hielt sie seine Malerei lediglich für das Hobby eines wohlhabenden Mannes. Daß Paul, der zuletzt ein Jahreseinkommen von etwa vierzigtausend Franc hatte, plötzlich sein und ihr Leben und das Leben ihrer Kinder von Grund auf ändern, ja eigentlich aufs Spiel setzen würde, das hatte sie nicht für möglich halten können. Gauguin hatte ihr gegenüber niemals derartige Andeutungen gemacht.

Ist es daher verwunderlich, daß sie ihn für übergeschnappt und größenwahnsinnig hielt? Daß nicht nur seine Malerei, sondern die der ganzen Impressionistengruppe, an die er sich hielt, überall auf Ablehnung und Spott stieß, war ihr schließlich nicht entgangen. Man hat ihr Gefühllosigkeit vorgeworfen, man hat sie für spießig erklärt, man hat gesagt, sie sei nicht Frau, sondern nur Mutter gewesen, und man hat sie an anderen Künstlerfrauen gemessen und für zu leicht befunden: »Im Gegensatz zu anderen Frauen von Künstlern hat sie sich geweigert, mit ihren Kindern im Elend zu leben.« Aber was hätte sie eigentlich tun sollen? Zehn Monate, nachdem Gauguin seine Stellung aufgegeben hatte, bekam Mette das fünfte Kind, den Sohn Pola. Wenig später zog Gauguin mit seiner ganzen Familie von Paris nach Rouen, um die Lebenshaltungskosten zu verringern. Obgleich sie sich einschränkten, war das gesparte Geld nach knapp zwei Jahren freien Künstlerlebens fast vollständig aufgebraucht. Und es war nicht gelungen, auch nur eines von Gauguins Bildern zu verkaufen.

Gauguin war am Ende, und offenbar sah er keine andere Möglichkeit, als den Haushalt in Rouen aufzulösen und mit Mette und den Kindern nach Kopenhagen zu fahren, zu Mettes Eltern. Zwar wollte er die Malerei nicht aufgeben, aber er war bereit, nebenher Geld zu verdienen. Er übernahm deswegen die Vertretung einer französischen Zelttuchfabrik, die mit wasserdichten Planen und Markisen handelte, für Dänemark. Kurz bevor er und zwei Kinder der schon mit drei Kindern nach Kopenhagen vorausgereisten Mette folgte, erhielt er einen Gruß von dem ihm befreundeten Maler Camille Pissaro. »Sagen Sie Gauguin«, hatte Pissaro in einem Brief an Murer geschrieben, »daß ich selbst nach dreißig Jahren und sogar einiger Tüchtigkeit immer noch auf dem trockenen sitze. Das mögen die Jungen bedenken. So kommt es und nicht anders!«

Um den Umzug nach Dänemark bezahlen zu können, hatte Gauguin seine Lebensversicherung um die Hälfte ihres tatsächlichen Wertes zurückgekauft. In Kopenhagen war er nun ganz von der Familie seiner Frau abhängig. Die Familie hatte ihn äußerst kühl aufgenommen. Als er mit seinen Planen und Markisen trotz angestrengter Versuche nichts verdiente, wurde die Lage für ihn unerträglich, zumal die Dänen auch von seiner Kunst nichts wissen wollten. Seinem Freund Emil Schuffenecker schrieb er im Mai 1885: »Seit sechs Monaten schon rede ich mit keinem Menschen. Ich lebe ganz für mich. Die Familie sieht in mir ein Ungeheuer, weil ich kein Geld verdiene. Heutzutage hat man nur vor dem Achtung, der Erfolg hat ... Mette ist im Augenblick gar nicht liebenswert. Das Elend hat sie ganz verbittert. Hier, wo sich alle Leute kennen, fühlt sie sich in ihrer Eitelkeit getroffen, und ich muß alle Vorwürfe einstecken ...« Mette verdiente Geld, indem sie Französischstunden gab. Acht Jahre später schrieb sie an Schuffenecker: »Nein, Schuff. Bei ihm ist alle Hoffnung verloren. Er wird immer nur an sich und an sein Wohlergehen denken. Er erstirbt in Bewunderung vor seiner eigenen Größe. Es ist ihm völlig gleichgültig, daß seine Kinder ihr Brot von den Verwandten und Freunden seiner Frau erhalten. Davon will er nichts hören.«

Zu jener Zeit lebten sie schon viele Jahre getrennt. Im Sommer 1885 war Gauguin zusammen mit seinem Sohn Clovis nach Frankreich zurückgekehrt. Es sollte keine endgültige Trennung sein; er hatte die Hoffnung, die er bis fast zuletzt nicht aufgab, irgendwann doch soviel Geld zu verdienen, daß er die Familie nachkommen lassen konnte. Das einzige, was er noch nicht angegriffen hatte, war seine Sammlung von Werken impressionistischer Maler. Er besaß Bilder von Pissaro, Monet, Renoir, Guillaumin, Sisley, Cézanne, deren Gesamtwert er 1885 auf gut fünfzehntausend Francs schätzte. Aber zu jener Zeit war es sehr schwer, Impressionisten zu verkaufen.

Nur mühsam hielt er sich und den Jungen einigermaßen über Wasser. Als der Sechsjährige krank wurde, zeigte sich, wie unverantwortlich es im Grunde war, daß Gauguin ihn überhaupt mitgenommen hatte. An Mette aber schrieb er: »Not bricht Eisen. Manchmal treibt sie auch den Menschen hinaus über die Grenzen der von der Gesellschaft aufgestellten Gesetze. Als der Kleine die Windpocken bekam, hatte ich gerade noch zwanzig Centimes in der Tasche, und seit drei Tagen aßen wir trocken Brot auf Kredit. – Ganz von Sinnen verfiel ich auf die Idee, mich bei einer Reklamegesellschaft als Zettelankleber einstellen zu lassen. Als der Direktor mein bürgerliches Äußeres sah, fing er an zu lachen. Aber ich sagte ihm ganz ernsthaft: ›Ich habe ein krankes Kind und will arbeiten.‹ Ich habe also für fünf frcs. am Tag auf den Bahnhöfen Plakate angeklebt. Clovis lag eingeschlossen mit Fieber im Bett. Erst abends kam ich nach Hause, um ihn zu pflegen. Das ist so drei Wochen gegangen ...«

Aber aufgeben wollte er nicht. Und auf jeden Fall wollte er den Jungen behalten: »Es geht ihm immer besser. Ich denke nicht daran, ihn Dir zurückzuschicken. Im Gegenteil. Sobald es mit meinen Reklamezetteln vorangeht, will ich auch noch andere Kinder zu mir nehmen. Das ist mein gutes Recht, weißt Du!!«

Während es mit ihm immer mehr bergab ging, machte er seiner Frau immer häufiger Vorwürfe, weil sie es besser hatte als er: »Ich kann nicht einsehen, daß Deine Lebensumstände so traurig sind. Du wohnst in Deinem eigenen, schön möblierten Haus, umgeben von Deinen Kindern. Du arbeitest verbissen, aber es macht Dir Freude. Du machst und empfängst Besuche, und da Du gern mit anderen Frauen und Deinen Landsleuten zusammen bist, kannst Du doch zufrieden sein ... – Ich dagegen bin aus meinem Hause gejagt und lebe irgendwo zwischen vier Wänden ...«

Als sie ihm schrieb, sie sei krank und bettlägerig, gab er ihr den Rat: »Du mußt Dich nicht gehen lassen.« Und dann kam er sofort wieder mit seiner eigenen, noch viel mißlicheren Lage: »Was würdest Du erst anfangen, wenn Du keine Wohnung hättest.« Als er im nächsten Brief erfuhr, welche Krankheit es möglicherweise sein könnte, antwortete er: »Was erzählst Du mir da? Du hast einen Tumor an der Brust? Das ist wirklich ein großes Pech. Da Du einen Vetter hast, der ein guter Arzt ist, frage ihn ernsthaft, ob es sich um ein Krebsgeschwür handelt, und vor allem habe keine Angst vor einer Operation, damit es nicht noch schlimmer wird ... Wenn ich mich an Deiner Stelle operieren lassen könnte, würde ich es gerne tun. Trotz allem, was Du mir angetan hast und was ich nie vergessen werde ...« Zwar schrieb er auch, er werde nun die ganze Zeit in Sorge sein, aber wieder kam er sogleich mit seinen eigenen Problemen: »Ich wiege jetzt weniger als Du. Ich bin trocken wie ein Hering ...«

Der Briefwechsel zwischen Gauguin und seiner Frau, von dem fast nur seine Briefe erhalten sind, macht deutlich, daß beide noch lange Zeit aneinander hingen. Gegenseitig warfen sie sich Egoismus und Lieblosigkeit vor. Nachdem Gauguin mehrmals den Wohnort gewechselt hatte, verließ er 1891 Europa und fuhr nach Ozeanien. Noch einmal kehrte er nach Frankreich zurück, aber 1895 ging er endgültig in die Südsee. Zu jener Zeit gab es bereits einige Interessenten für seine Bilder. Aber die Händler, mit denen er in Verbindung stand, nutzten seine schlechte finanzielle Lage schamlos aus. So zahlte ihm zum Beispiel einer zweitausend Francs für ein großes Gemälde, das er bereits für zehntausend an einen Liebhaber weiterverkauft hatte. Und für kleinere

Stücke, die für tausend Francs verkauft wurden, bekam Gauguin hundert oder allenfalls hundertfünfzig Francs. Einen Teil seiner Bilder schickte er Mette, die sie in Dänemark verkaufte. Mette hatte auch, und zwar mit Hilfe Emil Schuffeneckers, Gauguins Impressionistensammlung in ihren Besitz gebracht und die Bilder nach und nach verkauft, auch sie für ziemlich wenig Geld.

Vor allem wegen der finanziellen Fragen gab es zwischen Gauguin und seiner Frau immer wieder Streit. Zum letzten, der die beiden endgültig auseinanderbrachte, kam es anläßlich einer Erbschaft, die Gauguin nach dem Tode eines Onkels machte. Das war im Jahr 1893, nach seiner ersten Südseereise. Er erbte fünfzehntausend oder dreizehntausend Francs. Dafür hat er sich in Paris eine Atelierwohnung eingerichtet, wo er dann mit einer Javanerin zusammenlebte und ziemlich oft Atelierfeste veranstaltete. Damals schrieb Mette, der er von der Erbschaft nur tausendfünfhundert Francs abgegeben hatte, an Schuffenecker:

»Ja, dieses Mal bin ich außer mir... Er wird fünfzehntausend frcs erben. Er schrieb mir, ob ich ihm nicht etwas Geld schicken könnte. Aber leider sind die paar hundert Kronen, die ich aus dem Verkauf alter Bilder aus der Ausstellung bekommen hatte, mit verschiedenen, nicht vorhergesehenen (oder vielmehr doch vorauszusehenden) Ausgaben draufgegangen: Emil verläßt die Schule, Anzüge für diesen Riesen usw. Mein Gott – ich hatte rein gar nichts. Es wäre wahrhaftig der Gipfel der Großmut gewesen, das mit Stillschweigen zu übergehen, jetzt, da er die kleine Erbschaft von seinem Onkel zu erwarten hat. Sie und ich, wir beide wissen, daß er den kleinen Abstecher nach Tahiti gemacht hat mit dem ganzen Erlös aus dem Verkauf seiner Bilder in der Tasche. Und ich habe damals geschwiegen! Dieses Mal ist überhaupt nicht einmal die Rede davon, daß ich einen Teil der fünfzehntausend frcs. erhalten sollte. Da habe ich mir gestattet, ihm brieflich einige diesbezügliche Vorhaltungen zu machen...«

Natürlich sah Gauguin die Sache anders. Drei Jahre später schrieb er in einem Brief an einen Freund, daß es ganz falsch sei, Mette für todunglücklich zu halten, wie es sein ehemaliger Freund Schuffenecker tue: »Er hat immer eine Schwäche für Mette gehabt – Von mehreren dänischen Bekannten weiß ich aber, daß sie, im Gegenteil, sehr glücklich ist. Sie führt ein Leben nach ihrem Geschmack, wird verwöhnt und unterstützt. Sie steht gar nicht mittellos da, während ich am Hungertuche nage. – Wenn ich ihr nun von den dreizehntausend frcs. meines Onkels sechstausend frcs. geschickt hätte, anstelle der tausendfünfhundert frcs. – was wäre aus mir geworden? Ich stünde heute mittellos da, ohne die Möglichkeit, mein trocken Brot zu verdienen, da ja niemand meine Bilder kauft. Meine Frau aber wird meine Bilder verkaufen und sich mit dem Geld dafür Butterbrote leisten. So steht es!!«

Im Jahre 1900 starb Gauguins und Mettes Sohn Clovis, nachdem einige Jahre zuvor schon die Tochter Aline gestorben war. Mette, die zu jener Zeit Pauls Anschrift nicht wußte, schrieb an Schuffenecker: »Mein armer Clovis ist tot! 21 Jahre war er alt. Sie wissen, vor drei Jahren hatte er einen Unfall, infolgedessen seine Hüfte steif geblieben war. Man hatte geglaubt, dem durch eine Operation abhelfen zu können. Zwölf Tage danach starb er an einer Blutvergiftung. Solchen Schicksalsschlägen gegenüber habe ich nur Tränen. Ich muß nun schon zum zweiten Mal den Tod eines erwachsenen Kindes beweinen. Ach, die, für die man gearbeitet und gehofft hatte, gehen dahin und lassen in meinem Herzen eine grauenhafte Leere! Ich bin jetzt allein mit den beiden Jünsten: Jean und Paul. Emil ist gestern nach Bogota abgefahren. Er wollte nicht mehr weiterstudieren. Auch das ist für mich eine bittere Erfahrung... Lieber Freund, geben Sie mir doch Pauls Anschrift. Ich glaube, ich muß an ihn schreiben, obwohl es mich Überwindung kostet. Jedesmal, wenn ich an seinen unbändigen Egoismus denke, kocht es in mir vor Empörung. Ich habe schwere Lasten getragen.

Ich habe allen Kummer und alle Sorgen allein durchgestanden. Wohin soll ich ihm diesen Brief schicken?«

Drei Jahre später starb auch Paul Gauguin, nicht ganz fünfundfünfzig Jahre alt, nachdem er schon lange Zeit an den Folgen einer Syphilis sehr zu leiden gehabt hatte. Mette überlebte ihn um siebzehn Jahre. Kurz vor ihrem Tod gab sie ihrem Sohn Pola die Briefe ihres Mannes und sagte – so hat Pola es wiedergegeben – zu ihm: »Lies sie! Du wirst deinen Vater dann gerechter beurteilen, und wenn du es für richtig hältst, sollst du sie veröffentlichen. Dein Vater war stark, im Temperament und im Handeln – Bosheit oder Mißtrauen kannte er nicht. Vielleicht war er etwas rücksichtslos, weil er zu ehrlich war und nur nach seiner Überzeugung handelte. Aber er blieb immer ruhig und konsequent und wurde niemals fanatisch. Ich habe nicht verstanden, daß er Künstler wurde. Erst jetzt sehe ich ein, daß er recht hatte. Aber niemand wird sich wohl darüber wundern, daß ich nicht bei ihm blieb, um ihm in einem Leben, das mir ein hoffnungsloses, irrsinniges Abenteuer erschien, noch mehr Kinder zu gebären.«

Paul Gauguin lebte sein Leben, wie er es wollte, übrigens nicht ohne andere Frauen, mit denen er ebenfalls noch Kinder hatte. Ob Mette-Sophie Gad nun wirklich – wie man ihr vorgeworfen hat – spießbürgerlich, gefühlsarm, mehr Mutter als Frau war, kann letztlich dahingestellt bleiben. Auf jeden Fall hatte sie Selbstbewußtsein genug, aus ihrem Leben noch – so gut es eben ging – das zu machen, was sie für sich und ihre Kinder für richtig hielt. Daß es in gewisser Weise ein reduziertes Leben blieb, in dem das fehlte, was sie sich nicht nur erträumt, sondern was man ihr versprochen hatte, war nicht ihre Schuld, sondern die – vielleicht tragische Schuld – Gauguins, der einige Jahre vor seinem Tod in einer Verzweiflungskrise sagte: »Ich knie nieder und lege allen Hochmut ab. Ich bin ein völliger Versager.«

Als Gauguin dies schrieb, im Jahre 1896, saß in einem englischen Zuchthaus ein berühmter und erfolgreicher

Dichter, der ebenfalls Frau und Kinder verlassen hatte, allerdings nicht der Kunst wegen, aber doch auch aus egoistischen Motiven, nämlich um – so heißt es in einem seiner Romane als Maxime – »das eigene Wesen vollkommen zu verwirklichen«: Oscar Wilde. »Ich kann nicht ohne die Atmosphäre der Liebe leben«, hatte er geschrieben, »ich muß lieben und geliebt werden, ganz gleich, welchen Preis ich dafür zahle.« Der Preis, den der Vierzigjährige nach seiner Verurteilung wegen seines homosexuellen Verhältnisses zu dem jungen Lord Douglas zahlte, war hoch. Dazu gehörten seine Leiden im Zuchthaus, Hunger, Schlaflosigkeit, Krankheit und noch schlimmere seelische und geistige Nöte:

»Das gegenwärtige Gefängnissystem scheint fast darauf zu zielen, die geistigen Fähigkeiten zu zermürben und zu vernichten ... Ohne Bücher, ohne allen menschlichen Kontakt, von jedem humanen und humanisierenden Einfluß isoliert, zu ewiger Stille verdammt, aller Bindung mit der Außenwelt beraubt, wie ein unverständiges Tier behandelt, bestialischer mißhandelt als die niedrigste Bestie kann der Elende, der in einem englischen Gefängnis eingeschlossen ist, kaum dem Wahnsinn entrinnen.« Das schrieb Wilde, nachdem er seine Freiheitsstrafe von zwei Jahren abgesessen hatte.

Oscar Wilde, der die Gesellschaft immer von neuem verblüffte mit seinen Ansichten, seinen Dichtungen, seiner Kleidung, seiner Nerofrisur, mit seiner Trinkfestigkeit und vor allem mit seinen literarischen Erfolgen, dieser Ästhet »wollte die Früchte aller Bäume aus dem Garten der Welt essen«. Und zu dem Preis, den er dafür zahlen mußte, gehörte auch, daß er mit jenem überaus harten Gerichtsurteil nicht nur vorübergehend seine Freiheit verlor, sondern zugleich finanziell und – was ihn am härtesten traf – gesellschaftlich erledigt war. Diesen Preis jedoch zahlten seine Frau und seine Kinder mit, jedenfalls zu einem guten Teil. Davon aber ist in Wilde-Biographien so gut wie nie die Rede.

Im Alter von nicht ganz dreißig Jahren hatte Wilde die sechsundzwanzigjährige Constance Lloyd geheiratet, die er als »eine ernste, schlanke, veilchenblauäugige kleine Artemis mit großen Kränzen dichten braunen Haares« kennengelernt hatte, »unter dem sich ihr blumenartiger Kopf wie eine Blüte neigt, mit wundervollen Elfenbeinhänden, die dem Piano so süße Musik entlocken, daß die Vögel zu singen aufhören, um ihr zu lauschen«. Constance kam aus einer angesehenen Juristenfamilie, ihr Vater war seit zehn Jahren tot, die Mutter hatte wieder geheiratet, sie selbst lebte, als Wilde sie kennenlernte, bei ihrer Großmutter. Als sie heirateten, hatten beide nicht viel Geld. Constance, die erst später von ihrem Großvater erbte, dachte sogar daran, das Haushaltsbudget von sich aus aufzubessern: »Ich denke daran, Korrespondentin irgendeiner Zeitung zu werden«, schrieb sie, »oder sonst zur Bühne zu gehen: Qu'en pensez vous? Ich will etwas Geld verdienen: Vielleicht wäre ein Roman besser.«

Später ist behauptet worden, Wilde habe sie vor allem wegen der zu erwartenden Erbschaft geheiratet, aber es spricht sehr viel mehr dafür, daß sie beide sehr verliebt waren, sogar »hoffnungslos verliebt«, wie Wilde einem Freund schrieb, und der junge Ehemann klagte: »Es ist schrecklich, so häufig von ihr getrennt zu sein, aber wir telegrafieren einander zweimal täglich, und ich eile plötzlich zurück von den entferntesten Teilen der Erde, um sie für eine Stunde zu sehen und um all die närrischen Dinge zu tun, die weise Liebhaber tun.«

Gut ein Jahr nach der Hochzeit kam der erste Sohn, Cyril. Er war und blieb der Liebling seiner Eltern. Jedenfalls behauptete das später der jüngere Bruder Vyvyan, der siebzehn Monate nach ihm auf die Welt kam. Vyvyan sagte aber auch, daß Oscar Wilde ein guter Vater gewesen sei, der die Kinder sehr verwöhnt habe und, als sie noch klein waren, viel mit ihnen spielte, ja umhertobte, und der es so gut verstand, Geschichten zu erzählen. Tatsächlich mochte Wilde Kinder überhaupt gern. Im Gefängnis setzte er sich für zwei dort wegen Wilddiebstahls von Kaninchen eingesperrte Kinder ein, indem er ihre Strafe bezahlte, so daß sie freikamen. Nach seiner Haft griff er in einem Zeitungsartikel den Strafvollzug für Kinder an:

»Die gegenwärtige Behandlung von Kindern ist schrecklich, hauptsächlich durch Leute, die kein Verständnis für die besondere Psychologie eines Kindes haben. Ein Kind kann eine Strafe verstehen, die von einem einzelnen Menschen ausgeht, von den Eltern oder dem Erzieher, es kann aber nicht eine Strafe verstehen, die von der Gesellschaft verhängt wird. Es kann nicht begreifen, was Gesellschaft überhaupt ist.«

Daß Wilde während der Haft seine eigenen Kinder nicht sehen konnte, hat er als eine der schrecklichsten Entbehrungen jener Jahre bezeichnet. Von seiner Frau aber hatte er sich längst innerlich gelöst. Der Entfremdungsprozeß scheint schon kurz nach der Geburt des zweiten Sohnes begonnen zu haben, als Wilde dem jungen Robert Ross begegnete, mit dem er Freundschaft schloß, die erst später intim wurde. Aus dem Gefängnis schrieb Wilde an Ross: »Ich war von dem Eheleben zu Tode gelangweilt.«

Es ist behauptet worden, Constance sei mehr schön als intelligent gewesen, habe nicht viel Sinn für Humor gehabt, sie sei zwar zuverlässig und treu gewesen, habe jedoch – und darin folgt man einer Darstellung, die Oscar Wilde seinem Freund Ross gegenüber gab – ihren Mann und seine Kunst nicht verstanden. In einer Wilde-Biographie heißt es, ihre »bereitwillige unkritische Zustimmung« habe ihn gelangweilt. Aber Constance hat ihren Mann durchaus nicht unkritisch gesehen. So verglich sie ihn zum Beispiel einmal mit der Kinderreimfigur Humpty Dumpty, jenem stolzen Eiwesen, das schließlich vor lauter Stolz von einer Mauer fiel und zerbrach: »Genauso tragisch und genausowenig zu belehren«, sagte sie von Oscar Wilde.

Constance hat sich von ihrem Mann nicht scheiden lassen, obwohl er wegen seines Verhältnisses zu Alfred Douglas gleichsam aus der Gesellschaft ausgestoßen wurde. In der Urteilsbegründung sagte der Richter: »Das Vergehen, dessen Sie für schuldig befunden wurden, ist so schlimm, daß man sich selbst stark beherrschen muß, um nicht – in Worten, die ich lieber nicht verwenden möchte – die Gefühle auszudrücken, die in der Brust eines jeden ehrlichen Mannes aufkommen müssen... Menschen, die solche Dinge tun können, in denen muß alles Schamgefühl tot sein, und folglich braucht man nicht zu glauben, sie beeinflussen zu können. Es ist der schlimmste Prozeß, den ich je geführt habe...«

Nach Abbüßen seiner Gefängnisstrafe hat Wilde England sofort verlassen und ist nach Frankreich gegangen. Constance, die ihm aus ihrem Vermögen eine Rente aussetzte, ist nur ein Jahr danach, eben vierzig Jahre alt, gestorben. Oscar Wilde starb zwei Jahre nach ihr.

Daß Frauen von Genies ein besonders hartes Los haben können, daß es nicht bequem ist, mit einem Genie zusammenzuleben oder auch nur in seinem Schatten zu stehen, dafür ist auch die Ehe Leo Tolstojs ein Beispiel. Tolstoj war vierunddreißig Jahre alt, als er die achtzehnjährige Sofie (Sonja) Andrejewna Behrs heiratete, jüngste Tochter des im Kreml lebenden Hofarztes Dr. Behrs. Da Tolstoj, der nach einem nicht abgeschlossenen Jurastudium Offizier geworden war und zeitweise ein recht wüstes Leben geführt hatte, bis er sich ganz dem Landleben und der Schriftstellerei widmete, überzeugt war, es dürfe zwischen ihm und seiner Frau kein Geheimnis geben, ließ er sie seine Tagebücher lesen. Darin fand Sonja genaue Schilderungen seiner Verhältnisse mit anderen Frauen. Diese Lektüre legte den Keim für späteres Mißtrauen. Zunächst jedoch gestaltete sich die Ehe ausgesprochen glücklich, besonders für Tolstoj, der zu jener Zeit seelisch in einer Krise steckte: »Vielleicht wäre ich an den Rand der Verzweiflung geraten, der ich fünfzehn Jahre später erlag«, schrieb er einmal, »wenn es nicht für mich eine unbekannte Seite des Lebens gegeben hätte, die mir Heil versprach: das Familienleben.«

Sonja war – wie sie selbst sagte – »eine echte Schriftstellersfrau«. Sie arbeitete mit Tolstoj, schrieb nach seinem Diktat, und sie übertrug alles in Reinschrift, weil nur sie seine Schrift mit den vielen Kürzeln entziffern konnte. Was sie abgeschrieben hatte, las er noch einmal durch. Dabei hat er so viel geändert, daß sie alles noch einmal ins reine schreiben mußte, so lange, bis er es für gut hielt. Das Manuskript von ›Krieg und Frieden‹ soll sie siebenmal geschrieben haben.

Ihm gefiel es sehr gut, eine Frau und mit ihr zugleich eine Sekretärin zu haben. Ein Jahr nach der Hochzeit schrieb er in einem Brief: »Ich bin ein völlig zufriedener Ehemann und Vater... Ich gebe mich nicht mehr der Introspektion hin (genug gegrübelt) und auch nicht mehr den Analysen meiner Gefühle. Ich begnüge mich damit zu fühlen, während ich im Schoß meiner Familie lebe, ohne mich zu bemühen zu denken. Das läßt meinen Geist ungewöhnlich gesund. Noch nie habe ich den Eindruck gehabt, daß mir meine sittlichen und intellektuellen Kräfte so uneingeschränkt zur Verfügung stehen, so bereit zur Arbeit. Und Arbeit habe ich. Es ist ein Roman über die Zeit von 1810 bis 1820, der mich seit dem Herbst völlig in Anspruch nimmt.«

In diesem Roman – es war ›Krieg und Frieden‹ –, der ihn fünf Jahre in Anspruch nehmen sollte, zeigt sich aber auch die erste Ernüchterung über das Eheleben, und zwar in den vertraulichen Mitteilungen, die der Dichter den Fürsten Andrej gegenüber Peter machen läßt. Hinzu kam, daß Tolstoj eine neue Aufgabe gefunden hatte: Er wollte nicht mehr nur Kunstwerke schaffen, da Kunst Lüge sein könne, er wollte dem Volk helfen. Deswegen schrieb er eine Fibel fürs Volk und wollte leben wie das Volk. Seine Frau verstand das nicht und schrieb in ihr Tagebuch:

»Er widert mich an mit seinem Volk. Ich werde ihn

zwingen zu wählen: Entweder bin ich es, das heißt die Familie, die ich verkörpere, oder das Volk, das L. so brennend liebt. Ist das Egoismus? Sei's drum. Ich lebe nur für ihn und durch ihn, und ich erwarte das gleiche von ihm, sonst ersticke ich hier.« Sie fing an, ihn kritisch zu sehen. Als er eines Tages das Altgriechische, die Sprache Homers und des »köstlichen Xenophon«, für sich entdeckte und sich mit solcher Leidenschaft aufs Lernen warf, daß er krank wurde, schrieb sie ihm: »Wenn Du Dich immer in Deine Griechen verbohrst, wirst Du nie gesund werden. Sie sind es, die Dir diese Angst und diese Gleichgültigkeit dem heutigen Leben gegenüber verursachen. Nicht umsonst nennt man das Griechische eine tote Sprache: Ihre Wirkung ist geisttötend.«

Seine Liebe zum Griechischen hatte eines Tages ein Ende. Da aber kam er zu der Überzeugung, alles Heil könne nur von der Religion und einem frommen Leben kommen: »Gott kennen und Leben ist eins. Gott ist das Leben...« Aber Ruhe fand er noch immer nicht, und Sonja kritisierte: »Vor kurzem sagtest Du: ›Aus Mangel an Glauben wollte ich mich aufhängen.‹ Jetzt hast Du den Glauben, warum bist Du also unglücklich?« – Eine Zeitlang glaubte sie, er sei krank: »Unglückseligerweise schreibt er irgendwelche religiösen Abhandlungen. Er liest und grübelt, bis er Kopfschmerzen bekommt... Da ist nichts zu wollen. Ich wünsche nur eines: daß er schnellstens ein Ende damit mache und daß es wie eine Krankheit vorübergehe.«

Die vermeintliche Krankheit ging nicht vorüber, und die Spannungen zwischen den beiden wurden so groß, daß sie sich vorübergehend trennten. Da schrieb er ihr: »Du sagst: ›Ich liebe Dich, aber Du brauchst meine Liebe nicht.‹ Deine Liebe ist das einzige, was ich brauche..., sie erfreut mich mehr als alles auf der Welt.«

Sie antwortete: »Ich bin nur traurig darüber, daß solche geistigen Kräfte sich mit Holzhacken, Schuhflicken und Samowarheizen verausgaben«, und fügte ironisch hinzu:

»Schließlich habe ich mich mit dem russischen Sprichwort getröstet: ›Wie das Kind sich auch zerstreut, Hauptsache ist, daß es nicht schreit.‹« Doch dann schrieb sie zum Schluß diese Liebeserklärung: »Plötzlich hast Du so klar vor mir gestanden, und ich habe eine solche Zärtlichkeit für Dich empfunden! In Dir ist etwas so Weises, so kindlich Einfaches, so Treues, und alles das von hellster Güte überstrahlt, und dieser Blick, der bis ins Herz dringt ..., und nur Dir allein ist dies eigen.«

Aber als sie wieder zusammenlebten, ging es nicht gut. Zwar schrieb sie weiter für ihn Manuskripte ab und stand dem großen Haushalt vor, mit vier, fünf, sechs Kindern, aber die Mißverständnisse häuften sich. Was ihn so ärgerte, war der Luxus, in dem Sonja leben wollte und ja auch lebte, und in dem zu leben sie auch ihn zwang, der das einfache Leben forderte. Sie wiederum ärgerte sich über Passagen seines Werkes, in denen sie Szenen ihres eigenen Ehelebens wiedererkennen mußte. So zum Beispiel in der ›Kreutzersonate‹: »In mir kochte mitunter ein furchtbarer Haß gegen sie. Ich sah bisweilen zu, wie sie den Tee einschenkte, wie sie mit dem Fuß schaukelte, wie sie den Löffel zum Mund führte, wie sie die Flüssigkeit schlürfte – und ich haßte sie deshalb, als ob sie das schwerste Verbrechen begangen hätte ... Ich wußte damals noch nicht, daß neunundneunzig von hundert aller Ehegatten in genau derselben Hölle leben wie wir ...«

Immer wieder fand sie solche Stellen, besonders in seinen Tagebüchern, die er sie ebenfalls abschreiben ließ (abgesehen von denen der letzten Jahre, die er vor ihr geheimhielt). So findet sich in ihrem Tagebuch diese Eintragung: »Ich habe heute Ljowotschkas Tagebuch bis zu einer Stelle kopiert, wo er schreibt: ›Liebe gibt es nicht – es gibt einen Wunsch nach fleischlicher Vereinigung und das vernünftige Bedürfnis, eine Gefährtin für sein Dasein zu haben.‹ Ach! Wenn ich einen solchen Satz vor neunundzwanzig Jahren gelesen hätte, wäre ich gewiß nicht bereit gewesen, ihn zu heiraten.«

Nach dreiunddreißigjähriger Ehe versuchte sie, ihren Mann brieflich zu stellen: »Warum erwähnst Du jedesmal, wenn Du in Deinem Tagebuch meinen Namen nennst, ihn mit soviel Mißmut? Warum könntest Du wünschen, daß die kommenden Geschlechter und unsere eigenen Enkel meinen Namen als den einer *unnützen* und *boshaften* Ehefrau, die Dich unglücklich gemacht hat, brandmarken? Wenn Dein Ruhm dadurch größer wird, daß Du Dich als *Opfer* hinstellst, dann ermiß auch die Tragweite dieses Schlages auf mich! Du hattest mir versprochen, die böswilligen Äußerungen über mich zu streichen. Du hast es nicht getan, ganz im Gegenteil. Glaubst Du wirklich, daß Dein posthumer Ruhm Gefahr läuft, sich zu vermindern, wenn Du mich nicht als eine Megäre und Dich selbst als einen Märtyrer hinstellst, dessen Kreuz ich bin!« Und sie bat ihn dann noch einmal, in seinem Tagebuch alle gehässigen Stellen über sie zu streichen; »damit würdest Du christlich handeln«.

Sie quälten einander noch viele Jahre. In einem seiner Briefe heißt es: »Sie glauben es vielleicht nicht; aber Sie können sich nicht vorstellen, wie vereinsamt ich bin, bis zu welchem Grad mein wirkliches Ich von meiner ganzen Umgebung mißachtet wird.« Es endete schließlich damit, daß der alte Tolstoj nach achtundvierzigjähriger Ehe seine Frau und sein Haus verließ. Am 28. Oktober 1910, morgens vier Uhr, schrieb der Zweiundachtzigjährige den letzten Brief an sie: »Meine Abreise wird Dich betrüben, es tut mir leid, doch verstehe mich und glaube mir, daß ich nicht anders handeln konnte. Meine Lage im Haus wird unerträglich, sie ist es längst geworden. Abgesehen von allem andern, ist es mir unmöglich, in dieser luxuriösen Umgebung weiterzuleben, und ich habe das getan, was alte Leute in meinem Alter gewöhnlich tun – ich verlasse dieses weltliche Leben, um meine letzten Lebenstage in Abgeschiedenheit und Stille zu verbringen.

Ich bitte Dich, das zu würdigen und mich nicht aufzusuchen, auch wenn Du meinen Aufenthaltsort erfahren solltest. Ein solcher Besuch würde nur Deine und meine Lage verschlimmern, aber nichts an meinem Entschluß ändern.

Ich danke Dir für Dein ehrliches, achtundvierzigjähriges Zusammenleben mit mir und bitte Dich, mir zu verzeihen, wenn ich mir Dir gegenüber etwas habe zuschulden kommen lassen, ebenso wie ich Dir von Herzen alles verzeihe, was Du vielleicht an mir verschuldet hast. Ich rate Dir, Dich mit der neuen Lage abzufinden, in die Dich meine Abreise versetzt hat, und bitte Dich, meiner nicht unfreundlich zu gedenken ...«

Wenige Tage danach, unterwegs in der Eisenbahn, bekam er plötzlich hohes Fieber. Es war eine Lungenentzündung, an der er am 6. November 1910 starb. Wenige Wochen vor seinem Tod hatte seine Frau ihm einen Brief geschrieben, der so endete: »Was meine Liebe für Dich betrifft, die Ursprung meiner Taten bis zu den eifersüchtigsten und unvernünftigsten gewesen ist, so ist diese Liebe niemals schwach geworden, und sie wird bis zum Ende meiner Tage in mir leben ...«

Man hat gesagt, der alte Tolstoj sei vielleicht schon krank gewesen, als er seine Frau verließ, was heißen soll, er sei nicht mehr ganz zurechnungsfähig gewesen. Aber im Grunde ist das irrelevant. Denn an Trennung, auch an Scheidung hat er mehr als einmal gedacht. Andererseits ist nicht zu bezweifeln, daß er seine Frau geliebt hat. Aber vielleicht hat er sie sich manchmal anders gewünscht. Was er wirklich wollte und für ideal hielt, hat er einmal in einem Aufruf für Frauen sehr deutlich gesagt. Dieser Aufruf war im wesentlichen ein Loblieb auf Schwangerschaft und Mutterschaft, auf die erschöpfende Arbeit der Frau in der Stille. Da entwarf Tolstoj das Bild der tapferen Ehefrau, die für ihren Mann eine Stütze, aber kein Hindernis ist, weil sie weiß, daß »nur das blinde, unbelohnte Opfer für das Leben der anderen Menschen Berufung ist«. Eine solche Frau, heißt es da, »wird in ihren Kindern und in ihrem Ehegatten die Kraft zum

Opfern zur Entfaltung bringen... Oh, ihr mütterlichen Frauen! In euren Händen ruht das Heil der Welt!«

Die Frau, die sich opfert für Mann und Kinder, die dem Mann untertan ist, nur für ihn und durch ihn existiert, dieser männliche Traum ist uralt und wahrscheinlich unsterblich. Wenn man der Bibel folgt, hat schon Adam ihn geträumt, ja, er hat ihn sogar realisiert und wurde damit Vorbild für alle Männer nach ihm. Seine erste Frau, die indessen nur ein einziges Mal erwähnt wird, scheint ihm zu selbstbewußt gewesen zu sein. Das ist nicht verwunderlich, wenn man bedenkt, wie sie entstand. Anders als Eva kam sie – und das ist das Entscheidende – gleichzeitig mit Adam auf die Welt. In der Schöpfungsgeschichte (Erstes Buch Mose, Kapitel 1, Vers 27) heißt es: »Und Gott schuf den Menschen ihm zum Bilde, zum Bilde Gottes schuf er ihn; und schuf sie einen Mann und ein Weib.« Im folgenden Vers heißt es weiter: »Und Gott segnete sie und sprach zu ihnen: Seid fruchtbar und mehret euch und füllet die Erde und macht sie euch untertan und herrschet über Fische im Meer und über Vögel unter dem Himmel und über alles Tier, das auf Erden kreucht.«

Diese erste Frau Adams spielt in der Bibel keine weitere Rolle mehr, aber in anderen Überlieferungen, zum Beispiel in einer altrabbinischen Sage lebt sie weiter, und Goethe läßt sie im ›Faust‹ auftreten, in der »Walpurgisnacht«, wo Faust ihr begegnet und sich bei Mephistopheles nach ihr erkundigt: »Wer ist denn das?« Und Mephistopheles antwortet: »Betrachte sie genau! Lilith ist das... Adams erste Frau. / Nimm dich in acht vor ihren schönen Haaren, / Vor diesem Schmuck, mit dem sie einzig prangt. / Wenn sie damit den jungen Mann erlangt, / So läßt sie ihn so bald nicht wieder fahren.« – Nach jener altrabbinischen Sage haben Adam und Lilith sich im Streit getrennt. Lilith hat sich dann mit dem obersten der Teufel verbunden; ihre Kinder sind Gespenster, sie selbst wurde der weibliche Satan.

Unterdessen bekam Adam von Gott eine »Gehilfin«,

nämlich Eva, die also eigentlich seine zweite Frau ist und die aus einem Teil von ihm gemacht wurde. Im 2. Kapitel des Ersten Buches Mose, Vers 21 und 22, heißt es: »Da ließ Gott der Herr einen tiefen Schlaf fallen auf den Menschen, und er entschlief. Und nahm seiner Rippen eine und schloß die Stätte zu mit Fleisch. Und Gott der Herr baute ein Weib aus der Rippe, die er von dem Menschen nahm und brachte sie zu ihm.«

Nachdem dieses neue Weib für Adam schon zweimal von Gott selbst ausdrücklich eine »Gehilfin« genannt worden war, folgerte Adam (der ja – wenn man so will – mit seiner ersten Frau nicht die besten Erfahrungen gemacht hatte) aus der Art ihres Entstehens sofort: »Das ist doch Bein von meinem Beine und Fleisch von meinem Fleisch; man wird sie Männin heißen, darum, daß sie vom Manne genommen ist.«

Das heißt: Von diesem ersten Moment an, da Adam seine Frau sah, die er später Eva nannte, machte er sie sich untertan, nicht nur als seine Gehilfin, sondern sogar als sein Eigentum. Später, nachdem Eva ihn überredet hatte, vom Baum der Erkenntnis zu essen, wurde er darin von Gott bestätigt, indem dieser zu Eva sagte: Er, also Adam, soll dein Herr sein. Kein Wunder, daß es die Frauen mit der Emanzipation seit eh und je so schwer haben. Und die eigentlichen Gründe, aus denen die Männer den Frauen die Gleichberechtigung so lange verweigert haben (und zum Teil heute noch verweigern), kommen noch erst hinzu.

Daß Frauen als gleichberechtigt angesehen wurden, zumal von Genies, dafür gibt es kaum Beispiele. Eines der wenigen ist das Verhältnis Voltaires zu Émilie du Châtelet. Da lebten zwei genial veranlagte Menschen eine Reihe von Jahren in einer geistigen Arbeitsgemeinschaft zusammen, was allerdings, wie bereits in einem anderen Kapitel gezeigt, nicht unbegrenzt möglich war. Nach fünfzehn Jahren verließ Émilie den einst angebeteten Voltaire und nahm sich, inzwischen zweiundvierzig Jahre alt, einen zweiunddreißigjährigen Geliebten, um wieder, das heißt wie einst in ihrer Ehe mit dem Marquis du Châtelet, nur Frau und Mutter zu sein, dieses Mal jedoch freiwillig. Und ein Beispiel aus jüngerer Zeit stellten Jean Paul Sartre und Simone de Beauvoir dar. Ihr Zusammenleben schien ähnlich zu sein wie das Voltaires und Émilies, nur dauerhafter. Aber beide Beispiele haben nicht das geringste zu tun mit einem Familienleben, im Gegenteil, es handelt sich da ja gerade um Formen des Zusammenlebens, die aus der Ablehnung der Familien entstanden.

Über Sartre schrieb Simone de Beauvoir in ihren Memoiren: »Er verabscheute Routine und Hierarchie, Karriere, Haus und Heim, Rechte und Pflichten, den ganzen sogenannten Ernst des Lebens. Er fand sich nur schlecht mit der Vorstellung ab, einen Beruf, Kollegen, Vorgesetzte zu haben, Regeln beachten und anderen auferlegen zu müssen; niemals würde er ein Familienvater, ja auch nur ein Ehemann werden.« Deswegen schlug der junge Sartre ihr vor, einen Vertrag mit ihm zu schließen, der zunächst auf zwei Jahre befristet sein sollte. Simone, die damals wie er noch studierte, ging darauf ein:

»Ich konnte es einrichten, diese zwei Jahre in jener Stadt zu bleiben ... Danach, so schlug er mir vor, sollte auch ich mich um einen Posten im Ausland bewerben. Wir würden einander zwei, drei Jahre nicht sehen und uns dann irgendwo in der Welt wiedertreffen, in Athen zum Beispiel, um auf mehr oder weniger lange Sicht von neuem ein mehr oder weniger gemeinsames Leben zu führen, wir würden einander nie fremd werden, keiner würde je vergebens an den anderen appellieren, und nichts würde dieser Allianz den Rang ablaufen; aber sie durfte weder in Zwang noch in Gewohnheit ausarten.«

Sie schlossen noch einen weiteren Pakt, schreibt Madame de Beauvoir: »Weder würden wir einander je belügen noch etwas voreinander verbergen ... Es wurde also abgemacht, daß wir einander alles sagen würden. Ich war an Schweigen gewöhnt, und die Befolgung dieser Regel fiel mir zunächst schwer. Aber ich begriff schnell ihre Vorteile; ich brauchte mich nicht mehr mit mir selbst auseinanderzusetzen: Ein Blick, wohlwollend zwar, aber unparteiischer als mein eigener, lieferte mir von jeder meiner Bewegung ein Abbild, das ich für objektiv hielt ...«

Es scheint alles gutgegangen zu sein, aber es ist immerhin denkbar, daß sich ihr Zusammenleben in Wahrheit doch anders gestaltet hat, als sie es zunächst beabsichtigten. Denn in Simones Memoiren findet sich auch dieser Satz: »Zum erstenmal in meinem Leben fühlte ich mich geistig von einem anderen beherrscht.« Also könnte auch sie sich von Anfang an innerhalb jener Zweisamkeit mit dem zweiten Platz abgefunden haben.

Daß dies für Frauen das übliche ist, wurde schon gesagt, besonders in der Familie und vor allem in den sogenannten glücklichen Ehen, zu denen zweifellos Bismarcks Ehe mit Johanna von Puttkamer zählt. Bismarcks Frau lebte nur für ihn und ihre Kinder, und zwar in aufopfernder Weise. Da gibt es eine Szene im Leben des alternden Ehepaares, die die Baronin Spitzemberg nach einem Besuch bei Bismarcks in ihrem Tagebuch festgehalten hat und die bezeichnend ist. Unter dem 18. März 1876 notierte die Baronin: »Bei Bismarcks mit Stolberg, Agnes Pourtalès und Frau von Arnim. Der Fürst litt an heftigem Kopfweh, weshalb seine Frau die ganze Zeit hinter ihm stand, eine Zitrone auf seinen kahlen Kopf drückend – rührend und komisch zugleich.«

Johanna von Bismarck hat sich nie ins Licht der Öffentlichkeit gedrängt; sie lebte eigentlich weniger an der Seite ihres Mannes als weit hinter ihm, in seinem Schatten. Sie war nie sehr gesund; ihre Lebensfähigkeit sei gering, schrieb Bismarck seiner Schwester, und tatsächlich kränkelte sie über viele Jahre hin, war früh verbraucht, galt als blutarm, fröstelte ständig und hustete viel. Aber um ihren Mann, für den sie sich hätte in Stücke reißen lassen – so der Bismarck-Biograph Werner Richter –, nicht zu beunruhigen, war sie ständig bemüht, die Gesunde zu spielen. Noch wenige Tage vor ihrem Tod (nach achtundvierzigjähriger Ehe) begleitete sie ihn auf einer Spazierfahrt, obgleich sie so schwach war, daß man sie in den Wagen heben mußte, wobei sie fast ohnmächtig wurde.

Ihr Tod bedeutete für Bismarck, der vier Jahre zuvor entlassen worden war, einen tiefen Einschnitt. Seiner Schwester schrieb er: »Was mir blieb, war Johanna, der Verkehr mit ihr, die tägliche Frage ihres Behagens, die Bestätigung der Dankbarkeit, mit der ich auf achtundvierzig Jahre zurückblicke. Und heut alles öde und leer... Ich schelte mich undankbar gegen soviel Liebe und Anerkennung, wie mir im Volke über Verdienst geworden ist; ich habe mich vier Jahre hindurch darüber gefreut, weil sie sich auch freute... Heute aber ist auch diese Kohle in mir verglimmt...«

In ihrem Buch über das andere Geschlecht sagt Simone de Beauvoir: »Das Drama der Ehe sichert der Frau nicht nur nicht das Glück, das sie ihr verspricht – es gibt keine Versicherung auf das Glück –, sondern es läßt sie verkümmern, es liefert sie der Wiederholung und geistlosen Routine aus.« Um das zu vermeiden, forderte D. H. Lawrence: Die Ehe müßte das Zusammentreten zweier autonomer Existenzen sein, keine Abdankung, keine Annexion, keine Flucht, kein Notbehelf.

Aber Adams Besitzanspruch kommt eben doch immer wieder durch – übrigens gerade auch bei Lawrence, dem Dichter der ›Lady Chatterlery‹, der seine Frieda, die für die Ehe mit ihm drei kleine Kinder und ihren Mann verlassen hatte, häufig sogar geschlagen hat. Und es zeigte sich auch in der glücklichen Ehe Robert Schumanns und Clara Wiecks, in der ja wirklich zwei autonome Existenzen, beide in höchstem Maße genial veranlagt, zusammengekommen waren. Spannungen erwuchsen bei den Schumanns daraus, daß Clara ein Leben lang als Virtuosin anerkannt war, ja mit Beifall und Ovationen überschüttet wurde, während sich Robert, der Kreativere, mit seiner Musik nur langsam und sehr schwer durchsetzte. Das bestärkte seine ohnehin bestehende Neigung zu Depressionen; Robert Schumann starb im Alter von sechsundvierzig Jahren in einer Nervenklinik. Die neun Jahre jüngere Clara überlebte ihn um ein halbes Jahrhundert.

Man hat gesagt, daß Clara, die von ihrem Vater als Pianistin ausgebildet worden war und schon als Kind berühmt wurde, auch als junge Frau nicht ohne die Beifallsstürme leben konnte, an die sie gewöhnt war. Aber da war auch noch das finanzielle Problem: Einer mußte schließlich Geld verdienen, und Robert war dazu kaum in der Lage. Sechs Monate nach der Geburt ihres ersten Kindes ging Clara auf Konzertreise, von Leipzig aus über Hamburg nach Kopenhagen, wo sie dann zwei Monate blieb. Robert begleitete sie bis Hamburg. Dann kehrte er nach Hause zurück, zu dem Kind, und notierte in ihr gemeinsames Ehetagebuch:

»Es war doch einer meiner dümmsten Streiche, Dich von mir gelassen zu haben. Ich fühle es immer mehr. Führe Dich Gott glücklich zu mir zurück. Einstweilen will ich unsere Kleine bewachen. Die Trennung hat mir unsere sonderbare schwierige Stellung wieder recht fühlbar gemacht. Soll ich denn mein Talent vernachlässigen, um Dir als Begleiter auf der Reise zu dienen? Und Du, sollst Du Dein Talent ungenützt lassen, weil ich nun einmal an Zeitung und Klavier gefesselt bin? Wir haben den Ausweg getroffen. Du nahmst eine Begleiterin, ich kehrte zum Kind zurück und zu meiner Arbeit. Aber was wird die Welt sagen? So quäle ich mich mit Gedanken. Ja, es ist durchaus nötig, daß wir Mittel finden, unsere beiden Talente nebeneinander zu nützen und zu bilden ...«

Robert Schumann hat die Tourneen seiner Frau gehaßt. Wenn er Clara begleitete, hatte er immer das demütigende Gefühl, er sei für andere nur der Mann einer berühmten Künstlerin. Im Grunde war er der Meinung, Claras eigentliche Aufgabe sei gar nicht die Kunst, sondern Frau und Mutter zu sein. Und während Clara die wachsende Kinderschar immer stärker als große Belastung empfand und als zunehmendes Hindernis für ihren Beruf, nahm er darauf gar keine Rücksicht. Er tat einfach so, als wolle auch sie immer mehr Kinder haben. »Clara«, schrieb er, »kennt selbst ihren Hauptberuf als Mutter, daß ich glaube, sie ist glücklich in den Verhältnissen, wie sie sich nun einmal nicht ändern lassen.« In Wahrheit war seine Frau durchaus nicht so glücklich darüber, daß sie in den sechzehn Jahren ihrer Ehe acht Kinder auf die Welt bringen mußte, die aufzuziehen schließlich größtenteils bei ihr lag. Er hingegen hat vielleicht gehofft, sie auf diese Weise ans Haus zu binden. Das achte Kind kam, als Schumann schon in der Nervenklinik war.

Bei Simone de Beauvoir heißt es – und damit sind wir fast wieder bei Rousseau: »Selbst dann, wenn das Kind als eine Bereicherung inmitten eines glücklichen oder zum mindesten ausgeglichenen Lebens erscheint, vermag es dem Gesichtskreis seiner Mutter kein Ziel zu setzen. Es entreißt sie ihrer Immanenz nicht.« Und was den Mann betrifft, meinte sie: »Die Ehe ermuntert den Mann zu einer launenhaften Herrschsucht. Der Versuch zu beherrschen ist ganz allgemein, geradezu unwiderstehlich. Wenn man das Kind der Mutter, die Frau dem Mann ausliefert, pflegt man die Tyrannei auf Erden.«

13. Kapitel
Auf gutes Einkommen stets bedacht

Ganz besonders Shakespeare, Voltaire, Beaumarchais, Bismarck und noch einmal Goethe. Aber auch Mark Twain …

> In den Foyers unserer Schauspielhäuser meint man:
> Es sei nicht edel von den Autoren, gemeine Geldfragen anzuregen, da ihre höchste Sorge doch sein soll, nach Künstlerruhm zu streben.
> Gewiß: Nichts ist lockender als Ruhm; nur vergißt man dabei, daß, wer sich seiner auch nur einmal im Jahr erfreuen will, von der Natur dazu verdammt ist, dreihundertfünfundsechzigmal im Jahr zu Mittag zu essen.
>
> Beaumarchais

Nicht nur in Handel und Politik, auch in Kunst und Literatur geht es heute nur noch ums Geld, sagt man und unterstellt, daß es früher, in besseren Zeiten, anders gewesen sei, daß vor allem Dichter und Künstler, aber auch Politiker und Generäle Idealisten gewesen seien, frei von materiellen Motivierungen. Freilich kann man da auf Gottfried Benn verweisen, der anläßlich seines vierzigsten Geburtstages errechnete, daß er innerhalb von fünfzehn Jahren mit schriftstellerischen Arbeiten – es waren mehrere Gedichtbände, ein Band Novellen, ein Drama, ein Band gesammelter Schriften und Aufsätze – einen monatlichen Durchschnitt von vier Mark fünfzig verdient hatte. Aber es hat immer auch andere gegeben, und Benn war zumindest insofern eine Ausnahme, als er trotz seines mangelnden finanziellen Erfolgs nicht seine Verleger und die Buchhändler beschimpfte, wie es einst der geschäftstüchtige Goethe so gern getan hatte.

»Die Buchhändler sind alle des Teufels«, sagte Goethe im Jahre 1829 zu Friedrich von Müller, »für sie muß es eine eigene Hölle geben.« Weil Deutschlands berühmtester Dichter immer wieder die »Buchhändler« – das waren damals die Verleger – verfluchte, entstand der noch heute verbreitete Eindruck, Goethe sei von seinen Verlegern so kurzgehalten worden, daß er ohne sein Ministergehalt nicht hätte leben können. Das stimmt aber nicht. Goethe hat sogar ausgesprochen stolze Honorare bezogen.

Zwar sei es ihm anfangs – so sagt er in ›Dichtung und Wahrheit‹ – geradezu »abscheulich« vorgekommen, seine Gedichte, die ihm als Geschenk der Natur zuflogen, »gegen Geld einzutauschen«, doch als er sah, wie die Verleger daran sehr viel mehr verdienten als er (und die Nachdrucker noch viel mehr!), da entwickelte er einen gesunden Geschäftssinn. Für ›Stella‹, sein ›Schauspiel für Liebende‹, forderte der Sechsundzwanzigjährige von dem Berliner Buchhändler Mylius zwanzig Taler, und zwar vor Einblick in das Manuskript. Letztere Bedingung, das heißt die Katze im Sack zu kaufen, hat Goethe sein Leben lang gestellt.

Nun waren zwanzig Taler nach heutigen Begriffen für ein Theaterstück allerdings eine höchst bescheidene Summe, nämlich nur etwa ein Fünftel dessen, was Goethe ein Jahr später, auf den Monat umgerechnet, als Gehalt bezog. Dennoch hielt der Verleger Mylius die Forderung für zu hoch; er lehnte ab und schrieb (am 24. 10. 1775) an Johann Heinrich Merck: »Denn da er nun für diese, vielleicht kleine und nicht so sehr interessante Pièce 20 Taler bekommt, wird das folgende Stück vielleicht 50 Taler und der ›Doktor Faust‹ vielleicht 100 Louidor* gelten sollen... Mich wundert übrigens, daß Herr Dr. Goethe die

* 500 Taler

Buchhändler so quälen will, da er, wie ich gehört habe, solches aus ökonomischen Gründen nicht nötig hat. Soll es also vielleicht der Ruhm sein, daß ihm seine Manuskripte so teuer bezahlt werden?«

Es war nicht der Ruhm allein, hinzu kam Goethes wachsender politischer Einfluß, mit dem er schließlich (was es damals allgemein noch nicht gab) für alle seine Werke einen Urheberschutz erwirkte, der bis fünfunddreißig Jahre nach seinem Tode im ganzen Gebiet des Deutschen Bundes galt. Deswegen brauchte sein Verleger Cotta keine Konkurrenz durch Nachdrucker zu fürchten. Und so konnte er ihm das bis dahin in Deutschland höchste Honorar zahlen. Das galt für die sechzigbändige ›Ausgabe Letzter Hand‹ (1827/42, von der Goethe vierzig Bände noch selbst edierte). Vereinbart wurden für eine Auflage von zwanzigtausend Exemplaren auf zwölf Jahre sechzigtausend Taler, bei höherer Auflage entsprechend mehr. Erhalten hat Goethe aus dieser Ausgabe zweiundsiebzigtausendfünfhundert Taler. Und seine Erben bekamen bis 1867, also bis zum Ablauf des Urheberrechts, noch weitere hundertachtunddreißigtausend Taler. Insgesamt hat Goethe von Cotta (bei dem er seit 1806 nahezu alles verlegte) rund hundertsechsundfünfzigtausend Taler erhalten.

Es ist schwierig, diese Summe, zu der übrigens noch weitere Einnahmen aus schriftstellerischen Arbeiten kamen, zum Beispiel Theatertantiemen, nach heutigem Wert anzugeben. Sicher ist, daß sie einigen Millionen Mark entsprach. Daß sie nicht gering war, zeigt schon ein Blick auf Goethes Gehalt. Goethe bezog 1776 ein Jahresgehalt von eintausendzweihundert Talern, das sich schließlich (seit 1816) auf dreitausend steigerte. Seine jährlichen Einnahmen als Dichter beliefen sich anfangs auf eintausendfünfhundert bis zweitausend Taler; sie stiegen aber nach 1787, als Göschen seine erste Gesammelte Ausgabe herausbrachte und dafür zweitausend Taler zahlte. Der achtundzwanzig- bis achtunddreißigjährige Goethe nahm aus dichterischen Arbeiten jährlich eintausendzweihundertfünfzig bis dreitausend Gulden ein.

Dazu als Vergleich: Im Jahre 1802 erhielt ein Musketier einen monatlichen Sold von drei Gulden, ein Wachtmeister zwölf, ein Rittmeister fünfundsiebzig Gulden. Für sechs Gulden konnte man fünfhundert Mauerziegel kaufen oder fünfundvierzig Kilo Weißbrot oder achtundfünfzig Kilo Roggenbrot.

Gegenüber Eckermann hat der alte Goethe seinen Geschäftssinn und seinen lebenslangen Kampf um Starhonorare und hohe Gehälter auf eine höchst aktuelle Weise begründet, aktuell im Hinblick auf unsere Zeit, in der man jeden Tag mehr erkennen muß, daß Bildung in erster Linie ein finanzielles Problem ist. Am 13. Februar 1829 sagte der Achtzigjährige: »Man muß alt werden, um dieses alles zu übersehen, und Geld genug haben, seine Erfahrungen bezahlen zu können. Jedes Bonmot, das ich sagte, kostet mir eine Börse voll Gold; eine halbe Million meines Privatvermögens ist durch meine Hände gegangen, um das zu lernen, was ich jetzt weiß, nicht allein das ganze Vermögen meines Vaters, sondern auch mein Gehalt und mein bedeutendes literarisches Einkommen seit mehr als fünfzig Jahren. Außerdem habe ich anderthalb Millionen zu großen Zwecken von fürstlichen Personen ausgeben sehen, denen ich nahe verbunden war und an deren Schritten, Gelingen und Mißlingen ich teilnahm.« Und er fügte noch hinzu: »Es ist nicht genug, daß man Talent habe, es gehört mehr dazu, um gescheit zu werden; man muß in großen Verhältnissen leben ...«

In großen Verhältnissen leben hieß für Goethe aber nicht etwa prassen. Er war stets darauf bedacht, sein Geld zusammenzuhalten. Nicht zuletzt aus diesem Grund kam er mit seiner Schwiegertochter Ottilie, die in seinem Hause lebte, nicht aus. Denn die dachte in Geldangelegenheiten grundsätzlich anders. Es war eben nicht so gekommen, wie der mit Goethe befreundete Komponist Karl Friedrich Zelter es ihm in einem Brief vor der Hochzeit Augusts mit dem Fräulein von Pogwisch ausgemalt hatte: Da komme das »junge Weiblein und streichelt dem alten Herrn den Bart und krault ihm hinter den Ohren und schleicht zur rechten Zeit wieder von dannen und kostet das Süppchen und guckt in die Winkel und tupft mit dem Finger das Stäubchen auf ...«

Vom Haushalt, den die inzwischen verstorbene Christiane einst so gut geführt hatte, wollte Ottilie nichts wissen. Nicht nur, daß sie das Haus völlig verstauben ließ, worüber Goethe häufig klagte, sie brachte auch das Geld mit vollen Händen unter die Leute. Sie konnte nicht haushalten und brachte die Wirtschaft so sehr in Unordnung, daß der alte Goethe ihr nach dem Tod seines Sohnes die Schlüssel zu den Vorratsräumen abforderte und – um wieder Ordnung in den Haushalt zu bringen – alles streng zuteilte und dabei sogar das Brot für die einzelnen Hausangestellten abwiegen ließ.

Doch wäre es falsch, daraus auf Geiz zu schließen. Goethe hat – wie in anderen Kapiteln gezeigt – recht gut gelebt, aber immer nach der Devise: »Spare immer zwei, drei Goldstücke dazu, du wirst Wunder sehen.« Er brauchte Besitz, um sich sicher zu fühlen. Und er schrieb alles genau auf. So wissen wir noch heute, daß der Neunundzwanzigjährige 34 Tischtücher, 267 Servietten, 108 Handtücher, 194 Hemden mit und 82 ohne Manschetten besaß. Gegenüber Eckermann lobte er die doppelte Buchführung: Sie »ist eine der schönsten Erfindungen des menschlichen Geistes, und ein jeder guter Haushalter sollte sie in seine Wirtschaft einführen.« – Apropos Eckermann: Dessen Gehalt hielt Goethe so niedrig, daß Eckermann es seiner Verlobten kaum sagen mochte; vierzehn Jahre mußte sie warten, bis Eckermann sie endlich heiraten konnte. Das war, als Goethe ihm anbot, zwanzig Nachlaßbände für insgesamt achthundert Taler für ihn herauszugeben.

Bei seinem Tode hinterließ Goethe ein Barvermögen von dreißigtausend Talern (nach heutiger Kaufkraft mehr als eine Million Mark), seine beiden Häuser und seine wertvollen Sammlungen. Er war also ein finanziell sehr erfolgreicher Schriftsteller. Dennoch kann man ihn nicht etwa als Geschäftsmann bezeichnen wie hingegen Shakespeare und den Philosophen Voltaire. Shakespeare mußte schon als Einundzwanzigjähriger für seine Frau und drei Kinder sorgen und bald noch für seinen in wirtschaftliche Schwierigkeiten geratenen Vater. Und so war er stets darauf bedacht, das Geld, das er verdiente, sicher und zugleich gewinnbringend anzulegen.

In Stratford konnte er, inzwischen dreiunddreißigjährig, das ansehnlichste Haus erwerben, wobei er sich allerdings ein wenig übernahm und deswegen einige Jahre lang in Steuerschulden geriet. Nachdem er sich finanziell erholt hatte, kaufte er nach und nach mehr als siebenhundert Hektar Acker- und Weideland, das er an Bauern verpachtete. Kurz bevor er im Alter von zweiundfünfzig Jahren starb, machte er jenes rätselhafte Testament, in dem er seine älteste Tochter zur Haupterbin einsetzte und seiner Frau aus dem ganzen Vermögen nur das »zweitbeste Bett« vermachte.

Noch mehr als Shakespeare hat Voltaire es verstanden, sein Geld gut anzulegen. Den Grundstock seines Vermögens hatte er mit einem Lotteriegewinn gelegt. Dieser Gewinn aber war kein Zufall, sondern durch einen Fehler der Veranstalter zustandegekommen. Voltaire und der Mathematiker La Condamine hatten den Fehler herausgefunden, als sie die Gewinnchancen errechnen wollten: Der Erwerber aller Lose, so stellte sich heraus, müßte einen Gewinn von einer Million Livres einstecken.

Zusammen mit einigen Freunden und unter Einsatz seines vom Vater geerbten Vermögens und noch hinzugeliehenen Geldes erwarb Voltaire fast die ganze Auflage der Lose. Der Finanzminister, auf dessen Initiative die Lotterie veranstaltet worden war, zeigte sich über den schnellen Absatz der Lose höchst befriedigt, wollte jedoch, als auch er den für den Staat nachteiligen Fehler sehen mußte, den Gewinn nicht auszahlen und brachte die Sache vor den Staatsrat, indem er Voltaire und seine Freunde als Betrüger verklagte. Obwohl die Geschichte im Zeitalter des vielgeschmähten Absolutismus spielt, entschied der Staatsrat, daß die Staatskasse zahlen müsse. Voltaires Anteil belief sich auf eine halbe Million Livres.

Nur kurze Zeit später machte er seinen zweiten großen Coup. Der Herzog von Lothringen hatte eine Aktiengesellschaft gegründet, und da im Frankreich jener Zeit alle bereit waren, sich an Spekulationen mit Aktien zu beteiligen, weil Spekulieren die große Mode war, sollten diese Aktien den Lothringern vorbehalten bleiben. Voltaire aber gelang es trotzdem, ein Paket jener Aktien zu erwerben, indem er die Ähnlichkeit seines Namens Arouet – damals nannte er sich noch nicht Voltaire – mit dem eines lothringischen Grundbesitzers Haroué geschickt auszunutzen verstand. Die Aktien brachten in kurzer Zeit sehr guten Gewinn: »Ich habe mein Gold in wenigen Tagen verdreifacht«, frohlockte Voltaire.

Sein Geld steckte er in verschiedene Unternehmen, zum Beispiel in Reedereien und in den Handel mit Getreide. Sein Hauptgeschäft – neben seinen Einnahmen als Schriftsteller und seinen Starhonoraren, die ihm (jedenfalls zeitweise) der französische Hof zahlte – machte er mit Leibrenten. Das heißt, er verlieh an seine adligen Freunde große Geldsummen, für die er dann als Zinsen Pensionen kassierte. Da er es verstand, seine Zinsen auch immer einzutreiben, machte er große Gewinne. Um nur das Jahr 1749 als Beispiel anzuführen: Da nahm der Fünfundfünfzigjährige von Gläubigern insgesamt fast dreißigtausend Livres ein. Dazu kamen aus fünf- bis sechsprozentigen Anleihen der Stadt Paris vierzehntausend Livres, aus seinen Hofämtern dreitausendsechshundert Livres, aus seinem Getreidehandel siebzehntausend Livres, aus dem väterlichen Erbe viertausend Livres. Und hinzu kamen aus zahllosen kleineren Geschäften einschließlich der Theater- und Buchproduktion noch einmal gut dreißigtausend Livres. Das ergab als Jahreseinkünfte rund hunderttausend Livres, die nach heutigem Kaufwert etwa einer Million Mark entsprechen.

Voltaire, der Philosoph, verstand es, aus allem Geld zu machen. Als es ihm in Frankreich nicht mehr gefiel und er – nach dem Tod von Émilie du Châtelet – die Einladung Friedrichs von Preußen annahm und nach Potsdam ging, verkaufte er für sechzigtausend Livres seinen französischen Kammerherrntitel. Auch ging er nicht etwa umsonst nach Preußen, sondern gegen ein Jahresgehalt von zwanzigtausend Livres, das Friedrich ihm zusagen mußte. Seine Geldgeschäfte liefen unterdessen natürlich weiter. Doch mußte er manchmal auch Verluste hinnehmen, große Verluste sogar. So verlor er einmal im Getreidehandel auf einen Schlag eine Summe von (nach heutigem Wert) hundertdreißigtausend Mark. Voltaire war zwar ein Pfennigfuchser, konnte aber auch großzügig sein. Seinen beiden Nichten schenkte er eine Mitgift von je hunderttausend Mark. Und sehr viel Geld hat er für die Restaurierung und die Einrichtung von Schloß Cirey ausgegeben, wo er viele Jahre mit seiner »göttlichen Geliebten« Émilie lebte und das nicht ihm, sondern deren Mann gehörte.

Auch während seiner Potsdamer Zeit ließ Voltaire keine Möglichkeit zum Geldverdienen ungenutzt. Schief ging jedoch ein Spekulationsgeschäft mit sächsischen Staatsanleihen, das ihm leicht einen großen Gewinn hätte bringen können. Diese Staatsanleihen sollten – so hatte Friedrich es angeordnet – von dem von ihm besiegten Sachsen zum Nominalwert in Gold ausgezahlt werden, allerdings nur dann, wenn es sich um preußische Staatsbürger handelte, die solche Staatsanleihen besaßen. Voltaire witterte Gewinn, da der tatsächliche Kurswert der Anleihen sehr viel niedriger als ihr Nominalwert lag. Deswegen beauftragte er den Berliner Bankier Hirsch, für ihn im Wert von fünfundfünfzigtausend Francs sächsische Staatsanleihen aufzukaufen, die er von Preußen aus in Gold umtauschen wollte. Es kam dann aber zwischen Voltaire und Hirsch zu einem Streit, der bis vor Gericht ging, wodurch das illegale Geschäft öffentlich bekannt wurde. Friedrich war von seinem Philosophen enttäuscht; seiner Schwester berichtete er: »Es handelt sich um das Geschäft eines Schurken, der einen Gauner betrügen will.« Und ziemlich wütend schrieb er an Voltaire:

»Ich war sehr froh, Sie bei mir aufzunehmen: Ich schätze Ihren Geist, Ihre Talente, Ihre Kenntnisse, und ich mußte glauben, daß ein Mann Ihres Alters, müde, sich mit Autoren herumzuschlagen und sich Gewittern auszusetzen, hierher gekommen sei, um sich in einen ruhigen Hafen zu flüchten. Sie aber machen die übelsten Geschäfte mit einem Juden. Sie haben in der ganzen Stadt einen schrecklichen Lärm verursacht. Die Affäre mit den sächsischen Wertpapieren ist so bekannt in Sachsen, daß man sich bitter bei mir beklagt hat. Was mich betrifft, so konnte ich bis zu Ihrer Ankunft Frieden in meinem Hause bewahren, und ich warne Sie: Wenn Sie eine Leidenschaft für Intrigen und Ränkespiele haben, so sind Sie bei mir an der falschen Adresse. Ich liebe freundliche und friedfertige Menschen, die ihr Benehmen nicht nach den heftigen Leidenschaften der Tragödie ausrichten; wenn Sie sich entschließen könnten, wie ein Philosoph zu leben, wäre ich sehr froh darüber, Sie bei mir zu sehen.«

Anderthalb Jahre lebte Voltaire zu jener Zeit in Potsdam, und er blieb noch einmal so lange, bis es mit Friedrich richtig zum Bruch kam, allerdings nicht wegen geschäftlicher Ambitionen, sondern weil sich Voltaire über die von Friedrich hochgeschätzten Präsidenten der Preußischen Akademie der Wissenschaften allzusehr mokiert hatte. Aber als er im Jahre 1753 Preußen ziemlich fluchtartig verließ, spielten finanzielle Fragen doch noch eine Rolle: Voltaire führte mit dem Preußenkönig noch einen Briefwechsel, weil er meinte, Friedrich sei ihm einen Teil seines Gehalts und die Reisespesen schuldig.

Für kurze Zeit ging Voltaire ins Elsaß, aber schon bald

siedelte er in die Schweiz über, weil er sich nur dort vor politischer Verfolgung sicher glaubte. Schon 1750 hatte er in der Nähe von Genf einen Landsitz erworben, den er »Les Délices« nannte. Dort wurde der Einundsechzigjährige zusammen mit seiner verwitweten Nichte Madame Denis seßhaft und betätigte sich als Landwirt: »Madame Denis und ich sind damit beschäftigt, Unterkünfte für unsere Freunde und unsere Hühner zu bauen. Wir lassen Karotten ziehen und Schubkarren herstellen, wir pflanzen Orangenbäume und Zwiebeln. Alles fehlt uns. Karthago ist zu gründen.«

Er kaufte noch weitere Besitzungen hinzu, und der Vierundsechzigjährige konnte seinem Freund Thiérot schreiben: »Sie irren sich, ich habe vier Füße und nicht nur zwei: einen Fuß in Lausanne in einem sehr schönen Haus für den Winter; einen Fuß in Délices bei Genf, wo mich die vornehme Gesellschaft besucht; das sind die beiden Vorderfüße. Die hinteren sind in Ferney und in der Grafschaft von Tourney, die ich in Erbpacht gekauft habe.« Für insgesamt zwanzig Herrschaften mit etwa eintausendzweihundert Untertanen fühlte sich Voltaire als Landesvater; er sorgte sich um das Land, kümmerte sich um die Rechtspflege, um Schulen, um die Beschaffung von Arbeitsplätzen, um Wohnungen für die Arbeiter. »Ich habe mir«, schrieb er, »in einer Republik ein hübsches Königreich geschaffen.« Er nahm da aber auch Steuern ein.

Das Ganze sollte eine Art Musterstaat werden, ein Modell. »Ich verbinde mit der Freude, ein schön gebautes Schloß zu besitzen und ganz besondere Gärten angelegt zu haben, das solide Vergnügen, dem Land, das ich zu meinem Alterswohnsitz gewählt habe, nützlich zu sein. Ich habe von dem Rat die Erlaubnis zur Trockenlegung der Sümpfe erhalten, welche die Gegend verpesten und unfruchtbar machten. Ich habe die riesigen Heiden urbar gemacht.«

Er holte sich Uhrenmacher und gründete eine Uhrenfabrik. Zum Verkauf der Uhren nutzte er seine weltweiten Beziehungen. Wie geschickt er das machte, zeigt zum Beispiel ein Brief vom 19. Juni 1771 an Katharina II. von Rußland. Da heißt es: »Ich erfahre soeben, daß meine Kolonie eine große Kiste Uhren hat abgehen lassen. Ich habe die armen Handwerker sehr gescholten; sie haben Ihre Güte mißbraucht; sie sind in ihrem Übereifer zu weit gegangen: Anstatt für 3000 oder höchstens 4000 Rubel Uhren zu schicken, wie ich es ihnen ausdrücklich ans Herz gelegt habe, haben sie für ungefähr 8000 Rubel abgehen lassen; das war sehr unangebracht. Ich glaube nicht, daß Ihre Majestät die Absicht haben, den Türken so viele Uhren zu geben, obwohl diese Leute die Uhren sehr lieben. Aber Sie können folgendes machen: Unter den Uhren sind einige sehr schöne mit Ihrem Porträt, und keine ist teuer. Sie könnten für 3- oder 4000 Rubel welche zurückbehalten; das wären Geschenke, die Sie verteilen könnten, Uhren im Preise von 15 bis 40 oder 50 Rubel. Den Rest können Sie den Kaufleuten überlassen, die noch ein gutes Geschäft damit machen können.

Ich nehme mir noch die Freiheit, Madame, Sie zu bitten, mir durchaus nicht sogleich die Summe von 39238 Livres – das ist der Gesamtbetrag der beiden Rechnungen – zu überweisen. Sie müssen so ungeheure Ausgaben haben, daß Sie Ihrer Wohltätigkeit eine Schranke setzen müssen. Wenn meine Kolonisten sich ein Jahr gedulden müßten für die Hälfte dessen, was sie geliefert haben, würde ich sie für zu glücklich halten, und ich würde es übernehmen, sie zur Geduld zu ermahnen.

Übrigens versichern Sie mir, und mehrere Kenner haben es bestätigt, daß alle diese Uhrwerke weit billiger sind als in Genf und weit unter einem Drittel der Londoner und Pariser Preise liegen. Man sagt sogar, daß sie in Petersburg um das Doppelte verkauft werden, als sie hier im Preise berechnet sind; das könnte man von intelligenten Leuten leicht nachprüfen lassen.

Wenn Ihre Majestät mit den Sendungen und den Preisen zufrieden wären, dann würden meine Fabrikanten alles ausführen, was Sie bestellen würden ...«

Vielleicht noch geschickter waren Voltaires Werbebriefe für seine Seidenstrümpfe, die er ebenfalls herstellte. Er hatte eine Seidenraupenzucht angelegt, um Seide zu gewinnen, und aus der Seide ließ er Strümpfe wirken, die er der Kaiserin so anpries: »Es sind meine Seidenwürmer, die mir das Material zu diesen Strümpfen gegeben haben, es sind meine Hände, die daraus die ersten seidenen Strümpfe hergestellt haben, die in diesem Lande gemacht worden sind. Geruhen Sie, Madame, sie anzunehmen, und zeigen Sie Ihre Beine dann, wem Sie wollen, und wenn man nicht zugibt, daß meine Seide schön ist und stärker als die der Provence und Italiens, so gebe ich mein Handwerk auf. Überlassen Sie sie anschließend einer Ihrer Frauen, sie werden ein Jahr lang halten ...« – Oder so: »Ich lege mich Ihnen zu Füßen, weil ich Absichten auf diese habe. Ich bitte Sie ergebenst, mir die Freude zu machen, Sie in diese seidenen Maschen gebettet zu sehen.«

Er war wirklich ein genialer Geschäftsmann, dieser François-Marie Arouet, der sich Voltaire nannte und als Philosoph die vollkommene Verkörperung des aufklärerischen Vernunftdenkens darstellt. Als er starb (im Alter von dreiundachtzig Jahren), hinterließ er seiner Nichte Madame Denis ein höchst beachtliches Vermögen; nach heutiger Kaufkraft dürfte es sich alles in allem um runde zehn Millionen Mark gehandelt haben.

Ein noch größerer Geschäftsmann, ja geradezu ein Finanzgenie war Voltaires jüngerer Zeitgenosse und Kollege Augustin Caron de Beaumarchais, Autor der berühmten Komödien ›Der Barbier von Sevilla‹ und ›Der tolle Tag oder die Hochzeit des Figaro‹. Der Sohn eines Pariser Uhrmachers war königlicher Hofuhrmacher, Harfenlehrer, Dramatiker, Publizist, Spekulant, Handelsherr, Geheimagent und Buchverleger. Er veranstaltete die erste siebzigbändige Gesamtausgabe Voltaires. Dies war allerdings kein Geschäft, im Gegenteil, bei dem Riesenunternehmen, das sich über viele Jahre hinzog, hat Beaumarchais etwa eine halbe Million Francs zugesetzt.

Verdient aber hat er an seinen eigenen Schriften und Dichtungen, vor allem an der ›Hochzeit des Figaro‹, die als Stück ein heute kaum noch vorstellbarer Erfolg war, indem sie Begeisterungsstürme auslöste, weil die Menschen darin gewissermaßen die Revolution vorauserlebten. Der Bruder Ludwigs XVI. hatte das sogleich erkannt: »Das Volk wird das Stück zu den Sternen emporheben in dem Wahn, damit einen Sieg über die Regierung errungen zu haben.« Und Ludwig XVI. selbst sagte: »Die Aufführung des Stücks wäre eine gefährliche Inkonsequenz, wenn man nicht zuvor die Bastille niederreißen wollte.«

Tatsächlich enthielt das Schauspiel, das heute vor allem in der Mozart-Oper fortlebt, eine brisante Ladung an Zeitkritik; Adel, staatliche Autorität, Justiz und Zensur wurden von Figaro, dem agilen Kammerdiener und Haushofmeister, verhöhnt. Dem Grafen Almaviva sagt er zum Beispiel: »Ihr habt Euch die Mühe gegeben, geboren zu werden, weiter nichts; im übrigen ein recht gewöhnlicher Mensch.« Zu einer Zeit, da die Angehörigen des Adels weder arbeiten noch Steuern zahlen mußten, sondern aufgrund ihrer Privilegien von der Arbeit der anderen lebten, war das gefährlicher Zündstoff. Und so wurde die Aufführung von ›Figaros Hochzeit‹, die erst nach einem zähen Kampf gegen die königliche Zensur durchgesetzt werden konnte, zu einem hochpolitischen Ereignis. (Bis heute erlebte es allein in der Comédie Française mehr als tausend Aufführungen.) Und Beaumarchais kassierte für jede Aufführung seine Tantiemen – nach heutigem Kaufwert pro Abend mehrere tausend Mark.

Daß ›Die Hochzeit des Figaro‹ für Beaumarchais auch ein finanzieller Erfolg wurde, war dessen ganz besonderes Verdienst. Zuvor hatte Beaumarchais nämlich einen langen Kampf um das Recht der Bühnenautoren auf Tantiemen geführt, und zwar mit Erfolg. Bis dahin waren Bühnenautoren an den Aufführungen ihrer Werke so gut wie gar nicht beteiligt. Nahezu den ganzen Gewinn steckten die Theaterbesitzer und die Schauspieler ein. Beaumarchais tat sich mit einigen Kollegen zusammen und nahm dann den Kampf gegen die Schauspieler auf, den Kampf für die Rechte der Autoren. In einem Memorandum schrieb er: »In den Foyers unserer Schauspielhäuser meint man: Es sei nicht edel von den Autoren, gemeine Geldfragen anzuregen, da ihre höchste Sorge doch sein soll, nach Künstlerruhm zu streben. Gewiß: Nichts ist lockender als Ruhm; nur vergißt man dabei, daß, wer sich seiner auch nur einmal im Jahr erfreuen will, von der Natur dazu verdammt ist, dreihundertfünfundsechzigmal im Jahr zu Mittag zu essen; und wenn der Krieger und der Staatsmann nicht erröten, den edlen Lohn für ihre Dienste einzuheimsen und immer höhere Grade anzustreben, die ihnen noch höhere Einnahmen verschaffen, weshalb sollte der Sohn Apollos, der Sohn der Musen, der unablässig notgedrungen mit seinem Bäcker rechnen muß, just mit den Schauspielern nicht rechnen?«

Aber nicht erst mit Tantiemen, die Beaumarchais sich und seinen Kollegen auf diese Weise sicherte, ist er reich geworden. Zu Geld war er schon zuvor gekommen (eben deswegen konnte er sich den Tantiemenkrieg überhaupt leisten), und zwar schon als junger Uhrmacher, der – unter Verwendung der Unruhe – dem König die kleinste Uhr der Welt vorführte. Er vermehrte sein Geld durch Heirat und vielerlei Geschäfte. Der Mittvierziger war so reich, daß er die amerikanischen Kolonisten in ihrem Kampf um die Unabhängigkeit finanziell unterstützen konnte. Allerdings hat er ihnen nicht etwa Geld geschenkt, sondern er verkaufte ihnen Schiffe und Waffen und militärische Ausrüstungsgegenstände, insgesamt im Wert von mehr als zwanzig Millionen Francs! Der Gewinn bei dem Amerikanischen Kriegsgeschäft war indessen recht minimal, denn nur allzuoft konnten die Amerikaner nicht zahlen. – Als Beaumarchais im Jahre 1799 starb, als Siebenundsechzigjähriger, hinterließ er eine Million Francs in bar, einen großen Palast mit Grundbesitz und ein Guthaben bei den Amerikanern.

Zwar nicht gar so geschäftstüchtig wie Beaumarchais und Voltaire, aber doch auch auf ein gutes Einkommen stets bedacht waren Georg Friedrich Händel, Lukas Cranach d. Ä. und aus unserer Zeit Picasso und Salvador Dali. Der Musiker Händel, der zahlreiche Opern, Oratorien und Instrumentalwerke schuf und dem wir bereits bei den großen Essern begegneten, feierte als junger Mann in Rom, Neapel, Venedig mit seiner Musik nicht nur Triumphe, sondern nahm auch schon viel Geld ein. Richtig gut verdient aber hat er in London, wohin er als Dreißigjähriger ging und wo er bis zu seinem Tod im Jahre 1759 Hofkomponist war. Schon bald konnte er sich dort ein vierstöckiges Haus kaufen, das er kostbar einrichtete und von einer eigenen Dienerschaft in Ordnung halten ließ. Als er starb, belief sich sein Barvermögen auf eine Summe, die heute einer Million Mark entspricht; außerdem hinterließ er das Haus und wertvolle Gemälde, darunter zwei Rembrandts.

Lukas Cranach, der in Wittenberg eine Apotheke betrieb und in dessen Kunstwerkstatt zeitweise zehn Gesellen für ihn arbeiteten, verdiente mit seinen Gemälden und Illustrationen so gut, daß er seiner Tochter eine Mitgift von umgerechnet zweieinhalb Millionen Mark in die Ehe mitgeben konnte. Auch er hinterließ, als er 1553 im Alter von einundachtzig Jahren starb, ein ansehnliches Vermögen.

Zu den ausgesprochen gut verdienenden Schriftstellern neuerer Zeit gehörte der Amerikaner Mark Twain, der 1876 ›Tom Sawyers Abenteuer‹ und acht Jahre später ›Huckleberry Finns Abenteuer‹ schrieb. Er hatte zu Geld und Reichtum ein leicht gebrochenes Verhältnis: Einerseits hat er sich immer wieder darüber aufgeregt, daß seine Landsleute nur dem Geld nachliefen, andererseits aber hat er für sich selbst ein Millionärsleben erträumt. Der Mittdreißiger schrieb einem der reichsten Männer Amerikas, dem Selfmademan Cornelius Vanderbilt, folgenden offenen Brief:

»Armer Vanderbilt! Wie sehr bedaure ich Sie; und zwar aufrichtig. Sie sind ein alter Mann und hätten eine Ruhepause verdient. Und trotzdem müssen Sie sich abmühen und kämpfen und sich selbst verleugnen, sich des beruhigenden Schlafs berauben und des Seelenfriedens, weil Sie unbedingt Geld brauchen. Ich habe immer Mitleid mit einem Menschen, der so sehr von der Armut bedrängt wird wie Sie. Verstehen Sie mich nicht falsch, Vanderbilt. Ich weiß, Sie haben siebzig Millionen. Aber Sie wissen auch, und ich weiß es, daß es nicht der Besitz ist, der unseren Wohlstand ausmacht. Es ist das Zufriedensein mit dem, was man hat. Das ist Wohlstand. Solange jemand unbedingt einen bestimmten zusätzlichen Betrag *braucht*, ist der Mann nicht reich. Siebzigmal siebzig Millionen können einen Menschen nicht reich machen, wenn sein Herz nach mehr schreit. Ich bin gerade reich genug, um das billigste Pferd aus Ihrem Stall zu kaufen, aber ich könnte nicht ernsthaft und aufrichtig beeiden, daß ich mehr brauchte. Und deshalb bin ich reich. Aber Sie! Sie haben siebzig Millionen, und sie brauchen fünfhundert Millionen. Und Sie leiden geradezu dafür. Ihre Armut ist etwas Schreckliches. Ich sage Ihnen im Ernst, daß ich wohl nicht vierundzwanzig Stunden mit dem entsetzlichen Gedanken leben könnte, daß mir vierhundertdreißig Millionen fehlen. Ich würde sterben vor Angst. Meine Seele ist so bedrückt durch Ihre unglückliche Armut, daß ich Ihnen freiwillig zehn Cents schenken würde, wenn Sie bei mir jetzt vorbeikämen ...«

Ähnlich satirisch schrieb Mark Twain über die Kapitalisten John D. Rockefeller, John P. Morgan und John Wanamaker, und er gab ihnen einen Rat, wie sie das Problem der Armut in Amerika lösen könnten: Arme Leute, schlug er vor, sollte man zu Wurst verarbeiten und zu

Dosenfleisch und dann an Eingeborene der Kannibaleninseln verkaufen. So würde man den Export der Vereinigten Staaten erhöhen und zugleich die Armut abschaffen, wodurch am Ende allen geholfen wäre. Er hielt die Großkapitalisten und überhaupt die »Geldlust« der Amerikaner für unmoralisch.

Nur wenig später aber schrieb er für seine Autobiographie: »Noch vor einem Jahr habe ich mich damit zufriedengegeben, daß tatsächlich kein ehrlicher Mensch auf amerikanischem Boden lebt, ausgenommen ich selbst. Aber auch diese Ausnahme gilt inzwischen nicht mehr, und jetzt glaube ich, daß sich in ganz Amerika kein Mann findet, der ehrlich ist. Ich habe diesen Rekord lange gehalten – bis zum vergangenen Januar. Dann bin ich tief gesunken – wie Rockefeller, Carnegie, ein paar Goulds und Vanderbilts und andere berufsmäßige Schieber – und habe den Staat um Steuergelder betrogen, genau so, wie die Gewissenlosesten dieser ganzen Gesellschaft. Für Amerika war das ein großer Verlust, denn ich war unersetzlich. Ich glaube, es wird fünfzig Jahre dauern, bis ich einen Nachfolger gefunden habe. Ich glaube, daß die gesamte Bevölkerung der Vereinigten Staaten – ausgenommen die Frauen – korrupt ist, wenn es um den Dollar geht.«

Etwa zu jener Zeit baute er für sich und seine Familie ein riesiges Haus mit neunzehn Räumen und fünf Bädern, das er kostspielig einrichtete. »Es ist das herrlichste Heim, das es jemals gab«, sagte er voller Stolz von dem neugotischen Bau, der heute als Mark-Twain-Museum dient. Aber war er wirklich zufrieden in jener Pracht von Marmorfußböden, Perserteppichen, dem kostbaren Mobiliar aus Venedig, den musealen Figuren, die er überall aufstellte? Wollte nicht auch er immer mehr, nachdem er schon als ganz junger Mann versucht hatte, als Silbergräber auf einen Schlag reich zu werden?

Das Spekulationsfieber packte auch ihn. Er gründete einen Verlag, mit dem er später fast Bankrott machte. Vor allem steckte er immer wieder Geld in Erfindungen, nicht nur weil ihn technische Neuerungen, vor allem Maschinen, faszinierten, sondern weil er hoffte, die Investitionen würden sich eines Tages auszahlen. Und er hat beachtliche Summen investiert, im Jahre 1888 zum Beispiel, als er dreiundfünfzig Jahre alt war, sechsundvierzigtausend Dollar, im Jahre 1890 monatlich viertausend Dollar allein für eine Setzmaschine, in deren Entwicklung er alles in allem mehr als zweihunderttausend Dollar steckte, bis er schließlich einsehen mußte, daß er auf die falsche Maschine gesetzt hatte.

Eine solche Fehlinvestition ging freilich nicht spurlos an ihm vorüber. Der Endfünfziger war total verschuldet, das Vermögen seiner Frau und die nicht unbeträchtlichen Gewinne aus seinen Büchern und Artikeln waren verloren. Da fing er noch einmal von vorne an. Er unternahm eine dreizehnmonatige Lesereise nach Australien, die ihm zusammen mit dem daraus entstehenden Reisetagebuch ›Dem Äquator nach‹ soviel Geld einbrachte, daß er seine Gläubiger schließlich befriedigen konnte. Die letzten Jahre seines Lebens war Mark Twain zwar nicht mehr reich, aber er hatte sein gutes Auskommen.

Es können hier nicht alle genannt werden, die finanziell besonders erfolgreich waren, nicht alle Dichter, Philosophen, Musiker, Maler. Und gar nicht soll hier auf die eigentlichen Finanzgenies eingegangen werden, die großen Unternehmer, die Milliarden machten. Aber Heinrich Schliemann sei erwähnt, der aus eigener Kraft, ohne nur eine einzige Mark geerbt zu haben, Millionen verdiente, immer mit dem Ziel vor Augen, mit seinem Geld einmal Troja auszugraben, was ihm dann tatsächlich gelungen ist. Und von den Erfindergenies, die es zu Reichtum brachten, sei noch Thomas Alva Edison genannt, der Mann, der nie eine Schule besucht hat und an dessen Namen mehr als zweieinhalbtausend Patente gebunden sind. Und schließlich Alfred Nobel, der ebenfalls durch Erfindungen Millionen machte und von dessen Erbe Jahr für Jahr die Nobelpreise finanziert werden.

In Nobels Leben gibt es eine Episode, die zeigt, wie finanzieller Erfolg gewissermaßen ansteckend sein kann. Es ging da um ein junges Mädchen, das in Nobels Pariser Haus als Köchin arbeitete. Eines Tages kündigte sie ihm an, daß sie heiraten werde, und auf Nobels Frage, was sie sich von ihm zur Hochzeit wünsche, anwortete sie, »soviel, wie Monsieur Nobel an einem Tag verdient«. Es heißt, Nobel habe mehrere Tage lang gerechnet, bis er seiner Köchin mit den Worten »versprochen ist versprochen« vierzigtausend Francs schenkte.

Daß auch Politiker, Feldherren, Generäle finanziell erfolgreich sein können, dafür gibt es zahlreiche Beispiele. Eines ist Prinz Eugen. Er kam, zwanzigjährig, mit nur fünfundzwanzig Talern nach Wien. Bei seinem Tode, zweiundfünfzig Jahre später, wurde sein Vermögen auf fünfundzwanzig Millionen geschätzt. Und ein anderes Beispiel ist Otto von Bismarck, der, wenn es um Geld ging, peinlich genau aufpaßte, auch bei sehr kleinen Beträgen. Er verstand es, auf alle möglichen Arten Geschäfte zu machen: mit Landwirtschaft, mit Holz, mit Papierfabriken und Schnapsbrennereien. Nicht allein durch diese Geschäfte, sondern auch noch durch Zuwendungen des Kaisers brachte er es zum mehrfachen Millionär, wobei er überdies das Glück hatte, aufgrund eines Geheimerlasses von den allgemeinen Steuern befreit zu sein.

Steuern zahlte Bismarck nur höchst ungern. Den Steuerbemessungswert des ihm vom Kaiser geschenkten Sachsenwaldes gab er mit nur einer Million an, obgleich er das Drei- bis Vierfache betrug. Und als in seinem Dorf Friedrichsruh die Zahl der Schüler die Hundert überstieg und der Landrat einen zweiten Lehrer einstellen wollte, weil nach Gesetz die Schülerzahl je Dorfschullehrer höchstens achtzig betragen durfte, hat Bismarck das verhindert; er fürchtete die Kosten für einen zweiten Lehrer.

Mit viel Geschick wurde Bismarck ein großer Unternehmer. Nicht nur der Absatz des Sprits aus seinem halben Dutzend Brennereien lag ihm am Herzen, auch und vor allem das Holzgeschäft. Dabei scheute er sich nicht, sein Ansehen für ganz private Zwecke in die Waagschale zu werfen. Als die deutsche Heeresleitung einmal vor der Frage stand, ob sie Bauholz aus Amerika einkaufen sollte, reagierte er sofort und schrieb dem Kriegsminister, daß amerikanisches Holz längst nicht so gut sein könne wie deutsches, wobei er natürlich nicht zuletzt an seinen Sachsenwald dachte:

»Für die Haltbarkeit der heimischen Kiefern und Eichen spricht in unseren alten Gebäuden eine mehrhundertjährige Erfahrung; – ich erinnere an das sechshundert Jahre alte Holzwerk der hiesigen Nikolaikirche und an die vor Augen liegenden Dachverbände so vieler mehrere hundert Jahr alter Kirchen und Häuser im Lande – die Dauerhaftigkeit des amerikanischen Holzes dagegen bedarf noch des Beweises, denn die kurze Zeit, in welcher es im Gebrauche ist, hat unmöglich ausreichende Gelegenheit zur Beobachtung geben können. Es ist mir nicht unwahrscheinlich, daß gerade der große Harzreichtum des amerikanischen Holzes seine Brauchbarkeit für Hoch- und Trockenbauten vermindert, weil durch das Ausschwitzen des Harzes der Anstrich beschädigt wird. Daß unser Eichenholz sich wirft, wenn es ausgetrocknet und sonst in gesundem Zustande zur Verwendung kommt, ist bei Privatbauten von mir niemals wahrgenommen worden, noch weniger bei Schiffsbauten. Für Bauten, welche aus den Reichsfinanzen zu bestreiten sind, halte ich es für bedenklich, das erfahrungsgemäß doch nur seit wenig Jahren erprobte amerikanische pitchpine, yellow-pine und cypress-Holz zu verwenden und insbesondere, ihm prinzipiell vor den deutschen Kiefern und Eichen den Vorzug zu geben. Wenn in dem Schreiben Ew. Excellenz ausgeführt ist, daß es sich im vorliegenden Falle nur um ein kleines Objekt handle, so erlaube ich mir, darauf aufmerksam zu machen, daß für den Schaden, welcher der deutschen Holzproduktion durch die amtlichen Ausschreibungen für Militärbauten erwächst, nicht bloß die Quantität des verwendeten amerikanischen Holzes, sondern mehr noch das den übrigen Konsumenten damit gegebene Beispiel in Betracht kommt.

Die Tatsache, daß das in so hohem Ansehen stehende Urteil der Heeresverwaltung das fremde Holz für besser erklärt wie das einheimische, muß in der öffentlichen Meinung das letztere in demselben Maße herabsetzen, wie es das erstere hebt, und damit zu einer Verschiebung der Absatzverhältnisse führen, deren bedauerliche Wirkung der steuerliche Inländer trägt.«

Bismarck war – so sagt es einer seiner Biographen – überzeugt, ein Anrecht auf soviel irdisches Gut zu haben, als er irgend zu erwerben vermochte. Doch ist Bismarck keinesfalls korrupt gewesen. Aber er nahm eben mit, was sich ihm bot. So hatte er, der sich übrigens gerne als arm bezeichnete, auch nichts dagegen, daß zu seinem siebzigsten Geburtstag für ihn gesammelt wurde. Ziel der Geldsammlung war, ihm auf seinem Lieblingssitz im Sachsenwald ein Schloß zu bauen. Damit war er indessen nicht einverstanden, aber nur deswegen, weil er sich die letzten Jahre seines Lebens nicht durch Baulärm verderben lassen wollte. Gegen das Geld hatte er nichts einzuwenden. Denn davon wollte er den Stammsitz seiner Familie, der nicht mehr in seinem Besitz war, zurückkaufen.

Aber in der Öffentlichkeit regte sich gegen diese Geldsammlung für einen reichen Mann eine starke Opposition, und so kam man überein, die Hälfte der zusammengebrachten Gelder – es waren rund zwei Millionen und dreihunderttausend Mark zusammengekommen – für gemeinnützige Zwecke zu verwenden und ihm nur die andere Hälfte zu geben. Das wiederum hat ihn geärgert, weil die ihm verbleibende Hälfte für den Ankauf des Stammgutes nicht ganz ausreichte. Es fehlten dreihundertfünfzigtausend Mark, die ihm dann jedoch in Form einer Hypothek gegeben wurden.

Viel Geld hat der alte Bismarck noch mit seinen Memoiren verdient, die bei Cotta herauskamen. Cotta zahlte ihm das höchste bis dahin in Deutschland erreichte Bandhonorar, nämlich einhunderttausend Mark für einen Band der ›Gedanken und Erinnerungen‹. Vorgesehen waren sechs Bände. Doch Bismarck verlor schon bald die Lust am Schreiben oder vielmehr am Diktieren, so daß nur drei Bände erschienen. Auch der Verleger kam auf seine Kosten, zumal die ersten beiden Bände (der dritte erschien erst 1919) zu dem für damalige Verhältnisse enorm hohen Preis von zwanzig Mark (in Leinen) beziehungsweise dreißig Mark in »hocheleganten Halbfranzband« verkauft wurden. Ein anderer Bismarck-Bestseller waren die ›Briefe an Braut und Gattin‹. Sie erschienen jedoch erst einige Jahre nach Bismarcks Tod und wurden von seinem Sohn Herbert herausgegeben.

Verglichen mit Politikern unseres Jahrhunderts aber nimmt sich Bismarck als Erfolgsschriftsteller noch bescheiden aus. In den fünfziger Jahren galt zum Beispiel Winston Churchill als der reichste Schriftsteller seines Landes; unter den (im Jahre 1952) nur neununddreißig englischen Millionären stand er an vierter Stelle und mußte zweiundneunzig Prozent seines Einkommens als Steuern zahlen. Bis zu jener Zeit brachten ihm seine ›Kriegsmemoiren‹ allein in Amerika siebenhundertfünfzigtausend Dollar. Das war mehr, als Eisenhower für seinen ›Kreuzzug in Europa‹ erhalten hatte, nämlich sechshundertfünfunddreißigtausend Dollar. Doppelt so groß wie die Eisenhower-Einnahmen war die Mindestsumme, die ein New Yorker Verlag dem Ex-Präsidenten Harry S. Truman für seine Memoiren garantierte. Und noch sehr viel höher lag das Angebot, das man General McArthur gemacht hat, nämlich fünf Millionen vierhunderttausend Dollar.

Für Politiker und Generäle lohnt sich das Schreiben

meist sehr viel mehr als für Berufsschriftsteller. Gewiß gibt es auch unter ihnen Großverdiener, doch kommt es fast nie vor, daß sie – wie Politiker und Ex-Generäle – mit nur einem Buch gleich Millionen einnehmen. Als Somerset Maugham, einer der erfolgreichsten Schriftsteller, mit siebenundsiebzig Jahren Bilanz zog, kam er auf einen Gesamtverdienst von (umgerechnet) acht Millionen Mark. Es kam noch einiges hinzu, bis er im Alter von nicht ganz zweiundneunzig Jahren starb, doch blieb er immer noch weit unter jener Summe, die der Herzog von Windsor mit nur einem einzigen Buch einnahm. Der ehemalige König von England verdiente allein für die Vorabdrucke seiner Memoiren ›A King's Story‹ dreieinhalb Millionen Dollar. Hinzu kamen die beträchtlichen Honorare aus dem Buch.

Auch Hitler gehörte zu jenen Autoren, die mit nur einem Buch Millionen gemacht haben. ›Mein Kampf‹ überschritt bis 1945 – wenngleich nicht ohne gewaltsames Betreiben – die Zehn-Millionen-Grenze. Auch im Ausland wurde es gekauft. Zum Beispiel kam die englische Ausgabe bis zum Ausbruch des Krieges auf neunzigtausend Exemplare. Das Autorenhonorar floß in einen Extrafonds, aus dem besondere Projekte finanziert wurden wie das berühmte Teehaus oberhalb Berchtesgadens.

Während die Rechte an Hitlers ›Mein Kampf‹ 1945 durch Besatzungsdekret an den Freistaat Bayern fielen, der seither den Standpunkt vertritt, »an diesem Buch keinen Pfennig verdienen zu wollen«, und eine Neuausgabe verhindert, hat sich die Familie Mussolini mit den Einnahmen aus dem ›Tagebuch des Grafen Ciano‹, das dessen Frau Edda, Mussolinis Tochter, herausgab, nach dem Krieg jahrelang über Wasser gehalten. Allein aus Amerika flossen den Mussolinis fünfunddreißig Millionen Lire zu. Ein gutes Geschäft waren auch die Liebesbriefe des ehemaligen Duce. Als seine Briefe an Clara Petacci auftauchten, wurden dafür hundertfünfzig Millionen französische Francs geboten. Und die langjährige Mussolini-

Geliebte Marguerita Sarfatti erhielt von dem amerikanischen Magazin ›Colliers‹ einhunderttausend Dollar für die Abdruckrechte der Liebesbriefe, die Mussolini ihr geschrieben hatte.

Mit Hitler und der Familie Mussolini sind wir nun allerdings längst nicht mehr in der »guten alten Zeit«, in der alles so ganz anders war – nur nicht die Liebe zum Geld. Vor gut hundertfünfundzwanzig Jahren, nach dem Sieg Preußens über Frankreich und nach der Gründung des Zweiten Deutschen Reiches, schrieb die Baronin Spitzemberg in ihr Tagebuch (am 7. März 1872): »Der Kaiser hat ... endlich die Dotationen ausgeteilt: Roon, Moltke, Manteuffel erhielten je 300000 Taler, Delbrück 200000 Taler, Werder, Goeben und Blumenthal 150000, siebzehn andere, darunter Prinz August und Kameke je 100000 ...«

Und die Baronin, die Golo Mann einmal eine »überaus kluge, gebildete Frau« nannte, »wach, kritisch, neugierig«, bemerkte dazu: »Die Ausdehnung dieser Geldbelohnung bis auf einzelne Generäle und kleinere Summen herab hat für mein Gefühl etwas Unwürdiges ... Man sagt hier, es sei von jeher preußische Sitte gewesen, deshalb aber ist es doch nicht schön und der Ritterlichkeit nicht entsprechend, mit der sonst dem König und Vaterland gedient wird.«

14. Kapitel
Dem Alkohol verfallen oder rauschgiftsüchtig

Edgar Allan Poe, Gottfried Keller, Baudelaire, Georg Trakl, Joseph Roth, William Faulkner und noch viele andere ...

> Man führt gegen den Wein nur die bösen Taten an, zu denen er verleitet; allein er verleitet auch zu hundert guten, die nicht so bekannt werden.
>
> Georg Christoph Lichtenberg

> Wir Deutschen saufen uns arm, saufen uns krank, saufen uns in die Hölle.
>
> Philipp Melanchthon

Auf dem Heimweg nach New York war er in Baltimore hängengeblieben. Oder genauer: Sogenannte Wahlhelfer hatten ihn zusammen mit Landstreichern aufgegriffen und in eine Kneipe gesetzt, wo auf Kosten des Kandidaten fleißig Schnaps ausgeschenkt wurde, als Stimmenfang. Irgendwer hatte dann hastig einen Zettel beschrieben und ihn einem seiner Freunde zustellen lassen:

»Sehr geehrter Herr! In Ryans 4th Ward polls ist ein Herr in einem fürchterlichen Zustand. Er heißt Edgar A. Poe, scheint sich in großer Not zu befinden und behauptet, er kenne Sie. Ich betone: Er braucht Ihre unverzügliche Hilfe. In höchster Eile, Ihr sehr ergebener ...«

Der Freund begab sich sofort in jene Kneipe. Und dort saß wirklich des damaligen Amerika größter Dichter: »Das Gesicht war verstört, aufgedunsen und ungewaschen, die Haare ungekämmt, das ganze Aussehen abstoßend. Die hohe Stirn, die weiten, beseelten Augen, die für ihn so charakteristisch waren, als er noch er selbst war – jetzt waren sie ohne Glanz, überschattet von einem zerfetzten Hut, der fast keine Krempe mehr hatte. Er trug einen Rock aus dünnem, glänzendem Stoff, an mehreren Stellen aufgerissen und schmutzig, und eine ganz abgewetzte und bös zugerichtete Hose, soweit sich das überhaupt sagen läßt. Er hatte weder eine Weste noch ein Halstuch. Das Hemd war zerknittert und schmutzig ...«

Poe wurde in ein Krankenhaus gebracht. Zwei Tage lag er im Delirium. Am dritten kam er noch einmal zu sich und sagte dem behandelnden Arzt, der ihm Hoffnung machen wollte, er werde bald wieder bei seinen Freunden sein: Das Beste, was sein bester Freund für ihn tun könne, sei, ihm eine Kugel durch den Kopf zu jagen. Am nächsten Tag, dem 7. Oktober 1849, ist Edgar Allan Poe im Alter von vierzig Jahren gestorben.

Wie Poe haben sich zahllose Menschen in aller Welt und zu allen Zeiten zu Tode getrunken. Heute jedoch ist die Zahl der Trunksüchtigen in alarmierender Weise im Ansteigen, vor allem in den Ländern mit hohem Lebensstandard. In der ganzen Welt trinken immer mehr Manager während der Arbeitszeit Alkohol in gesundheitsschädigenden Mengen, am Arbeitsplatz oder bei sogenannten Geschäftsessen. Noch schlimmer aber ist, daß mehr und mehr junge Menschen, Schüler und Schülerinnen, zu Trinkern werden. Es ist also höchste Zeit, die Alkoholwelle einzudämmen.

Aber eben dies hat man schon immer versucht und nicht erst im Amerika der zwanziger Jahre mit der Prohibition. Die vermutlich älteste Liga gegen den Alkohol gründete Pharao Ramses II. (1292–1225 v. Chr.). Streng verpönt war das Trinken lange Zeit in Sparta. Und im westlichen Abendland hatte Karl der Große sich zum Ziel gesetzt, die Trunksucht, »die er aufs äußerste verabscheute« – so sein Hofbiograph Einhard – gänzlich auszurotten: »Wer im Heerlager trunken befunden wird«, heißt es in den Kapitularien, den von Karl erlassenen Verordnungen, »soll so lange nur Wasser zum Trinken bekommen, bis er bekennt, er habe übel getan.« Martin

Luther sagte: »Ich habe zu Gott gefleht, daß er die ganze Bierbrauerei verderben möchte. Ich habe den ersten Bierbrauer oft verwünscht.« Und Philipp Melanchthon war überzeugt: »Wir Deutschen saufen uns arm, saufen uns krank, saufen uns in die Hölle.«

Andererseits gibt es jedoch allzu viele Stimmen für den (freilich mit Maßen genossenen) Alkohol. Georg Christoph Lichtenberg zum Beispiel meinte: »Wenn man manchen großen Taten und Gedanken bis zu ihrer Quelle nachspüren könnte, so würde man finden, daß sie öfters gar nicht in der Welt sein würden, wenn die Bouteille verkorkt geblieben wäre, aus der sie geholt wurden. Man glaubt nicht, wieviel aus jener Öffnung herauskommt.« Und Goethe sagte zu Eckermann: »Es liegen im Wein allerdings produktivmachende Kräfte sehr bedeutender Art«, wobei er jedoch einschränkte: »Aber es kommt dabei alles auf Zustände und Zeit und Stunde an, und was dem Einen nützt, schadet dem Anderen.«

Mit dem »Einen« meinte Goethe nicht nur, aber doch auch sich selbst. Denn er war sein Leben lang ein kräftiger Zecher und hat – wie aus dem Briefwechsel mit seinem Weinhändler Christian Heinrich Ramann in Erfurt hervorgeht – für Wein viel Geld ausgegeben. Übrigens war er ein säumiger Zahler. Einmal stand er bei Ramann mit tausendvierhundertdreiunddreißig Talern in der Kreide. Das hinderte ihn nicht, eine neue Bestellung aufzugeben, die er indessen Christiane machen ließ. Die Bestellung über hundertfünfzig Liter hat Christiane so eingeleitet: »Werthester Herr Ramann! Wegen der Zahlung tragen Sie keine Sorge, mein Mann ist zwar angekommen, aber wegen Gelde sagte er mir, müßten Sie noch etwas in Geduld stehen ...«

Goethe hat in seinem Weimarer Haus häufig Besuch gehabt, so daß der Konsum der von ihm gekauften Weinmengen keineswegs allein auf ihn bezogen werden kann. Dennoch waren jene Mengen beträchtlich. So hat er zum Beispiel im Jahre 1816 in der Zeit vom 16. März bis 30. Mai bei Ramann hundertzweiundneunzig Liter Wein gekauft. Für das ganze Jahr 1821 bezog er neunhundert Liter von Ramann. Er kaufte aber auch noch bei anderen Weinhändlern, und zwar in Hamburg, Bremen, Frankfurt und Schweinfurt, wobei es sich vornehmlich um ungarische, französische, spanische und portugiesische Sorten handelte, während er von Ramann vor allem deutsche Weine bezog. Goethe selbst soll täglich drei Flaschen Wein getrunken haben.

Es gab jedoch immer wieder Zeiten, da er weniger trank. Man kann also nicht sagen, daß Goethe dem Alkohol verfallen gewesen wäre. Doch er trank gern und war, wie schon gesagt, überzeugt, daß Wein ihm gut bekam. Mit dem »Anderen«, dem Alkohol schaden könnte, meinte Goethe zweifellos auch Schiller, über dessen Trinkgewohnheiten er Eckermann folgendermaßen aufklärte: »Schiller hat nie viel getrunken, er war mäßig, aber im Augenblick körperlicher Schwäche suchte er seine Kräfte durch etwas Likör oder ähnliche Spirituosen zu steigern. Dies aber zehrte an seiner Gesundheit und war auch den Produktionen sehr schädlich. Denn was gescheite Köpfe an seinen Sachen aussetzen, leite ich aus dieser Quelle her.«

Und sicherlich dachte Goethe bei jenen, denen der Alkohol nicht bekommt, an seinen Sohn August, der schon früh zum Trinker wurde, ebenso an seine Frau Christiane, die Tochter eines Trinkers, die selbst sehr viel trank, was nicht nur Wilhelm Grimm nach einem Besuch im Goetheschen Haus beobachtete: »Er trank fleißig, besser noch die Frau.«

Möglicherweise hatte Goethe dabei auch Lichtenberg im Auge, über dessen »recht wüstes Leben« ein Hausgenosse, der mit Kant und Goethe im Briefwechsel stand, zu berichten wußte: »Des Morgens stand er spät auf, gleich darauf trank er Kaffee, Spanischbitter und Wein. Zu Mittag wurde auch wieder Wein getrunken. Nachmittags wieder Wein und Liqueur, um sich immer munter zum Schreiben zu halten ...«

Daß der Göttinger Professor Lichtenberg gern trank, war allgemein bekannt. Wieviel es war und daß er auf Alkoholika bald nicht mehr verzichten konnte, das haben erst seine Tage- und Sudelbücher offenbart. Von Zeit zu Zeit versuchte er, vom Alkohol loszukommen, weil er sah, daß er ihm schädlich war, aber er hat immer wieder kapituliert. »Ohne das ist nichts in der Welt«, schrieb er einmal, »für mich wenigstens.«

Falls es einen Himmel für Trinker und Rauschgiftsüchtige gibt, dann befindet sich Lichtenberg dort in bester Gesellschaft. Gottfried Benn hat jene Gesellschaft einmal skizziert, in seinem Aufsatz ›Genie und Gesundheit‹ aus dem Jahre 1930, wobei er sich auf die berühmte Studie von Wilhelm Lange-Eichbaum ›Genie, Irrsinn, Ruhm‹, berief. »Leider soffen sie« oder waren auf andere Weise süchtig, schrieb er da von folgenden Genies beziehungsweise Berühmtheiten:

»*Opium:* De Quincey, Coleridge, Poe. *Absinth:* Musset, Wilde. *Äther:* Maupassant (außer Alkohol und Opium), Jean Lorrain. *Haschisch:* Baudelaire, Gautier. *Alkohol:* Alexander (der im Rausch seinen besten Freund und Mentor tötete und der an den Folgen schwerster Exzesse starb), Sokrates, Seneca, Alcibiades, Cato, Septimus Severus (starb im Rausch), Cäsar, Muhamed II., der Große (starb im Delirium tremens), Steen, Rembrandt, Carracci, Barbatelli Pocetti, Li-Tai-Po (›der große Dichter, welcher trinkt‹, starb durch Alkohol), Burns, Gluck (Wein, Branntwein, starb an Alkoholvergiftung), der Dichter Schubart, Schubert (trank seit dem 15. Jahr), Nerval, Tasso, Händel, Dussek, G. Keller, Hoffmann, Poe, Musset, Verlaine, Lamb, Murger, Grabbe, Lenz, Jean Paul, Reuter (Dipsomane, Quartalssäufer), Scheffel, Liliencron, Reger, Hartleben, Löns, Beethoven (starb bekanntlich an alkoholischer Lebercirrhose).«

In Gottfried Benns Liste tauchen einige Namen mehrmals auf, das bedeutet, sie gehörten sowohl zu den Alkoholikern als auch zu den Rauschgiftsüchtigen. Der englische Schriftsteller Thomas de Quincey, den Benn als ersten nannte und der 1785 bis 1859 lebte, gewöhnte sich als Neunzehnjähriger an Opium. Der Mittfünfziger brauchte täglich fünftausend Tropfen, um seine Seelenqualen – nicht etwa körperlichen Schmerz – zu überwinden. Er schrieb ›Bekenntnisse eines Opiumessers‹. Ebenfalls dem Opium verfallen war sein Landsmann und Zeitgenosse Samuel Taylor Coleridge, der Gedichte voll traumhafter romantischer Wortmusik schuf.

Der französische Dichter Alfred de Musset (Gedichte, Schauspiele, Romane) war ein starker Trinker und ein überaus lasziver Typ. Nicht so sehr aus Freude am Trinken, sondern um Inspirationen zu schöpfen, trank er. Oscar Wilde hingegen, der Ästhet, der das Dandytum kreierte und dessen Trinkfestigkeit oft bewundert wurde, berauschte sich, um sein Leben und sich selbst besser entfalten zu können, es zu erweitern und dabei mehr Schönheit zu sehen und zu erleben. »Schönheit ist eine Form von Genie – steht über dem Genie, denn sie braucht keine Erklärung«, heißt es in Wildes Roman ›Das Bildnis des Dorian Gray‹, »Schönheit ist das Wunder aller Wunder ... Aber Sie haben nur ein paar Jahre, in denen Sie wirklich, vollständig und vollkommen leben können. Wenn Ihre Jugend Sie verläßt, verläßt Sie auch Ihre Schönheit, und dann werden Sie plötzlich erkennen, daß es keine Triumphe mehr für Sie gibt ... Verwirklichen Sie Ihre Jugend, solange sie Ihnen gehört ... Leben Sie! Leben Sie das wunderbare Leben, das in Ihnen ist. Lassen Sie sich nichts entgehen. Suchen Sie immer nach neuen Empfindungen. Fürchten Sie sich vor nichts ... Ein neuer Hedonismus – das ist es, was unser Jahrhundert braucht.«

Dem französischen Dichter Guy de Maupassant, der 1893 im Alter von zweiundvierzig Jahren starb, ging es nicht um Hedonismus, also um den Gewinn von Lust und Vergnügen, sondern um die Befreiung von migräneartigen Kopfschmerzen (höchstwahrscheinlich als Folgen einer Lues), wenn er – anfangs nur gelegentlich – Alkohol, Chloroform, Morphium, Opium, Kokain oder Haschisch nahm. Äußerlich war Maupassant eine Hünengestalt, ein Kraftmensch, ein gestählter Sportsmann, aber schon der Dreißigjährige war körperlich erschöpft. Ausgesprochenen Mißbrauch mit Drogen und Alkohol trieb der französische Lyriker Charles Baudelaire, fand dabei indessen, etwa im Haschisch-Rausch, zu Höhepunkten seiner Ich-Welt. Wie Baudelaire gehörte der ebenfalls von Benn unter den Haschisch-Süchtigen genannte Theophile Gautier zu den Künstlern des L'art pour l'art.

Im Hinblick auf Alexander den Großen muß berichtigt werden, daß er wahrscheinlich nicht an den Folgen alkoholischer Exzesse gestorben ist, sondern an der Malaria. Und von Cäsar, den manche Forscher zu den Alkoholikern zählen, behauptete Sueton, er sei im Trinken sehr mäßig gewesen. Im übrigen ist Benns Aufstellung keineswegs vollständig und ja auch nur beispielhaft gemeint. So fehlen bei den Süchtigen Voltaire, der sich an eine tägliche Opiumdosis von dreißig Gramm gewöhnt haben soll, und der Dichter Georg Trakl, der sich schon als Schüler mit Chloroform und Äther berauschte, um seine Bewußtseinslage zu verändern, um zu vergessen, was ihn quälte. Später nahm er Kokain, Opium und Morphium – am Ende mit dem Ziel bewußter Selbstzerstörung.

Nachdem Trakl Apotheker geworden war, stieg nicht nur sein Konsum an Drogen enorm an, sondern auch der an Alkohol. Schon nachmittags saß er in irgendwelchen Weinstuben, meist mit Freunden, die ebenfalls gern tranken, und konsumierte mindestens einen Liter Wein. Manchmal brachte er es auf zehn Viertel, also zweieinhalb Liter! »Ich sehne den Tag herbei, an dem diese Seele in diesem armseligen, von Schwermut verpesteten Körper nicht mehr wird wohnen wollen und können«, schrieb er anderthalb Jahre vor seinem Tod. Er starb, erst sechsundzwanzig Jahre alt, an Herzlähmung infolge einer Überdosis von Kokain, am 3. November 1914.

Es fehlen noch viele auf Benns Liste. Zum Beispiel Toulouse-Lautrec und Franz Liszt. Der Maler Henry Toulouse-Lautrec, der sich wegen seiner verkrüppelten Beine zum Außenseiter verurteilt sah, obwohl er künstlerisch erfolgreich war, suchte im Alkohol Trost und Vergessen. Dem Zweiunddreißigjährigen zitterten die Hände, und seine Sprache wirkte verwaschen. Wenig später litt er an Verfolgungswahn. Eine Entziehungskur half ihm nicht mehr. Infolge zu vielen Alkoholgenusses starb er 1901 im Alter von sechsunddreißig Jahren.

Der Musiker Franz Liszt wurde zum Cognactrinker, allerdings erst im Alter. Trotz ärztlicher Warnungen – der alte Liszt litt an Wassersucht – brachte er es nicht fertig, auf Alkohol zu verzichten. Als man ihm dieses für ihn unerläßliche Reizmittel entzog, während er nach einem Treppensturz längere Zeit im Bett liegen mußte, bekam ihm der Entzug nicht. Liszt wurde immer schwächer, und als eine Pneumonie eintrat, hatte er keinerlei Widerstandskraft und starb.

Schon im Alter von zwanzig Jahren war der französische Lyriker Paul Verlaine trunksüchtig. Frühzeitig litt er an alkoholischer Polyneuritis. Verlaine, der mit dem ebenfalls süchtigen Jean-Arthur Rimbaud befreundet war, starb 1896 im Alter von einundfünfzig Jahren. Er war einer der größten Lyriker, und er begründete den französischen Symbolismus.

»Um die gräßliche Last der Zeit nicht zu spüren, die euch die Schultern zerbricht, müßt ihr euch unaufhörlich berauschen«, schrieb Charles Baudelaire, der Dichter der ›Blumen des Bösen‹, »man muß immer trunken sein.« Das klingt nach jenem dionysischen Lebensgefühl, in das Freunde des genialen E. T. A. Hoffmann auch dessen Trunksucht umzudeuten versuchten. Der Dichter der ›Elixiere des Teufels‹ habe immer nur Champagner und erlesene Weine getrunken, sagten sie.

Aber in Wirklichkeit trank er, was er kriegen konnte (häufig auf Kredit), billigen Wein und nicht selten irgendeinen Fusel. Nur Bier trank er nie; Bier verachtete er als geist- und seelenloses Gebräu, das beschwert und einschläfert.

Wollte auch Hoffmann, wie man behauptet hat, dem Alltag entfliehen? Der Dreißigjährige schrieb in sein Tagebuch: »Das Alltagsleben ekelt mich an.« Andererseits jedoch war Hoffmann als Kammergerichtsrat am Berliner Kammergericht ein äußerst gewissenhafter Beamter, und er trank nie am Tage, sondern immer erst abends. Hoffmann war Eidetiker, und der Alkohol verstärkte seine Fähigkeit, sinnlich empfundene Anschauungsbilder zu sehen. Er trank – so schrieb er einmal – bis zum »Zustand des Delirierens«, und er empfand dann »eine Übereinkunft der Farben, Töne und Düfte«: »Nun zogen die Töne wie Lichtstrahlen aus meinem Haupte zu den Blumen, die begierig sie einsogen. Größer und größer wurden der Sonnenblume Blätter – Gluten strömten aus ihnen hervor – sie umflossen mich – das Auge war verschwunden und ich im Kelche.«

Manchmal aber kamen schreckliche Gestalten. Nachts, wenn er beim Schein einer Kerze noch arbeitete, krochen sie hinter Vorhängen und Möbeln auf ihn zu. Dann befiel ihn das Entsetzen, und er schrie, bis seine Frau kam und ihn beruhigte. E. T. A. Hoffman starb 1822 im siebenundvierzigsten Lebensjahr an Leberzirrhose und Alkohol-Polyneuritis.

Während E. T. A. Hoffmann, wie schon gesagt, trotz vielen Trinkens seinen beruflichen Pflichten sorgfältig und pünktlich nachkam, war sein jüngerer Zeitgenosse Christian Dietrich Grabbe (1801–1936, ebenfalls Jurist und Dichter) häufig schon im Amt betrunken. Mit dem Trinken hatte er bereits als Gymnasiast begonnen. Später war er gewohnt, zu allen Tages- und Nachtzeiten Spirituosen zu sich zu nehmen. In seinem Büro hatte er stets ein Glas Bier vor sich stehen, um sich anzuregen oder zu betäuben. Bald jedoch half ihm nur noch Schnaps oder Rum.

Als Militärrichter in Detmold (im Jahre 1831) mußte er einmal zwei ihm bekannte Offiziere, die wie er im Zivilberuf Juristen waren, beeidigen. Es war elf Uhr vormittags, als er sie in seiner Amtsstube empfing: In Unterhosen und rotgestreifter Nachtjacke saß er an seinem Arbeitstisch, vor sich eine nicht mehr volle Flasche Rum. Er forderte seine Kollegen erst einmal zum Trinken auf. Als sie ablehnten, sagte er: »Nun, so wollen wir es kurz machen.« Er müsse sich allerdings noch anziehen und ging ins Nebenzimmer. Als er wiederkam, trug er über den weißen langen Unterhosen schwarzseidene Strümpfe, über der Nachtjacke einen schwarzen Frack, um den bloßen Hals eine Krawatte, an den Füßen Pantoffeln. Die Offiziere fingen an zu lachen. Er aber sagte: »Lacht nicht! Das ist eine feierliche Handlung. Denkt an Gott! Ihr müßt nicht nach meinen Unterhosen sehen. Ich will mich anders hinstellen.« Dabei ging er so weit in die Knie, daß der Saum seines Fracks bis an die Strümpfe reichte. Und dann begann er, den entsprechenden Text zu verlesen. Plötzlich jedoch verlor er die Geduld: »Ihr werdet ja wissen, was drin steht. Was soll ich euch das alles vorpredigen! Nur schnell die Hand auf! Schwatzt nicht mehr! Ich gelobe und schwöre ... So, nun sind wir fertig! Nun müßt ihr aber trinken, eher kommt ihr nicht weg!«

Zu jener Zeit war Grabbe neunundzwanzig Jahre alt. Er starb sechs Jahre später. Während Grabbe sich mit Hilfe des Alkohols ins Vergessen flüchtete und E. T. A. Hoffmann sich in eine Welt schöner Farben und Klänge versetzte, wurde der Schweizer Dichter Gottfried Keller nach Alkoholgenuß oft sehr streitsüchtig. Aber fast Abend für Abend ging er ins Wirtshaus und trank. Von Zeit zu Zeit trank er unmäßig, vor allem dann, wenn er sich sehr geärgert hatte oder wenn ihn wieder einmal eine Frau abgewiesen hatte. Bei Frauen hatte der kleine

Keller kein Glück. Nach dem ersten Nein, das er sich einhandelte, trieb er sich einen ganzen Sommer lang in Gasthäusern herum, trank und war froh, wenn er jemanden verprügeln konnte, um sich noch Jahre später darüber zu freuen: »Ich hatte doch einen guten Instinkt damals, und ich segne den Wein, der mich veranlaßte, dem widerlichen Ohrfeigengesicht sein Recht angedeihen zu lassen. Feig war er auch, denn er ist stärker als ich und ließ sich doch prügeln.«

In Prügeleien hat Keller sich allzugern eingelassen, nicht nur nach abgelehnten Heiratsanträgen. Ein Zeitgenosse berichtete: »Am schwierigsten gestaltete sich die Sachlage, wenn er sich unverhofft von einer größeren Gesellschaft umgeben sah. Es konnte leicht einer darunter sein, der ihm aus irgendwelchen Gründen unbequem war... Dann ließ er sich zur Gewalttätigkeit hinreißen... Der kleine Mann fuhr mit verblüffender Behendigkeit auf, stieß Gläser um, wies einen harmlosen vom Tisch weg oder wurde gern handgemein.«

Über solche Sauftouren und Wirtshausprügeleien des Zürcher Staatsschreibers berichteten manchmal auch die Zeitungen. Das hatte für ihn verhängnisvolle Folgen. Denn nachdem er endlich eine Frau gefunden hatte, die zu einer Heirat mit ihm bereit war, nahm sie sich wenige Monate nach der Verlobung das Leben – aus Scham, nachdem sie zufällig einen solchen Zeitungsartikel über ihn gelesen hatte.

Gottfried Keller trank, weil es ihm schmeckte. Im Alter ging er nicht mehr jeden Abend ins Wirtshaus, denn das Gehen fiel ihm nun sehr schwer. »Aber am Samstag abends und sonntags da bleib' ich in der Stadt«, schrieb er in einem Brief, »und dann sauf' ich für sieben Mann! Ich sag Ihnen! Und provoziere die besten Weine, daß die anderen Viecher, die Weib und Kinder haben, mit sauersüßen Mienen in die Tasche greifen, wenn sie mir, wie projektiert, die Schmiere nicht haben anwürfeln können.«

Edgar Allan Poe, Jack London und der russische Komponist Mussorgski gehörten zu jenen Trinkern, denen alkoholische Getränke gar nicht schmeckten und die nur der Wirkung wegen tranken. »Kandiszucker schmeckt mir viel besser«, sagte Jack London einmal, aber: »Sobald ich nichts zu tun hatte, verfiel ich den sogenannten Vergnügungen meiner Kameraden.« Auch Mussorgski wurde von seinen Kameraden zum Trinken verleitet, und zwar als dreizehnjähriger Kadett. Als junger Offizier war er trunksüchtig.

Edgar Allan Poe trank schon als Schüler nur der Wirkung wegen. Einer seiner Mitschüler hat das beschrieben: »Er ergriff das verführerische Glas, gewöhnlich ohne Zucker oder Wasser hinzuzufügen, und schüttete es in einem Zug hinunter, ohne daß es ihm Vergnügen zu bereiten schien und ohne innezuhalten, bevor der letzte Tropfen über seine Lippen gekommen war. Er konnte nie mehr als ein Glas zu sich nehmen. Aber dieses eine Glas genügte, um seine ganze nervöse Natur in stärkste Erregung zu versetzen, in eine Erregung, die aus begeisternden und faszinierenden Worten hervorbrach, welche alle Zuhörer wie Sirenenklänge verzauberten.«

Noch früher als Poe begann der Amerikaner Jack London, der in seinem vierzig Jahre langen Leben eine Reihe spannender Erzählungen und Romane schrieb, mit dem Trinken. »Mit fünf Jahren war ich zum erstenmal berauscht«, heißt es in seinem autobiographischen Buch ›König Alkohol‹. Aber das Bier hatte ihm nicht sonderlich gut geschmeckt, und so schrieb er: »Was mich betraf, so konnte ich ausgezeichnet ohne Bier auskommen. Ja, ich hätte es sehr gut bis zu meinem Todestage entbehren können. Aber das Schicksal wollte es anders.« Das Schicksal wollte, daß er zur See ging; »ich mußte mein Brot auf dem Wasser verdienen. Und dieser Weg führt unweigerlich zu König Alkohol.«

Jack London hat viel Geld verdient, er hatte alles, was er brauchte, Grundbesitz, Geld, Macht, Anerkennung, eine Frau, Kinder – »wahrlich«, schrieb er, »mein Leben ist glücklich. Nicht hundert von einer Million haben Glück gehabt wie ich. Und trotz alledem bin ich traurig. Ich bin es, weil König Alkohol bei mir ist ... König Alkohol ist bei mir, weil er mir in den Tagen meiner unwissenden Jugend stets erreichbar war, weil er an jeder Ecke rief und mich einlud.« Und, klagte Jack London, »dieser Verderber und Mörder steht in jeder Straße und jedem Wege mit offenen Armen unter dem Schutz der Gesetze und achtungsvoll von der Polizei gegrüßt ...«

Es besteht nicht die Absicht, und es wäre auch gar nicht möglich, hier die Reihe der berühmten Trinker nur annähernd vollständig aufmarschieren zu lassen. Nur einige wenige sollen noch genannt werden. So der Österreicher Joseph Roth, der mit Romanen wie ›Hiob‹ oder ›Radetzkymarsch‹ Weltruhm erlangte. Roth war im Ersten Weltkrieg österreichisch-ungarischer Offizier gewesen, wurde dann Journalist, verließ Deutschland im Jahre 1933 und lebte seit 1935 in Paris. Den Vierundvierzigjährigen brachten Freunde in ein Pariser Hospital, nachdem er angeblich einen Herzkollaps erlitten hatte. Bei der Einlieferung wurde verschwiegen, daß Roth seit langem dem Alkohol verfallen war. Als der behandelnde Arzt Delirium tremens diagnostizierte, allerdings erst zwei Tage nach der Einlieferung, in denen Roth keinen Tropfen Alkohol bekam, was ihn dem Wahnsinn nahe brachte, war es bereits zu spät. Roths Freund Stefan Fingal berichtete später:

»Ich kann nicht sagen, ob Joseph Roth hätte gerettet werden können. Aber ich weiß, daß eine feine Dame, als er ins Hospital Necker eingeliefert wurde, angab, Joseph Roth hätte einen Herzschlag erlitten. Warum sagte die feine Dame das? Weil es ihr peinlich war, zu sagen, daß es sich um einen Fall von Delirium tremens handelte. Sonst hätte man ihn in eine Trinkerheilstätte gebracht. Im Hospital gab es nicht einmal Kissen mit Rückenstütze. Man ließ ihn liegen, und als er fort wollte, band man ihn fest.

Joseph Roth, mit Riemen festgeschnallt in einem Armenhospital! Eine leichte, mehr zufällige Erkältung ging in eine Bronchitis über, die Bronchitis in eine Lungenentzündung.« Joseph Roth starb am 27. Mai 1939.

Sehr viel getrunken haben Ernest Hemingway, Henry Miller und vor allem William Faulkner, der gerade in sein Quartalsbesäufnis vertieft war, als man ihm den Nobelpreis für Literatur zuerkannte. Man hat versucht, das zu vertuschen. Und ebenfalls vertuscht wurde, daß Faulkner in einer Trinkerheilanstalt gestorben ist; auf den Totenschein wurde etwas anderes geschrieben. »Seine Werke haben unter seiner Trunksucht nicht gelitten – sie verdanken ihr eher einiges. Also: was macht es aus, daß er trank?« fragt Kurt Kusenberg in seinem Buch ›Der ehrbare Trinker‹, in dem er versucht, eine Grenze zu ziehen zwischen dem Trinker und dem Säufer. Für den Säufer, heißt es da, ist die Flasche ein Abgott, »an sie denkt er hin, von morgens bis abends. Nachts steht sie neben seinem Bett, damit er bei Schlafstörungen oder bei Sonnenaufgang nicht lange zu suchen braucht.« Zwischen Halbrausch und Rausch vergehe dem Säufer der Tag; »er macht Schulden, bricht sein Wort und erfüllt seine Pflichten nicht. Sein Weg führt nach unten: in Armut und Schande, in den Straßengraben, in die Trinkerheilanstalt.«

Grundsätzlich anders sei es mit dem Trinker, meint Kusenberg: »Sein Tageslauf ist intakt. Er arbeitet und hält sein Haus in Ordnung. Er ist seinen Kindern ein guter Vater und seiner Frau ein leidlich guter Liebhaber. Er trinkt mit Maßen, mal weniger, mal mehr, er betrinkt sich nie, außer sonnabends oder um liebe Gäste zu ehren. Er redet nicht konfus, torkelt nicht durch die Wohnung ... Der Trinker ist ein verläßlicher Staatsbürger, er macht keine Schulden, er bezahlt seine Weinrechnungen mit Genuß und ergänzt seine Vorräte rechtzeitig. An ihm ist kein Falsch, kein Fehl ...« Das klingt tröstlich. Aber in Wahrheit sind solche Formeln nicht praktikabel. Denn das eigentliche Problem klammern sie aus: Vom Trinker zum Säufer führt kein Weg zurück. Das wußte der Märchenerzähler Hans Christian Andersen: Sein Leben lang hatte er unsägliche Angst vor dem Alkohol, weil seine Mutter im Suff verkommen war. Und das wußte auch Tolstoj, der in jungen Jahren unmäßig getrunken hatte, später aber Abstinenzler wurde. Er leitete alles Übel dieser Welt davon her, daß die Menschen sich ständig betäuben, durch Rauschgift, Nikotin, Alkohol: »Man trinkt und raucht nicht aus Langeweile, nicht zur Erheiterung, nicht weil es Vergnügen macht, sondern um in seinem Innern die Stimme des Gewissens zu unterdrücken.« Tolstoj war überzeugt, daß man die Welt verbessern könne, wenn alle Menschen gesund lebten.

Gottfried Benn, der Arzt, sah es anders: »Wo immer also man hinsieht: das Produktive einer Masse durchsetzt von Psychopathien, Stigmatisierungen, Rausch, Halbschlaf, Paroxysmen; ein Hin und Her von Triebvarianten, Anomalien, Fetischismen, Impotenzen – gibt es überhaupt ein gesundes Genie?«

15. Kapitel
Angst vor Tod und Krankheiten

Zum Beispiel Albrecht Dürer, Robert Schumann, Goethe, Picasso, Adalbert Stifter, Hans Christian Andersen, auch Immanuel Kant und Nikolaj Gogol ...

> Was ich brauche ist ein Arzt, der sich für *mich* interessiert.
> Aber er interessiert sich nur für meine Malerei.
>
> Picasso

Zu den beliebtesten Vorurteilen unseres Zeitalters gehört die immer wieder aufgewärmte Behauptung, die Menschen der Vergangenheit hätten vor Tod und Sterben, auch vor Krankheiten sehr viel weniger Angst gehabt als der moderne Mensch, ja, sie seien dem Tod nicht ausgewichen, vielmehr mit ihm fast vertraut gewesen. Zumindest hätten sie das memento mori nicht nur nicht gescheut, sondern es sich im Gegenteil absichtlich bewußt gemacht, während in heutiger Zeit alles, was an den Tod erinnere, möglichst ausgeklammert werde. Um diese These zu stützen, wird gern auf die Friedhöfe verwiesen, die einst in den Zentren der Gemeinden lagen, als Kirchhöfe direkt an den viel besuchten Gotteshäusern, heute dagegen meist außerhalb von Dörfern und Städten angelegt werden: sichtbares Beispiel für die Verdrängung des Todes aus unserer Mitte. Als weiteres Beispiel wird angeführt, daß man früher, noch im ganzen 19. Jahrhundert, die Menschen zu Hause sterben ließ, umgeben von ihren Familienangehörigen, während Sterbenskranke unserer Zeit in Krankenhäuser gebracht werden und dort allein und nochmals abgeschoben in Kammern oder Badezimmern sterben müßten.

Beides ist zwar richtig, beweist aber dennoch nicht, daß man früher mit Tod und Krankheit besser umgehen konnte. Auch der pauschale Hinweis, früher seien die Menschen im christlichen Glauben aufgehoben gewesen und hätten das Leben vor allem als Weg in ein besseres Jenseits verstanden, bleibt Theorie. In Wahrheit hatten Menschen immer Angst vor dem Sterben. Sogar Christus hatte sie. Dreimal betete er am Tage vor seiner Kreuzigung zu Gott: »Mein Vater, ist's möglich, so gehe dieser Kelch von mir.« Und unmittelbar bevor er starb, verzweifelte er fast: »Mein Gott, warum hast du mich verlassen?« Aber sind es nicht gerade seine Angst und seine Verzweiflung, die ihn menschlich machen?

Freilich gab es immer wieder Zeitalter, in denen gefordert wurde, die Angst vor dem Tod zu überwinden und heldenhaft oder gelassen zu sterben, aber sie blieben Ausnahmen, zeitlich, örtlich, gesellschaftlich begrenzt. Die Schreckensjahre der Französischen Revolution gehören dazu. »Bei Gott«, sagte ein Pariser Bürger, der an vielen Tagen mit angesehen hatte, wie die zum Tode verurteilten Aristokraten unter der Guillotine starben – »in den Sack niesten«, nannte es der Volksmund, weil die abgeschlagenen Köpfe in einem Sack aufgefangen wurden –, »bei Gott, die Hunde sind mit viel Mut gestorben. Es ist sehr traurig, daß die Aristokraten das können; es war da vor allem eine unter der Bande, ein kleines Hühnchen von siebzehn oder zwanzig Jahren, frisch wie eine Rose, die ist euch auf den Kasten geklettert nicht anders, als ginge es zum Kontertanz.«

In jenen Jahren starben in Frankreich viele Menschen mit bewundernswerter Haltung. Ein Abbé Carrichon, der einigen Damen des Adels versprochen hatte, ihnen auf dem Weg zur Guillotine die Absolution zu erteilen, hat über die Hinrichtung der Marschallin von Noailles, der Herzogin von Ayen und deren Tochter, der Vicomtesse von Noailles (im April 1794) Aufzeichnungen gemacht. Darin heißt es:

»Ich befand mich an der Treppe, an der das erste Opfer lehnte, ein alter Mann mit weißem Haar, groß, von gutmütigem Aussehen, er soll Generalpächter sein. Neben ihm eine sehr stattliche Dame, die ich nicht kannte, dann mir gegenüber die Marschallin, in Trauerkleidung, auf einem Holzblock oder Stein sitzend, mit weit geöffneten, starr blickenden Augen. Alle anderen wurden in mehreren Reihen unter dem Blutgerüst aufgestellt ... Ich suchte die Damen, konnte aber nur die Mutter sehen, in der Haltung einfacher Frömmigkeit, edel, schicksalsergeben, mit geschlossenen Augen; kein beunruhigtes Aussehen mehr, sondern so, wie sie war, wenn sie an den Tisch des Herrn trat. Der Eindruck, den ich von ihr empfing, ist unauslöschlich. Ich sehe sie noch oft so vor mir. Gott schenke mir eine solche Haltung! ...

Alle waren jetzt ausgestiegen, die Opferung sollte beginnen. Die laute Freude, die abscheulichen Witze der Zuschauer verdoppelten und verstärkten die Qual der Todesstrafe, die an und für sich schmerzlos ist, aber grausam wird durch die drei aufeinanderfolgenden Schläge und den Anblick von soviel vergossenem Blut. Der Henker und seine Knechte stiegen hinauf und ordneten alles an. Der oberste zog einen blutroten Mantel über seine Kleider ... Als alles geregelt war, stieg der alte Mann mit Hilfe der Henker hinauf. Der Henkermeister packte ihn am linken Arm, der große Knecht am rechten, der zweite bei den Beinen; im Nu lag er auf dem Bauch, der Kopf wurde abgeschlagen und der völlig bekleidete Körper sofort in einen riesigen Sturzkarren geworfen, wo alles im Blut schwamm; und so ging es weiter. Welche entsetzliche Schlächterei! ... Die Marschallin stieg als dritte hinauf. Ihr Halsausschnitt mußte aufgeschnitten werden, um den Hals zu entblößen. Madame d'Ayen stieg als zehnte hinauf. Wie froh sie schien, vor ihrer Tochter sterben zu können, und wie zufrieden die Tochter, der Mutter nicht voraufgehen zu müssen! Der Henker riß ihr die Haube ab. Da sie mit einer Nadel festgesteckt war, die er herauszuziehen vergaß, verursachte das gewaltsam hochgezerrte Haar ihr Schmerzen, die sich in ihren Zügen ausdrückten. Sobald die Mutter verschwunden war, nahm die Tochter ihren Platz ein. Wie rührend, diese ganz in Weiß gekleidete junge Frau zu sehen! Sie erschien viel jünger, als sie in Wirklichkeit war. Sie bot sich dar wie ein sanftes, zartes Lamm, das man schlachten will ... Was bei ihrer Mutter passierte, geschah auch bei ihr. Dasselbe Außerachtlassen der Nadel, derselbe Schmerz. Und ach! Wieviel rotes Blut schoß aus Kopf und Hals! ... Aber sie ist jetzt selig! schrie ich innerlich, als man den Körper in den furchtbaren Sarg warf ... Als ich fortging, war es ungefähr acht Uhr. In zwanzig Minuten hatte man vierzig oder fünfzig Personen aussteigen lassen; zwölf davon waren hingerichtet ...«

Es ist bekannt, daß Ludwig XVI. von Frankreich und später auch Marie-Antoinette und viele, viele andere genau dieselbe Haltung zeigten, als sie sterben mußten. Einige Jahre zuvor aber war es in Kopenhagen dem Arzt und Geliebten der dänischen Königin Caroline Mathilde, dem aus Deutschland stammenden Johann Friedrich von Struensee, recht schwer gefallen, die Treppe zum Schafott hinaufzukommen. Er hatte allerdings zuvor unterhalb des Schafotts die Hinrichtung seines Freundes und Mitarbeiters mit anhören müssen, die auf eine besonders perfide Art erfolgte und die ihm selbst bevorstand. Da wurde zunächst das Todesurteil verlesen, dann wurde die rechte Hand abgeschlagen, danach der Kopf, und schließlich wurde der Körper des Hingerichteten wie der eines geschlachtenen Tieres in vier Teile zerlegt. Und Struensee hörte das alles Schlag um Schlag mit an.

Ein Wunder, daß Struensee nicht in Ohnmacht fiel, wie es hingegen dem achtzehnjährigen Friedrich von Preußen im Jahre 1730 in Küstrin erging! Friedrich mußte auf ausdrücklichen Befehl seines Vaters zusehen, wie sein Freund, der sechsundzwanzig Jahre alte Leutnant Hans Hermann Katte, der ihm bei seinem Fluchtversuch geholfen hatte, hingerichtet wurde. Als Katte schon vor dem Scharfrichter stand, rief Friedrich ihm vom Fenster seines Gefängnisses zu: »Mein lieber Katte, ich bitte Sie tausendmal um Verzeihung. Um Gotteswillen, Verzeihung, Verzeihung!« Katte selbst war sehr standhaft. »Nichts von Verzeihung, mein Prinz«, rief er zurück, »ich sterbe mit tausend Freuden für Sie.« Danach erfolgte noch einmal die Vorlesung des Todesurteils. Als der Scharfrichter dem Verurteilten den Kopf abschlug, fiel Friedrich bewußtlos in die Arme seiner Wächter.

Elf Jahre später gewann Friedrich – inzwischen war er König von Preußen – seine erste Schlacht, und zwar am 10. April 1741 bei Mollwitz in Schlesien gegen die Österreicher. So jedenfalls steht es in den meisten Geschichtsbüchern. Aber in einem nicht unwesentlichen Punkt ist das falsch: Der Sieg war nämlich nicht sein persönliches Verdienst, im Gegenteil, der neunundzwanzigjährige Feldherr war gar nicht dabeigewesen oder doch nur anfangs. Nachdem er vier Stunden lang die Schlacht gelenkt hatte, herrschte unter seinen Truppen eine solche Verwirrung – einige Truppenteile begannen sogar zu fliehen –, daß Friedrich die Schlacht verloren gab und völlig die Nerven verlor. Als Feldmarschall Schwerin ihm dann riet, wenigstens sein Leben in Sicherheit zu bringen, verließ Friedrich mit wenigen Begleitern fluchtartig sein Heer. Unterwegs rief er noch einer Troßabteilung zu, alles sei verloren, worauf auch diese Leute die Rettung in der Flucht suchten.

Nur kurze Zeit nach Friedrichs Flucht aber kam es auf dem Schlachtfeld zu einer entscheidenden Wendung, die der Feldmarschall Schwerin zum Sieg ausbauen konnte. Schwerin jagte dem König sofort Boten nach, doch – und das muß man sich einmal vorstellen – der Oberste Kriegsherr, der sein Leben in Sicherheit gebracht hatte und dabei noch beinahe den Österreichern in die Hände gefallen wäre, blieb zehn Stunden unauffindbar! Gerechterweise sei hinzugefügt: So etwas ist dem Preußenkönig nie wieder passiert. Es zeigt aber doch, daß auch dem berühmten Helden so vieler Schlachten, die Angst vor dem Tod nicht fremd gewesen ist.

Angst vor dem Tod hatten einst schon die Römer, und ans Sterben ließen sie sich so ungern erinnern, daß schon das bloße Wort als verpönt galt. Selbst bei Trauerfeiern wurde es vermieden. Da hieß es von dem Toten nicht: »Er ist gestorben«, sondern: »Er hat gelebt«. Auch Bismarck mochte nicht ans Sterben erinnert sein. Zu seinem sechsundsechzigsten Geburtstag wagte die Baronin Spitzemberg, sonst ständiger Gast bei den Bismarcks, nicht zu kommen, weil sie wegen eines Todesfalles in ihrer Familie in Trauer ging; sie kam deswegen schon am Vortage. Unter dem 1. April 1881 schrieb sie in ihr Tagebuch: »Ich war gestern schon drüben, Glück zu wünschen, da sie abergläubisch genug sind, in Trauer gekleidete Freunde nicht gerne an solchen Tagen zu sehen.«

Viel schlimmer aber war es mit Goethe. Schon in jungen Jahren zeigte er sich in höchstem Maße empfindlich gegen »widerwärtige Dinge«, doch schien er da noch entschlossen, sich von solcher Empfindlichkeit zu befreien. Deswegen besuchte der Einundzwanzigjährige ein Kolleg über Anatomie. Es half ihm aber nichts. Gegenüber Wunden, Krankheit, Tod blieb er sein Leben lang ängstlich bis zur Hysterie. Den Anblick von Kranken oder gar Sterbenden konnte er nie ertragen; auch wenn es sich um nächste Angehörige handelte, weigerte er sich, sie dann zu sehen. Als eine Stiefschwester seiner Frau an Tuberkulose erkrankte, wurde ihm das verheimlicht, obwohl sie seit vielen Jahren mit im Hause wohnte. Und sogar ihren Tod wagte niemand ihm mitzuteilen; erst nach dem Begräbnis, als alles vorüber war, erfuhr er davon. Und als Christiane, seine Frau, eben fünfzigjährig an Urämie starb, in einem zweitägigen, grauenvollen Todeskampf, da lag er die ganze Zeit krank in seinem Zimmer, mit einem Katarrh. Von anderen ließ er sich berichten, wie es um die Sterbende stand, die schreiend in ihrem Zimmer lag, und schrieb in sein Tagebuch:

»Nahes Ende meiner Frau. Letzter fürchterlicher Kampf ihrer Natur. Sie verschied gegen Mittag. Leere und Totenstille in und außer mir. Ankunft und festlicher Einzug der Prinzessin Ida und Bernhards. Hofrat Meyer, Riemer. Abends brillante Illumination der Stadt. Meine Frau um zwölf nachts ins Leichenhaus. Ich den ganzen Tag im Bett.« Er wollte nicht nur nichts sehen, er wollte alles, was mit Christianes Tod zusammenhing, schnellstens hinter sich haben. Schon am nächsten Morgen wurde Christiane in aller Frühe begraben. Goethe erwähnte auch das in seinem Tagebuch nur mit einem einzigen Satz, um dann sofort zu ganz alltäglichen Dingen überzugehen: »Meine Frau um vier Uhr begraben. Verschiedene Briefe. Fragment aus dem Ramayan an Major von Knebel. Akten geheftet. Rehbein, Huschke und Kämpfer. Im Garten. Das Nächstzubeobachtende durchdacht. Farbenversuche vorbereitet. Mittags mit August ...« Von seiner eigenen Krankheit war nicht mehr die Rede.

Krank wurde Goethe auch, als Schiller starb. Da man in seiner ganzen Umgebung stets bemüht war, alles, was an Krankheit und Sterben erinnerte, von ihm fernzuhalten, wagte niemand, ihm Schillers Tod mitzuteilen; er wußte aber sehr wohl, was los war. Ähnlich abwehrend verhielt er sich, als sein alter Freund und Mitarbeiter, der Minister Christian Gottlob von Voigt, sterbenskrank daniederlag. Als Voigt ihn noch bat, »ach, lieber Goethe, wir wollen doch innig zusammenleben«, und auf einen Besuch von ihm hoffte, »vielleicht noch morgen«, ließ er zunächst gar nichts von sich hören, um dann literarisch distanziert zu antworten: »Wenn gegenwärtige Geliebteste sich auf eine Reise vorbereiten, so stemmen wir uns dagegen. Sollten wir im ernstesten Falle nicht auch widerspenstig sein?«

Sicher war der Grund für ein solches Verhalten immer auch Furcht vor dem eigenen Ende. Als er Lessings Abhandlung ›Wie die Alten den Tod gebildet‹ las, tröstete ihn die – so sagte er – »Schönheit jenes Gedankens, daß die Alten den Tod als den Bruder des Schlafs anerkannt«. Dieser Gedanke kam seiner eigenen Vorstellung entgegen, im Tod nicht eigentlich das Ende des Daseins zu sehen. »Die Überzeugung unserer Fortdauer entspringt mir aus dem Begriff der Tätigkeit«, sagte er zu Eckermann, »denn wenn ich bis an mein Ende rastlos wirke, so ist die Natur verpflichtet, mir eine andere Form des Daseins anzuweisen, wenn die jetzige meinen Geist nicht ferner auszuhalten vermag.«

Doch wahren Trost konnte er in dieser fast überheblichen Meinung letztlich nicht finden. Und so ist der Zweiundachtzigjährige denn auch keineswegs leicht, keineswegs gelassen, sondern voller Todesangst gestorben, bis zuletzt auf Genesung hoffend. Über sein Sterben gibt es eine lange Zeit ignorierte Darstellung von seinem Arzt: »Ein jammervoller Anblick erwartete mich. Fürchterliche Angst und Unruhe trieben den seit lange nur in gemessenster Haltung sich zu bewegen gewohnten, hochbejahrten Greis mit jagender Hast bald ins Bett, wo er durch jeden Augenblick veränderte Lage Linderung zu erlangen vergeblich suchte, bald auf den neben dem Bette stehenden Lehnstuhl. Der Schmerz, welcher sich mehr und mehr auf der Brust festsetzte, preßte dem Gefolterten bald Stöhnen, bald lautes Geschrei aus. Die Gesichtszüge waren verzerrt, das Antlitz aschgrau, die Augen tief in ihre lividen Höhlen gesunken, matt, trübe; der Blick drückte die größtmögliche Todesangst aus ...«

Wie Goethe, der vermutlich an den Folgen eines Herzinfarkts gestorben ist, vom Tod nur ungern und fast immer in Umschreibungen gesprochen hat, nannte er auch Krankheiten selten bei ihren Namen. Er umschrieb sie als »Leiden«, »alte Übel«, als »Geruch von Krankheit«, wie er seiner Meinung nach um Schiller war, und als dem Dreiundsiebzigjährigen ein Coronarinfarkt mit Pericarditis schwer zu schaffen machte, meinte er: »Es lasten solche Mengen von Krankheitsstoff auf mir seit dreitausend Jahren...« Übrigens zeigte er seinen Ärzten nur wenig Vertrauen: »Treibt nur eure Künste, ihr werdet mich doch nicht retten!« Mehr als ihnen traute er letztlich doch nur der eigenen Kraft und Fähigkeit zu Heilung und Regeneration, die er in häufigen Kuren in Karlsbad und Marienbad förderte.

Goethe hat versucht, Krankheit aus seinem Leben wie aus seinem Werk auszuklammern, sie nicht wahrzunehmen. Selbst als bloße Möglichkeit wollte er sie nicht an sich herankommen lassen. Nur so aber konnte er verhindern, daß die Angst vor Krankheit konkrete Form annahm, wie es hingegen bei vielen Menschen der Fall ist, die in ständiger Furcht vor ganz bestimmten Krankheiten leben und eben dadurch womöglich krank werden. Zu ihnen gehörte Pablo Picasso.

Picasso scheint an Krebsangst gelitten zu haben. Jedenfalls erzählt seine langjährige Lebensgefährtin Françoise Gilot, daß sie ihm jeden Morgen beim Aufstehen seine Angst vor Krebs ausreden mußte. »Eine meiner schwersten Aufgaben war es, Pablo morgens aus dem Bett zu bekommen«, schreibt sie in ihrem Buch ›Leben mit Picasso‹, »wenn er erwachte, war er stets von Lebensüberdruß erfüllt, und es mußte ein bestimmtes Ritual eingehalten werden, eine Art von Litanei, die jeden Tag mehr oder weniger sorgfältig zu wiederholen war.« Möglicherweise hat Françoise ein wenig übertrieben, aber bisher ist ihre Darstellung unwidersprochen geblieben.

Während Picasso also noch im Bett lag, »stöhnte er und begann mit seinen Klagen. ›Du hast keine Ahnung, wie unglücklich ich bin. Niemand könnte unglücklicher sein. Außerdem bin ich ein kranker Mann. Mein Gott, wenn du wüßtest, welches Leiden ich habe.‹«

Er war damals in den Sechzigern und hatte noch viele Jahre vor sich. Françoise fährt fort: »Er hatte zwar seit 1920 hin und wieder mit einem Magengeschwür zu tun, doch wenn er begann, die Krankheiten aufzuzählen, an denen er litt, war das nur der Ausgangspunkt. ›Ich habe ein Magenleiden. Ich glaube, es ist Krebs.‹«

Sodann schimpfte er auf seinen Arzt, einen Dr. Gutmann, der sich viel zu wenig um ihn kümmere: »Wenn er nur die mindeste Sorge um mich hätte, wäre er jetzt hier. Er wollte täglich kommen. Aber nein. Wenn ich ihn aufsuche, sagt er: ›Mein Freund, es geht Ihnen nicht so schlecht, wie Sie denken.‹ Und was tut er dann? Er zeigt mir seine Erstausgaben. Ist es nötig, daß ich seine Erstausgaben sehe? Was ich brauche, ist ein Arzt, der sich für *mich* interessiert. Aber er interessiert sich nur für meine Malerei. Kannst du mir vielleicht sagen, wie es mir dabei gutgehen soll? ... Ich bin schon fast verzweifelt. Warum soll ich überhaupt aufstehen? ... Ein Leben wie meines ist unerträglich.«

Françoise mußte ihn nun trösten, wodurch zunächst aber alles noch schlimmer wurde: »›Aber nein‹, sagte ich. ›Du bist doch gar nicht so krank. Natürlich hast du ein bißchen mit dem Magen zu tun, aber das ist wirklich nichts Ernstliches. Und außerdem mag dich dein Arzt ganz gern.‹ – Pablo fing zu schreien an. ›Ja! Und er sagt auch, ich darf Whisky trinken. So besorgt ist er um mich. Er sollte sich schämen. Er schert sich einen Dreck um mich.‹ – ›Aber was. Er sagt das, weil er denkt, es könnte dir Freude machen.‹ – ›Ah! Ich verstehe! Ich werde aber trotzdem keinen trinken. Es würde wahrscheinlich alles verschlimmern.‹«

So ging es Morgen für Morgen, sagt Françoise, und sie fügt hinzu: »Es dauerte meistens eine Stunde, bis alle Argumente, die ihm wieder Mut machen könnten, erschöpft waren – und ich auch.« Dann stand er auf und war den ganzen Tag guter Dinge – bis zum nächsten Morgen.

In früheren Zeiten hatten die Menschen sehr viel weniger Angst vor Krebs (der noch nicht so verbreitet war wie heute beziehungsweise in vielen Fällen gar nicht erkannt wurde), um so mehr jedoch vor Seuchen, wie zum Beispiel Pest und Cholera. Wenn sie auftauchten, sahen manche ihre Rettung vor Ansteckung einzig in der Flucht – vorausgesetzt, daß Flucht ihnen überhaupt möglich war. Immerhin gab es dafür ja ein weltbekanntes literarisches Vorbild, nämlich Boccaccios im Jahre 1353 erschienene Novellensammlung ›Decamerone‹. Da hatte sich eine kleine Gesellschaft vornehmer Florentiner aus der von der Pest heimgesuchten Stadt aufs Land zurückgezogen und verbrachte dort die Zeit mit dem Erzählen meist heiterer Geschichten, eben jener hundert Novellen des ›Decamerone‹. Anlaß dieses von Boccaccio geschaffenen Novellenzyklus war die Pest, die damals von China nach Europa gekommen war und in wenigen Jahren mehr als ein Viertel der europäischen Bevölkerung – das waren etwa fünfundzwanzig Millionen Menschen – dahinraffte. Allein in Florenz, wo Boccaccio lebte, starben hunderttausend Menschen. Boccaccio hat einen Bericht gegeben, in dem es heißt:

»Umsonst war alle Klugheit und menschliche Vorsicht, umsonst waren die vielen öffentlichen Ratschläge zur Erhaltung der Gesundheit, umsonst auch die wiederholten Bittgänge und Gebete. Mit Beginn des Frühlings begann die Seuche ihre schmerzensreichen Wirkungen auf eine gräßliche Art zu zeigen. Und sie begann hier nicht wie im Orient mit Nasenbluten, dem sicheren Zeichen unvermeidlichen Todes, sondern es entstanden bei Männern wie bei Frauen Geschwülste unter der Achsel bis zur Größe eines Apfels, die das Volk Pestbeulen nannte. Von dort aus verbreitete sich das tödliche Pestgift über den ganzen Leib. Später nahm die Krankheit eine andere Gestalt an: Es entstanden schwarze oder bläuliche Flecken am Arm oder am Oberschenkel und weiterhin am ganzen Körper. Und wie anfangs die Beulen ein sicheres Zeichen des kommenden Todes gewesen waren, so wurden es jetzt die Flecken für jeden, der sie bekam. Kein ärztlicher Rat und keine Kraft der Arzneien erwiesen sich heilsam. Jedenfalls genasen nur sehr wenige, und fast alle starben rasch binnen drei Tagen nach dem Auftreten jener Zeichen ... Die Verderblichkeit dieser Seuche war um so größer, als der Todeskeim von den Kranken auf die Gesunden übergriff wie Zunder auf trockene oder fettige Gegenstände. Und zwar nicht nur beim Umgang mit den Kranken selbst, sondern auch beim Berühren ihrer Kleider und Sachen. Deswegen hatten fast alle das Ziel, die Kranken und deren Sachen zu meiden und zu fliehen. Manche dachten, daß ein mäßiges Leben die Widerstandskraft erheblich fördere. Sie vereinigten sich zu Gesellschaften und lebten von allen abgesondert. Und indem sie sich in Häusern, in denen kein Kranker war, versammelten und einschlossen, genossen sie die schmackhaftesten Speisen und den besten Wein, aber mit Maß und auf der Hut vor aller Schwelgerei. Niemand erhielt zu ihnen Zutritt, und keine Todes- oder Krankennachricht durfte ihnen überbracht werden. Andere dagegen behaupteten, die sicherste Arznei bei einem solchen Übel sei, reichlich zu trinken, sich gute Tage zu machen, mit Gesang und Scherz umherzuziehen, jeglicher Begierde, wo es nur möglich sei, Genüge zu tun, und über das, was kommen werde, zu lachen und zu spotten. – Die Heimsuchung hatte in den Herzen der Männer und Frauen einen solchen Schauder erregt, daß ein Bruder den andern verließ oder der Oheim den Neffen und die Schwester den Bruder und oft die Frau ihren Gatten. Und sogar die Väter und Mütter scheuten sich, nach ihren Kindern zu sehen und sie zu pflegen. So starben viele, die sich vielleicht, wenn sie betreut worden wären, erholt hätten. An die Stelle der Trauer waren Gleichgültigkeit, Gelächter und Scherz getreten, während viele Menschen auf öffentlicher Straße verschieden. Da für die große Menge von Leichen, die täglich, ja beinahe stündlich zu allen Kirchen gebracht wurden, die geweihte Erde der Friedhöfe nicht ausreichte, wurden große Gruben gemacht und die neu hinzukommenden zu Hunderten hineingelegt. Die Zahl der Toten in Florenz wird auf mehr als hunderttausend geschätzt. Wie viele stolze Paläste, wie viele adlige Wohnsitze, einst voll von Herren, Damen und Gesinde, standen nun leer.«

Der Leibarzt Papst Clemens' VI., Guy de Chauliac, sagte: »Die Seuche ist für Ärzte, da sie nicht zu helfen vermögen, höchst beschämend, um so mehr, als sie aus Furcht vor Ansteckung die Kranken nicht zu besuchen wagen.«

So war es immer wieder, wenn Seuchen ausbrachen, mögen sie später auch nicht gar so verheerend gewesen sein wie um 1350. Die Angst blieb, die Angst vor Tod und Pestilenz. Und so ist es denn durchaus verständlich, daß zum Beispiel Albrecht Dürer dreimal ins Ausland reiste, weil er sich daheim in Nürnberg von Pestepidemien bedroht fühlte. Das erste Mal floh er im Herbst 1494, als die Pest nach Nürnberg kam. Er reiste nach Italien, und später hat man immer von seiner »ersten italienischen Bildungsreise« gesprochen, die es in der Tat ja auch wurde, nur ändert das nichts an dem eigentlichen Grund, seiner Angst vor Krankheit. Übrigens floh er allein. Seine Frau, die er erst wenige Monate zuvor geheiratet hatte, ließ der Dreiundzwanzigjährige daheim. Im Frühjahr 1495, als die Pest vorüber war, kehrte er zurück. Drei Jahre später vollendete er die ›Apokalypse‹.

Im Spätsommer 1505, als in Deutschland wieder die Pest ausbrach und auch nach Nürnberg kam, brachte sich Dürer ein zweites Mal in Sicherheit, indem er wieder nach Italien reiste. Auch diesmal ließ er seine Frau in Nürnberg, wohin er erst nach anderthalb Jahren zurückkehrte.

Noch ein drittes Mal ist Dürer vor der Pest geflohen, als sie noch einmal seine Heimatstadt heimsuchte, und zwar im Jahre 1520. Da reiste er in Begleitung seiner Frau in die Niederlande. Und auf dieser Reise, auf der er wieder vor der Krankheit floh, scheint er sich den Tod geholt zu haben. Jedenfalls berichtete er nach der Rückkehr, unterwegs habe ihn eine »wunderliche Krankheit« befallen, »von der ich nie von keinem Mann gehört, und diese Krankheit hab ich noch«. Von unterwegs hatte er von »heißem Fieber mit großer Schwäche, Unlust und Hauptweh« geschrieben. Und zwei Jahr später schrieb er in einem Brief wieder von jener seltsamen Krankheit, die immer mit Fieberanfällen verbunden war und bei der es sich möglicherweise um Malaria gehandelt hat. Fest steht, daß Dürer sich seit jener Reise nie mehr richtig erholt hat, sondern sich zunehmend schwächer und zeitweise völlig erschöpft fühlte. Dennoch hat er bis zuletzt gearbeitet, und als er im Alter von siebenundfünfzig Jahren starb, sprachen alle von einem unerwarteten Tod.

Vor einer ansteckenden Krankheit davonlaufen wollte gut dreihundert Jahre später auch der junge Robert Schumann, und zwar vor der Cholera, die Anfang der dreißiger Jahre des vorigen Jahrhunderts in Deutschland grassierte und an der angeblich – was heute jedoch als nicht mehr haltbar gilt – in Berlin der einundsechzigjährige Hegel gestorben war. Sie machte den dreiundzwanzig Jahre alten Schumann ganz kopflos. Erschreckt hatte ihn jedoch ein Jahr zuvor schon etwas anderes, nämlich eine plötzliche Lähmung seiner rechten Hand. Die Lähmung ging zwar rasch wieder zurück, aber nicht vollständig. Ein Finger blieb lahm. Und es half gar nichts, daß Schumann von einem Arzt zum anderen lief und schließlich auch bei Quacksalbern Hilfe suchte. Schumann war der Verzweiflung nahe, denn zu jener Zeit wollte er noch Pianist werden. Es fiel ihm schwer, dieses Ziel aufzugeben. Erst später schrieb er seiner Mutter: »Wegen des Fingers mache Dir keine Unruhe! Komponieren kann ich ohne ihn, und als reisender Virtuose würde ich kaum glücklich sein.«

Aber im Herbst 1833 hatte er sich von jenem Schlag noch keineswegs erholt, sondern war zutiefst niedergeschlagen. Und als er dann von der Cholera hörte, packte ihn die Angst. Er wollte sofort einen Reisepaß haben und nach Frankreich oder Italien fliehen. Seine Mutter versuchte, ihm seinen Plan auszureden, sie beschwor ihn, seine Angst vor Ansteckung zu überwinden, da eben die Angst selbst gefährlich sein könne. Er aber steigerte sich so sehr in Panik hinein, daß er glaubte, wahnsinnig zu werden, und sich deswegen das Leben nehmen wollte, und zwar durch einen Sturz aus dem Fenster. Dazu ist es nicht gekommen, aber von da an hatte Robert Schumann sein Leben lang Furcht, höher gelegene Wohnungen zu betreten.

Unter Angst vor Krankheiten litt besonders stark der österreichische Dichter Adalbert Stifter. Mit hypochondrischer Akribie führte der Endfünfziger ein Tagebuch über sein körperliches und seelisches Befinden, in dem er, wie auch in Briefen, immer wieder über ein »Nervenübel« klagte. Er führte es auf den Zwang zurück, dem er sich in seinem Amt ausgesetzt fühlte. Unfähigkeit und Hochmut der Vorgesetzten schienen ihm alle seine Bemühungen um Reformen im Schulwesen, für die er sich als Schulrat einsetzte, zunichte zu machen. Das – so meinte er – war die eigentliche Ursache dafür, daß er, der sich einst einen wandernden Wollsack genannt hatte, plötzlich abmagerte, eine gelbliche Gesichtsfarbe bekam und unter Würgen im Halse und Angstzuständen litt. Sein Arzt führte indessen alles nur auf mangelnde Bewegung und viel zu reichliches Essen zurück, jedenfalls zunächst. Später vermutete er ein Gallen- oder Leberleiden und riet dem Patienten zu einer entsprechenden Kur.

Stifter fuhr nach Karlsbad, wo er sich recht gut erholte und sich »fast vollständig gesund« fühlte. Doch kehrte er nicht nach Hause zu seiner Frau zurück, nach Linz, wo »Nebel und Dunstschichten« ihn störten, sondern ging in den Bayerischen Wald, wo »auserlesenes Wasser und unvergleichliche Luft ist«, zunächst nach Kirchschlag, später in die sogenannten Lackenhäuser, und dort arbeitete er am zweiten Band des ›Witiko‹. Als Grund gab er an, daß trotz der Karlsbader Kur eine »Überreizung der Nerven« geblieben sei. Auch hatte er Angst, sich an

Diphtherie anzustecken, die in Linz umging. Danach wieder war es Angst vor der »Bräune«, die ihn von zu Hause fernhielt. Seine Vorgesetzten im Ministerium mußte er mehrmals um Verlängerung seines Urlaubs bitten, da er sich »noch nicht zur Amtsübernahme fähig« fühle und seine Nerven so seien, daß er sich »über jedes Geräusch erschrecke und jede Kleinigkeit fürchte«, zuletzt am 21. Oktober 1865:

»Da mit dem Ende des Monats October mein Urlaub abläuft, lege ich in Ehrfurcht das ärztliche Zeugniß bei, welches meinen Wiedereintritt in die Amtswirksamkeit als unthunlich erklärt und weitere Ruhe und Aufenthalt auf dem Lande vorschreibt ... Ich habe gegen das Leiden in meinem Magen und Unterleibe auf den Rath der Ärzte im Frühlinge Karlsbad gebraucht. Gegen Ende des August stellten sich günstige Wirkungen ein, da ich mich in hoher Luft und bei reinem Wasser im bayrischen Walde befand ... Am 12. October kam ich in die Niederung von Linz, und von da bis zum 15. fühlte ich heftigen Druck auf der Brust und Verdauungsbeschwerden. Ich floh daher am 15. nach Kirchschlag (3000 Fuß über dem Meere, mit herrlichem Granitwasser), sogleich hörte der Druck auf und hat mich bis heute nicht mehr befallen ...«

Wenig später wurde Stifter – inzwischen sechzig Jahre alt – in den Ruhestand versetzt. Er meinte, daß nun sein Nachsommer begänne. Nachdem er den Winter über im Bayerischen Wald geblieben war, ging er im nächsten Jahr nochmals nach Karlsbad – »meine Gesundheit wächst täglich« – und anschließend wieder in die Lackenhäuser. Aber trotz »nunmehr überstandener Krankheit« ängstigte er sich wie eh und je. Als er dann in der Zeitung von einem tollwutverdächtigen Hund las, schrieb er seiner Frau, die mit ihrem Hündchen wieder in Linz geblieben war: »Lasse die Puzi nicht auf die Gasse. Wenn du in den Garten gehst, trage sie, und lasse sie nur im Garten herumlaufen.«

Körperlich fühlte er sich immer besser. »Nur die Nerven wollen noch nicht so eisern sein, wie einst«, schrieb er seiner Frau. »Jedes Unangenehme, so klein es ist, greift mich unverhältnißmäßig an.« Das Unangenehmste war für ihn die Cholera, von der er ebenfalls in der Zeitung las. Zwar schien sie noch weit weg zu sein, ihn aber versetzte sie in größte Angst: »Wäre die Cholera nicht im Norden Europas wie im vorigen Jahre im Süden, so wäre ich rüstig und fröhlich; aber diese Schlange, bei der ich doch sonst in Wien, ohne sie zu beachten, fort gelebt habe, quält mich in meinem jetzigen Zustande beständig.«

Wohl weil ihm die Angst peinlich war, fügte er hinzu: »Es ist die Angst um dich, die in mir lebt. In Wien sind nach der Linzer Zeitung bereits Fälle vorgekommen.« Und er beschwor seine Frau, sofort zu ihm zu kommen, sobald die Cholera auch nach Linz komme. Und möglicherweise wieder an das eigene Wohl denkend: »Du darfst aber nicht warten, bis sie förmlich in Linz eingenistet ist; denn da trägt man nicht selten den Keim schon in sich, wenn man fliehen will.«

Seine Frau antwortete: »Bis jetzt hört man nicht das geringste, und Du kannst darüber ganz ruhig sein.« Doch beruhigen ließ er sich nicht. In kurzen Abständen, manchmal täglich zweimal, schrieb er seiner Frau lange Briefe, in denen er ihr stets seine große Liebe beteuerte und daß er es kaum noch aushalte, fern von ihr zu sein, aber die Angst hielt ihn zurück. Ein neuer Cholerafall bestärkte ihn in seinem Mißtrauen:

»Der Fall, von dem du mir geschrieben hast, und den ich ausführlich in der Linzerzeitung gelesen habe, daß nehmlich eine Frau auf einem Dampfschiffe während der Fahrt von Wien nach Linz an der Cholera gestorben ist, und daß man sie in Urfahr begraben habe, zeigt dir jetzt deutlich, daß meine Besorgniß nicht so unnöthig ist, wie du geschrieben hast. So wird diese Heimsuchung der Menschheit weiter verschleppt. Ich lese, daß man Schiff und Leichenkammer und Grab desinficirt habe. Wissen die Herren nun genau, daß Alles desinficirt ist, wie sie sagen? Sind sie selber desinficirt, und die Träger der Leiche, und die übrig gebliebenen Kleider? Gott gebe, daß Linz verschont bleibe, und daß nicht auch in unser Haus und seine Verhältnisse eine Verwirrung komme. Ich kann dich nur bitten, sorgfältig acht zu haben, nichts zu versäumen, und meiner Einsicht nicht zu mißtrauen ...«

Weil er sie auf Grund dieses Falls dringend bat, Linz zu verlassen, wo in den nächsten Wochen tatsächlich mehrere Fälle von Cholera beziehungsweise Brechruhr, wie Stifter die Krankheit manchmal auch nannte, auftraten, kam seine Frau zu ihm. Doch sehnte sie sich bald in die Stadt zurück, weswegen Stifter seinen Arzt, Dr. Karl Essenwein, brieflich um Rat fragte, ob Amalie nach Linz zurückkehren solle. Was ihn selbst betraf, so stand seine Entscheidung fest: »Ich besuche Linz nur dann wieder, wenn es von dieser Seuche vollständig frei ist; denn meine Nerven sind noch so reizbar, daß ich eine lächerliche Furcht vor dieser Krankheit habe, wie einst (Sie erinnern sich wohl noch) vor der sibirischen Pest und vor der häutigen Bräune.«

Da ihnen aus Linz versichert wurde, es habe nur zehn Erkrankungen gegeben und die Seuche sei im Abklingen, kehrte Amalie Stifter nach Hause zurück. Er blieb noch viele Wochen, verfolgte aufmerksam die Zeitungen, und als es darin endlich hieß, Linz sei cholerafrei, glaubte er der Meldung nicht. Im November schrieb ihm Dr. Essenwein, daß Amalie erkrankt sei. Stifter geriet in einen fast panikhaften Zustand. Er beschwor den Arzt, ihm täglich über ihr Befinden zu berichten. Er fürchtete das Schlimmste, aber die Furcht vor möglicher Ansteckung hielt ihn fern. Als die Krankheit sich als eine bloße Erkältung herausstellte, entschuldigte er sich bei seiner »geliebtesten, teuersten Gattin«: »Ich habe ein wenig die Besorgnis gehabt, daß dich die Szene des Wiedersehens etwa zu stark angreifen könnte.«

Nun aber wollte er wirklich zu seiner Frau, und er

nannte ihr auch den Reisetermin. Da setzte ein starker Schneefall ein, der mehrere Tage anhielt, und er teilte seiner Frau mit, daß er deswegen die Fahrt nicht machen könne. Seinem Arzt gestand er jedoch, der wahre Grund sei noch immer die Cholerafurcht, die ihn nun einmal »lächerlich heftig« ergriffen hatte. Immerhin war jener Schneefall, den er später in der Studie ›Aus dem Bairischen Wald‹ beschrieb, so stark, daß er Schnee nicht mehr sehen konnte, ja Angst vor ihm hatte und deswegen – inzwischen war es Ende November – nach Hause fuhr.

Er blieb keine drei Tage. Da floh er wieder aus der Stadt, weil er von einigen noch nicht gänzlich ausgeheilten Krankheitsfällen hörte. »Meine Nerven werden sich doch endlich meinem Verstande fügen«, entschuldigte er sich von unterwegs bei Amalie. Im Dezember 1866 kam er dann endgültig nach Hause; seit der ersten Cholerameldung, die ihn so sehr beunruhigt hatte, war mehr als ein halbes Jahr vergangen.

Stifter selbst hat seine Angst vor der Cholera lächerlich genannt. Trotzdem besteht kein Anlaß, sie zu belächeln. Man sollte bedenken, daß die tödliche Krankheit – damals, 1868, als »Zehrfieber nach Leberverhärtung« bezeichnet, später als Leberzirrhose und neuerdings als akut exazerbierende Tuberkulose vermutet – schon in ihm war. Der Schnitt in den Hals, den Stifter sich zwei Tage vor seinem Tode mit einem Rasiermesser beibrachte, führte zwar zu starkem Blutverlust, jedoch nicht unmittelbar zum Tode.

Lange zuvor hatte Stifter über stets wiederkehrende Fieberanfälle geklagt, über nächtliches Schwitzen, über Verdauungsstörungen, über seine »Nervenschwäche«. Das heißt, als sich seine Angst vor Krankheit in der Cholerafurcht manifestierte, fühlte er sich schwach, verwundbar, ohne Widerstandskraft.

Gleiches mag für Robert Schumann und für Albrecht Dürer gelten, die von Jugend an nicht gerade robust waren. Und ganz bestimmt gilt es für den dänischen Märchendichter Hans Christian Andersen, der ebenfalls körperlich nicht sehr kräftig war; er neigte zu Hypochondrie und beobachtete sich selbst, seine Gefühle und sein körperliches Befinden mit ähnlicher Akribie wie Stifter und hielt alles in seinen Tagebüchern fest. Zum Beispiel heißt es da: »Aufgestanden halb neun, herrlicher Sonnenschein, Gott, laß diesen auch mein Gemüt für Christentum und Gott erhellen! (Mein Stuhlgang etwas dünn ...)«

Andersen jammerte unaufhörlich über seine schlechte Gesundheit, und immer wieder ist in seinen Tagebüchern, die Krankenjournalen gleichen, davon die Rede, daß er sich matt, fiebrig, schwindelig, entkräftet fühlt. Allerdings fühlte er sich immer dann schlecht, wenn irgend jemand ihn nicht anerkannte, und er gab zu: »Nur wenn sie von allen bewundert wird, fühlt meine Seele sich glücklich; der Geringste, der dies nicht tut, kann mich mißmutig machen.« Seine Angst bestand darin, wahnsinnig zu werden. Sie war nicht völlig aus der Luft gegriffen, sondern gründete in der Tatsache, daß sein Großvater väterlicherseits (wie übrigens ein wenig auch sein früh verstorbener Vater) psychotisch war. »Vor dem geistesschwachen Großvater hatte ich eine große Angst; nur ein einziges Mal hatte er mit mir geredet und dabei die mir ungewohnte Anredeform ›Sie‹ gebraucht; er schnitzte seltsame Figuren in Holz, Menschen mit Tierköpfen, Tiere mit Flügeln und sonderbare Vögel; diese packte er in einen Korb und ging damit aufs Land hinaus, wo die Bauersfrauen ihn überall bewirteten, ja ihm Grütze und Schinken mit nach Hause gaben, weil er ihnen und ihren Kindern das kunstvolle Spielzeug schenkte ...«

Dies allein hätte zu seiner Angst vielleicht noch nicht ausgereicht, aber was den schwächlichen und schüchternen Jungen so tief getroffen hatte, war folgendes: »Eines Tages, als er wieder nach Odense zurückkam, hörte ich die Gassenjungen laut hinter ihm herschreien; vor Angst versteckte ich mich hinter einer Treppe, während sie vorüberstoben; ich wußte, ich war von seinem Fleisch und Blut.«

Am meisten verletzte es ihn, als einmal ein Mitschüler von ihm sagte: »Er ist genau wie sein Großvater«, der – weil er oft in seltsamem Aufzug und laut singend durch die Straßen zog – stadtbekannt war. Wiederholt gestand der junge Andersen in seinem Tagebuch die Angst, ebenso verrückt zu werden, und im Alter entsetzte es ihn geradezu, daß er seinem Großvater im Aussehen immer ähnlicher wurde.

Andersens Angst vor dem Wahnsinn hatte noch eine andere Ursache, die ebenfalls in die Kindheit zurückreicht. Da war er einmal in Odense zu jenem Gebäude gegangen, in dem die »Tollen« saßen: »Ein langer Gang führte zwischen den Zellen dahin; auf diesem hatte ich mich eines Tages hingehockt und lugte durch den Türspalt; drinnen saß ein nacktes Frauenzimmer auf einem Haufen Stroh, ihr Haar hing ihr über die Schultern hinab, und sie sang mit einer ganz herrlichen Stimme; plötzlich sprang sie auf, stürzte mit einem Schrei auf die Tür zu, vor der ich lag, der Wärter war fortgegangen, ich ganz allein, sie schlug so heftig gegen die Tür, daß die kleine Luke gerade über mir, durch die ihr das Essen hereingereicht wurde, aufsprang, sie sah von dort zu mir hinunter, streckte einen ihrer Arme nach mir aus; ich schrie vor Grauen und drückte mich fester an den Fußboden. Dieser Anblick und dieser Eindruck sind noch immer nicht aus meiner Seele getilgt. Ich fühlte, wie ihre Fingerspitzen meinen Anzug berührten; ich war halbtot, als der Wärter kam.«

Seine Angst hat Andersen nie verloren. Als der Mittvierziger in Kopenhagen vor seinem Fenster einen »armen, halbblöden Burschen« sah, mußte er erschüttert wieder an seinen Großvater denken und was aus ihm, Andersen, hätte werden können, wenn er in Odense geblieben wäre und »wenn die Kräfte der Phantasie, die mich damals so mächtig erfüllten, nicht durch die Zeit und Verhältnisse gezügelt worden wären«. Und dankbar setzte er hinzu: »Ich weiß nicht, aber beim Anblick dieses unglücklichen, gehetzten Blödlings vor meinem Fenster klopfte mein Herz heftig, mein Gedanke und mein Dank stiegen zu Gott empor für seine Gnade und Liebe gegen mich.«

Angst vor Tod und Krankheit ist und war zu allen Zeiten weit verbreitet, und sie ist sicher etwas durchaus Natürliches. Entscheidend ist eben, wie der einzelne damit fertigwird. Auch der deutsche Philosoph Immanuel Kant fürchtete sich vor Krankheit, und auch bei ihm war die Furcht begründet in einer schwächlichen Konstitution. Kant hat seiner Angst jedoch nicht nachgegeben, er verfiel nicht der Hypochondrie, sondern er – so sagt es der Kant-Biograph Uwe Schultz – »überzog sein Leben mit einem Koordinatenkreuz von Gesundheitsregeln«.

Kant, der ziemlich klein war, nämlich nur ein Meter siebenundfünfzig, hatte eine eingefallene Brust und litt sein Leben lang unter Atemnot. In jüngeren Jahren klagte er über Herzbeklemmungen, die ihn manchmal fast verzagen ließen. Er war äußerst sensibel, gegen manche Dinge allergisch; eine frisch gedruckte Zeitung löste bei ihm einen Schnupfen aus.

Wegen seiner überaus anfälligen Gesundheit hatte sich Kant sein Alltagsordnungssystem ausgetüftelt, über das viel gelächelt worden ist, weil er sich ihm so streng unterwarf. Aber nur so meinte er über die Runden kommen zu können. Immer schlief er genau sieben Stunden. Um fünf Uhr morgens ließ er sich wecken. Bis gegen dreizehn Uhr arbeitete er. Dann gab es Mittagessen, zu dem er stets Gäste einlud. Der Nachmittag gehörte dem Meditieren. Jeden Abend, pünktlich um sieben Uhr, begann er seinen Spaziergang. Er machte ihn immer allein, und zwar aus folgenden Gründen: Er wollte während des Gehens nicht sprechen, daß heißt nicht den Mund aufmachen müssen, weil er fürchtete, sich dabei »Rheumatischen Affektionen« auszusetzen. Und er wollte sein Schrittempo nicht einem anderen angleichen müssen und dabei womöglich »in Transpiration« geraten. Um zehn Uhr abends und nie später lag er im Bett.

Dieses strenge Ordnungssystem wirkte wie ein Korsett, und mit ihm konnte auch der alternde Kant, der an rasch fortschreitender Gehirnarteriosklerose oder an der Alzheimerschen Krankheit litt, noch leben. Der Endsiebziger hatte häufig Halluzinationen und nächtliche Todesangst vor Meuchelmördern. Kant starb an einem Kollaps, dessen Ursache vermutlich Gehirnblutungen waren.

Die Reihe jener, die Angst vor Tod und Krankheit hatten, ließe sich um sehr viele Beispiele verlängern. Aber wie in allen Kapiteln dieses Buches über das private Leben von genialen oder auch nur weltberühmten Persönlichkeiten, über ihre Ängste und Ärgernisse, ihre Leiden und Süchte, ihre alles in allem schlicht menschlichen Verhaltensweisen wird auch in diesem letzten Kapitel nicht etwa Vollständigkeit angestrebt. Abschließend soll jedoch noch auf eine besondere Art von Angst, die mit der Todesangst eng zusammenhängt und in früheren Zeiten weit verbreitet war, hingewiesen werden: auf die Angst, lebendig begraben zu werden.

Unter ihr litt zum Beispiel Georg Trakl, der zugleich vor dem Sterben eine katastrophale Angst hatte, obgleich er schon als Gymnasiast oft von Selbstmord sprach, ja bei geringsten Anlässen drohte, sich das Leben zu nehmen. Stets fürchtete er, als Scheintoter begraben zu werden. Das war allerdings insofern nicht ganz unbegründet, als man ihn mehrmals in todesähnlicher Betäubung aufgefunden hatte, einmal im Freien und halb erfroren; Trakl hatte ja – wie bereits an anderer Stelle erwähnt – schon als Schüler eine große Vorliebe für Chloroform, Veronal und andere Betäubungsmittel. In einem Brief äußerte er den Wunsch, falls man ihn für tot halte, möge man an ihm einen Herzstich vornehmen, bevor man ihn begrabe.

Auch Madame Necker, die Frau des berühmten französischen Finanzministers beim Ausbruch der Großen Revolution und Mutter der Schriftstellerin Germaine de Staël, hatte furchtbare Angst, lebend eingesargt und unter die Erde gebracht zu werden. Daß so etwas zu ihrer Zeit, in der zweiten Hälfte des 18. Jahrhunderts, möglich war, hatte sie in jenem Pariser Spital gesehen, das unter ihrer Patenschaft stand und das noch heute ihren Namen trägt: Wenn für neue Patienten dringend Betten gebraucht wurden, kam es vor, daß Sterbende eingesargt wurden, noch ehe sie wirklich tot waren. Um diesem entsetzlichen Mißstand abzuhelfen, hatte sie eine Abhandlung geschrieben: ›Über voreilige Beerdigungen‹.

Geblieben war ihre Furcht. Und um selbst einem solchen Schicksal zu entgehen, wollte sie nicht begraben, sondern einbalsamiert werden. Über Jahre hin machte sie sich mit den verschiedenen Methoden vertraut, bis sie ihren Plan testamentarisch festlegte. Danach sollte für sie und ihren Mann, den sie vergötterte und dem sie deswegen auch nach ihrem Tod nahe sein wollte, ein Mausoleum mit einem marmornen Becken gebaut werden; darin sollten sie und Jacques Necker in Alkohol konserviert werden. Zuvor sollte man sie einbalsamieren.

Überzeugt, als erste zu sterben, beschrieb sie ihrem Mann in allen Einzelheiten, wie die Einbalsamierung zu erfolgen habe, und sie fügte hinzu: »Ich flehe Dich an, diese Einzelheiten nicht zu vernachlässigen. Handle genau, wie ich es Dir sage. Es ist möglich, daß meine Seele um Dich herumwandert. Es ist möglich, daß ich des Entzückens teilhaftig werde, Dich die Wünsche derjenigen, die Dich so zärtlich liebte, genau befolgen zu sehen.« Auch bat sie ihn, sie dort regelmäßig zu besuchen.

Als sie starb, führte ihr Mann, der längst nicht mehr Finanzminister war, sondern sich in der Schweiz niedergelassen hatte, die ungewöhnlichen Anweisungen tatsächlich aus. Die Tote wurde einbalsamiert, wonach sie, bis das Mausoleum fertig war, noch drei Monate im Haus bleiben mußte. Dann kam sie ins Alkoholbecken, das –

wie sie es bestimmt hatte – mit einer Glasscheibe verschlossen wurde. Zehn Jahre später folgte ihr Mann nach, auf dieselbe Weise und das Mausoleum wurde, was sie ebenfalls angeordnet hatte, zugemauert. Als die Tochter, Germaine de Staël starb, wurde das Mausoleum noch einmal aufgebrochen, um ihren Sarg ans Fußende des Bekkens zu stellen.

Wie viele seiner Zeitgenossen fürchtete sich auch Arthur Schopenhauer davor, lebendig begraben zu werden. Deswegen verfügte er, seinen Leichnam über die gewöhnliche Zeit hinaus offen aufgebahrt stehen zu lassen. Und fast ein Leben lang litt unter derselben Furcht der russische Dichter Nikolaj Gogol, Autor des ›Revisor‹ und des unvollendeten Romans ›Die toten Seelen‹. Gogol litt in seinen letzten Jahren unter Schuldgefühlen und unter dem zwanghaften Wahn, alle Schuld sühnen zu müssen. Er verweigerte seinem als sündhaft empfundenen Leib die materiellen Existenzmittel, das heißt, er schränkte die Nahrungsaufnahme von Tag zu Tag mehr ein, bis er schließlich überhaupt keine Nahrung mehr zu sich nahm, sich aber zugleich, und zwar auch nachts, am Schlafen hinderte.

Bei Gogols ohnehin schwächlicher Konstitution führte das bald zu totaler Erschöpfung. Zuletzt dämmerte der erst Dreiundvierzigjährige nahezu bewußtlos vor sich hin, nachdem er mit letzter Kraft das Manuskript mit der Fortsetzung der ›Toten Seelen‹ verbrannt hatte. Um die achte Morgenstunde des 4. März 1852 – so kann man lesen – hauchte Nikolaj Gogol seine Seele aus.

Aber genau das ist fraglich. Denn als viele Jahre später sein Sarg geöffnet wurde, sprachen alle Umstände, vor allem die völlig verdrehte Lage des Skeletts, dafür, daß Nikolaj Gogol eben das passiert war, wovor er sich so sehr gefürchtet hatte, nämlich lebendig begraben worden zu sein.

Quellen und Literatur

Abendroth, Walter: Arthur Schopenhauer in Selbstzeugnissen und Bilddokumenten. Reinbek 1967.

Aldington, Richard: David Herbert Lawrence in Selbstzeugnissen und Bilddokumenten. Reinbek 1961.

Andics, Hellmut: Die Frauen der Habsburger. Wien, München und Zürich 1969.

Ayck, Thomas: Mark Twain in Selbstzeugnissen und Bilddokumenten. Reinbek 1974.

Baschwitz, Kurt: Hexen und Hexenprozesse. Die Geschichte eines Massenwahns und seiner Bekämpfung. München 1963.

Basil, Otto: Georg Trakl in Selbstzeugnissen und Bilddokumenten. Reinbek 1970.

Beauvoir, Simone de: Das andere Geschlecht. Sitte und Sexus der Frau. München 1961.

Behler, Ernst: Friedrich Schlegel in Selbstzeugnissen und Bilddokumenten. Reinbek 1966.

Bergengren, Erik: Alfred Nobel. Eine Biographie. München und Esslingen 1965.

Blumberg, Werner: Karl Marx in Selbstzeugnissen und Bilddokumenten. Reinbek 1962.

Böse, Georg: Vom Rauchen und vom Rauchtabak. Leipzig 1938.

Böse, Georg: Im blauen Dunst. Eine Kulturgeschichte des Rauchens. Stuttgart 1957.

Boucourechliev, André: Robert Schumann in Selbstzeugnissen und Bilddokumenten. Reinbek 1967.

Breitenbruch, Bernd: Gottfried Keller in Selbstzeugnissen und Bilddokumenten. Reinbek 1968.

Bronsen, David: Joseph Roth. Köln 1974.

Burnett, Robert: Paul Gauguin. Aus dem Englischen von H. B. Wagenseil. München 1948.

Burschell, Friedrich: Friedrich Schiller in Selbstzeugnissen und Bilddokumenten. Reinbek [11]1971.

Cole, Hubert: Kavalier seines Jahrhunderts – Louis François Armand Herzog von Richelieu. 1696–1788. Frankfurt/Main 1967.

Corti, Egon Cäsar Conte: Die Trockene Trunkenheit. Ursprung, Kampf und Triumph des Rauchens. Leipzig 1930.

Dali, Salvador: Dali sagt ... Tagebuch eines Genies. München 1968.

Dali, Salvador: Meine Leidenschaften: Aufgezeichnet von Louis Pauwels, Gütersloh o. J. (1967).

Diwald, Hellmut: Wallenstein. Eine Biographie. München und Esslingen 1969.

Droysen, Johann Gustav: Geschichte Alexanders des Großen. Berlin 1833.

Eckermann, Johann Peter: Gespräche mit Goethe in den letzten Jahren seines Lebens. 1823–1832. Herausgegeben von Prof. Dr. Eduard Castle. Leipzig 1916.

Ehestorf, Gerd P.: Wer raucht, liebt besser. Oder das harte Los des Nichtrauchers. Hamburg 1970.

Einstein, Albert, Max und Hedwig Born: Briefwechsel 1916–1955. München 1969.

Ermatinger, Emil: Deutsche Dichter 1700–1900. Eine Geistesgeschichte in Lebensbildern. 2 Bde. Bonn 1949.

Flesch-Brunningen, Hans (Hrsg.): Die letzten Habsburger in Augenzeugenberichten. Düsseldorf 1967.

Fox, Robin Lane: Alexander der Große. Eine Biographie. Aus dem Englischen von Peter Zentner und Peter Dering. Düsseldorf 1974.

Friedenthal, Richard: Georg Friedrich Händel in Selbstzeugnissen und Bilddokumenten. Reinbek 1959.

Friedenthal, Richard: Goethe. Sein Leben und seine Zeit. München 1963.

Friedländer, Ludwig: Darstellungen aus der Sittengeschichte Roms. 3 Teile. 1862–71. Ungekürzte Textausgabe: Sittengeschichte Roms. Köln ²1957.

Funke, Peter: Oscar Wilde in Selbstzeugnissen und Bilddokumenten. Reinbek ²1970.

Gauguin, Paul: Briefe. Herausgegeben von Maurice Malingue. Aus dem Französischen von Hermann Thiemke. Berlin o. J.

Gaxotte, Friedrich: Friedrich der Große. Berlin, Frankfurt/Main und Wien 1973.

Gilot, Françoise und Carlton Lake: Leben mit Picasso. Frankfurt/Main 1970.

Grayeff, Felix: Heinrich VIII. Das Leben eines Königs, Schicksal eines Reiches. Hamburg 1961.

Gross, Felix (Hrsg.): Immanuel Kant. Sein Leben in Darstellungen von Zeitgenossen. Die Biographien von L. E. Borowski, R. B. Jachmann und A. Ch. Wasianski. 1804. Berlin 1912.

Hanson, Lawrence und Elisabeth: Paul Gauguin. Der edle Wilde. Aus dem Englischen von Ilse Krämer. Zürich 1955.

Hein, Alois Reimund: Adalbert Stifter. Sein Leben und seine Werke. Prag 1904; erneut ²1952.

Helm, Everett: Franz Liszt in Selbstzeugnissen und Bilddokumenten. Reinbek 1972.

Hemleben, Johannes: Johannes Kepler in Selbstzeugnissen und Bilddokumenten. Reinbek 1971.

Herre, Paul: Schöpferisches Alter. Geschichtliche Spätaltersleistungen in Überschau und Deutung, Leipzig [2]1943 (ergänzte Auflage).
Herzfeld, Hans (Hrsg.): Geschichte in Gestalten. 4 Bde. Frankfurt/Main 1963ff.
Heuer, Rolv: Genie und Reichtum. Gütersloh und Wien 1971.
Hofmann, Michel-R.: Leo Tolstoj. Porträt des Genius. Aus dem Französischen von Jutta und Theodor Knust. Hamburg 1966.
Holland, Vyvyan: Oscar Wilde. Eine Bildbiographie. Aus dem Englischen von W. Thaler. München 1965.
Holmsten, Georg: Jean-Jacques Rousseau in Selbstzeugnissen und Bilddokumenten. Reinbek 1972.
Jean Paul: Sämtliche Werke. Historisch-kritische Ausgabe. Herausgegeben von der Deutschen Akademie der Wissenschaften zu Berlin. Dritte Abteilung, Bd. 2: Briefe 1794–1797. Herausgegeben von Eduard Berend. Berlin 1958.
Jones, Ernest: Das Leben und Werk von Sigmund Freud. 3 Bde. Aus dem Englischen von K. Jones. Bern und Stuttgart 1960–1962.
Josephson, Matthew: Thomas Alva Edison. Biographie. Aus dem Amerikanischen von Inna M. Schreiner. Icking und München 1959.
Jung, Hermann: »Wegen der Zahlung tragen Sie keine Sorgen ...« – Goethes Weinbestellungen. In: Aus dem Antiquariat, 12 (1973). Beilage zum Börsenblatt für den Deutschen Buchhandel, 102 (28. 12. 1973).
Keßler, Johann Friedrich: Reisen zu Wasser und zu Lande nebst der Geschichte meiner traurigen Gefangenschaft zu Algier ... Leipzig 1805.
Kohn, Richard (Hrsg.): Die Russische Revolution in Augenzeugenberichten. Düsseldorf 1965.
Kokoschka, Oskar: Mein Leben. München 1971.
Krauss, Werner: Miguel de Cervantes. Leben und Werk. Neuwied und Berlin 1966.
Küntzel, Ulrich: Die Finanzen großer Männer. Wien und Düsseldorf [3]1966.
Kusenberg, Kurt: Der ehrbare Trinker. Eine bacchische Anthologie. Reinbek 1965.
Lange-Eichbaum, Wilhelm und Wolfram Kurth: Genie, Irrsinn und Ruhm. Genie-Mythus und Pathographie des Genies. 6., völlig umgearbeitete, um weitere 800 Quellen vermehrte Auflage. München und Basel 1967.
Lauffer, Siegfried: Spartakus. In: Die Großen der Weltgeschichte, Bd. 1. Herausgegeben von Kurt Fassmann. Zürich 1971.
Leip, Hans: Bordbuch des Satans. Eine Chronik der Freibeuterei vom Altertum bis zur Gegenwart. München 1959.
Lennig, Walter: Edgar Allan Poe in Selbstzeugnissen und Bilddokumenten. Reinbek [4]1970.

Ley, Stephan: Beethoven. Sein Leben in Selbstzeugnissen, Briefen und Berichten. Wien 1954.
Lucas, Robert: Frieda von Richthofen – Ihr Leben mit D. H. Lawrence. München 1972.
Lüdecke, Heinz (Hrsg.): Leonardo da Vinci. Der Künstler und seine Zeit. Berlin 1952.
Martin, Gottfried: Platon in Selbstzeugnissen und Bilddokumenten. Reinbek 1969.
Martin, Gottfried: Sokrates in Selbstzeugnissen und Bilddokumenten. Reinbek 1967.
Maurois, André: Prometheus oder Das Leben Balzacs. Aus dem Französischen von E. Sander und B. Berger. Düsseldorf und Wien 1966.
Michelmore, Peter: Albert Einstein. Genie des Jahrhunderts. Ins Deutsche übertragen von Dieter Knuth. Hannover 1968.
Mommsen, Wilhelm: Otto von Bismarck in Selbstzeugnissen und Bilddokumenten. Reinbek ³1968.
Mozart, Wolfgang Amadeus: Briefe. Herausgegeben von Willi Reich. Zürich 1948.
Nielsen, Erling: Hans Christian Andersen in Selbstzeugnissen und Bilddokumenten. Hamburg 1958.
Noyes, Alfred: Voltaire. München 1958.
Oppermann, Hanns: Julius Caesar in Selbstzeugnissen und Bilddokumenten. Reinbek 1968.
Pernoud, Georges und Sabine Flaissier (Hrsg.): Die Französische Revolution in Augenzeugenberichten. Aus dem Französischen von Hagen Thürnau. Düsseldorf 1962.
Perruchot, Henri: Gauguin. Eine Biographie. Aus dem Französischen von Werner Klesse. München und Esslingen 1961.
Planeten, Propheten und Profite. In: Der Spiegel, 53 (30. 12. 1974).
Pleister, Werner: Giovanni Boccaccio. In: Die Großen der Weltgeschichte, Bd. 4. Herausgegeben von Kurt Fassmann. Zürich 1974.
Plutarch: Aus dem Leben des Lukullus. Herausgegeben von Konrad Ziegler. Frankfurt/Main und Hamburg 1957.
Prause, Gerhard: Das Problem der Schuld und die Möglichkeit des reinen Seins in der Dichtung Adalbert Stifters. Dissertation Hamburg 1954.
Prause, Gerhard: Wahrheit und Dichtung bei Adalbert Stifter. In: Neue deutsche Hefte, 2 (1955/56), S. 505–513.
Prause, Gerhard: »Du aber hättest es vermeiden können.« Die Schuld bei Adalbert Stifter. In: Sammlung, 11 (1956), S. 34–45.
Prause, Gerhard: Geschichte der Menschheit – berichtet im Stil einer Zeitung. Gesamtausgabe in einem Band. Berlin, Frankfurt/Main und Wien 1966.
Prause, Gerhard: Niemand hat Kolumbus ausgelacht. Fälschungen und Legenden der Geschichte richtiggestellt. München 1988.

Prause, Gerhard: Die Großen, wie sie keiner kennt – 50 Fragen nach Persönlichkeiten aus Literatur, Musik, Wissenschaft, Geschichte. Düsseldorf und Wien 1967.
Prause, Gerhard: Genies in der Schule. Legende und Wahrheit über den Erfolg im Leben. München 1991.
Priestley, John B.: Charles Dickens. Eine Bildbiographie. München 1965.
Promies, Wolfgang: Georg Christoph Lichtenberg in Selbstzeugnissen und Bilddokumenten. Reinbek 1964.
Richter, Werner: Bismarck. Frankfurt/Main 1962.
Ritzel, Wolfgang: Jean-Jacques Rousseau. Stuttgart 1959.
Roditi, Edouard: Oscar Wilde. Dichter und Dandy. München 1947.
Roedl, Urban: Adalbert Stifter. Geschichte seines Lebens. Bern ^{2}1958.
Roedl, Urban: Adalbert Stifter in Selbstzeugnissen und Bilddokumenten. Reinbek ^{4}1971.
Rolland, Romain: Das Leben Tolstojs. Ins Deutsche übertragen von O. R. Sylvester. Frankfurt/Main 1927.
Rousseau, Jean-Jacques: Bekenntnisse. Aus dem Französischen von L. Schücking. 2 Bde. Hildburghausen 1870.
Sager, Hans: Die Quelle rinnt. Lesebuch zur Alkoholfrage. Hamburg 1964.
Salvan, Italo und Renato Caporali (Hrsg.): Rom und seine große Zeit. Leben und Kultur im antiken Rom. Würzburg 1963.
Sartre, Jean-Paul: Die Wörter. Aus dem Französischen und mit einer Nachbemerkung von Hans Mayer. Reinbek 1965.
Schiller, Friedrich: Der Briefwechsel zwischen Schiller und Goethe. Herausgegeben von Hans Gerhard Gräf und Albert Leitzmann. 3 Bde. o. O. (Leipzig) 1955.
Schürr, Friedrich: Cervantes. Leben und Werk des großen Humoristen. Bern und München ^{2}1963.
Simon, Edith: Friedrich der Große. Das Werden eines Königs. Tübingen 1963.
Spitzemberg, Hildegard Freifrau Hugo von: Am Hof der Hohenzollern. Aus dem Tagebuch der Baronin Spitzemberg, 1865–1914. Herausgegeben von Rudolf Vierhaus. München 1965.
Stifter, Adalbert: Sämtliche Werke. Bibliothek Deutscher Schriftsteller aus Böhmen, Mähren und Schlesien. 24 Bde. Herausgegeben von August Sauer u. a. Prag und Reichenberg 1904–1940.
Tolstoj, Leo N.: Warum die Menschen sich betäuben. In: Gesammelte Werke, II. Serie, Bd. 11. Jena 1911.
Tratschke fragt: Wer war's? Geschichtsrätsel mit ihren Antworten aus der ZEIT. Hamburg ^{3}1970.
Tratschke fragt: Wer war's? Geschichtsrätsel mit ihren Antworten aus der ZEIT. 2. Folge. Hamburg 1970.
Tratschke fragt: Wer war's diesmal? 33 neue Rätsel. Hamburg 1972.

Tratschke fragt: Wer war's denn nun? Hamburg 1974.
Uexküll, Gösta v.: Ferdinand Lassalle in Selbstzeugnissen und Bilddokumenten. Reinbek 1974.
Voltaire's Briefwechsel mit Friedrich dem Großen und Katharina II. Ausgewählt und in deutscher Übertragung herausgegeben von Walter Mönch. Berlin 1944.
Wagenbichler, Hermann: Adalbert Stifters Todeskrankheit im Spiegel medizinischer Betrachtungen. In: Materia Medica Nordmark, XVII/17 (Dezember 1965), S. 780–789.
Wahl, Rudolph: Karl der Große. Der Vater Europas. Frankfurt/Main und Hamburg 1954.
Wein, Martin: Ich kam, sah und schrieb – Augenzeugenberichte aus fünf Jahrtausenden. München 1964.
Wickert, Johannes: Albert Einstein in Selbstzeugnissen und Bilddokumenten. Reinbek 1972.
Wittkop-Ménardeau, Gabriele: E. T. A. Hoffmann in Selbstzeugnissen und Bilddokumenten. Reinbek 1970.
Zechlin, Egmont: Maritime Weltgeschichte. Altertum und Mittelalter. Hamburg 1947.
Zobeley, Fritz: Ludwig van Beethoven in Selbstzeugnissen und Bilddokumenten. Reinbek 1965.
Zweig, Stefan: Balzac. Frankfurt/Main 1946.

Namenregister

Gerhard Prause im dtv

Tratschkes Lexikon für Besserwisser
Gründlich und humorvoll untersucht Gerhard Prause alias Tratschke über fünfzig historische Begebenheiten und weist ihren tatsächlichen Wahrheitsgehalt nach.
dtv 10623

Genies in der Schule
Legende und Wahrheit über den Erfolg im Leben
Die Formel von den schlechten Schülern, die es im Leben weiterbringen als die guten Schüler, wird hier als Unsinn entlarvt.
dtv 30067

Genies ganz privat
Von Eigenarten und Eitelkeiten, Ärgernissen und Ängsten, kleinen Sorgen und großen Problemen jenseits der Ruhmestaten von Genies.
dtv 30418

Niemand hat Kolumbus ausgelacht
Prause deckt Fälschungen und Legenden der Geschichte auf, und diese Entlarvungen sind kurzweiliger und aufschlußreicher als die Mythen selbst. Seine Erkenntnisse haben nicht nur für die Vergangenheit Bedeutung: Auch die Gegenwart kennt spektakuläre Beispiele.
dtv 30082

Herodes der Große
Minuziös und fesselnd wird hier die Legende vom grausamen und hinterhältigen Bösewicht Herodes widerlegt, die sich zwei Jahrtausende lang hartnäckig gehalten hat. Gerhard Prause schildert Herodes als verantwortungsvollen und großen Herrscher, der Palästina zu kultureller und wirtschaftlicher Blüte verholfen hat.
dtv 30337

Öffne mir das Tor zur Welt!

Die Lebensgeschichte der taubblinden Helen Keller und ihrer Lehrerin Anne Sullivan, die der Schwerbehinderten den Weg in ein aktives, erfülltes Leben eröffnete.

Helen Keller (1880–1968) kam als gesundes Kind zur Welt. Im Alter von 19 Monaten wurde sie durch eine Krankheit blind und taub, und bis ihre Eltern Anne Sullivan zu ihrer Lehrerin machten, lebte sie in einer dunklen, leeren Welt.
Doch die 20jährige Annie, die selbst einmal fast blind gewesen war, entdeckt Helens Kraft, ihre Intelligenz und ihre große Lebensfreude. Sie zeigt ihr, daß alle Dinge einen Namen haben, bringt ihr das Fingeralphabet und die Blindenschrift bei, und sie beginnt, dem wissensdurstigen Kind die Welt zu erklären. Mit Annies Hilfe erreicht Helen schließlich, wovon sie schon lange träumt: Sie kann studieren, an einem ganz normalen College …

Dieser eindringliche Lebensbericht gibt Einblick in die Welt der Tauben und Blinden, und er weckt Mut und Zutrauen in die eigenen Kräfte.
(dtv 70319)

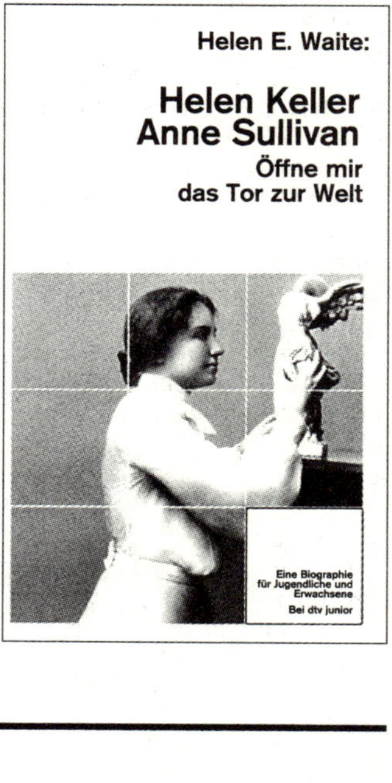

Frauen-sachen

Bettina Böhm:
Stumme Fluchten
Eine Inzestgeschichte
dtv 30368

Frauen berichten vom
Kinderkriegen
Hrsg. v. Doris Reim
dtv 10242

Gabriele M.
Grafenhorst:
Abtreibung
Erfahrungsberichte
zu einem Tabu
dtv 30300

Mary Kingsley:
Die grünen Mauern
meiner Flüsse
Aufzeichnungen aus
Westafrika
dtv 30315

Christian Graf von
Krockow:
Die Stunde der Frauen
Bericht aus Pommern
1944 – 1947
dtv 30014

Lesebuch für Raben-
mütter
Von den Schwierig-
keiten, eine gute
Mutter zu sein
Hrsg. v. Sophie v.
Lenthe
dtv 30348

Naila Minai:
Schwestern unterm
Halbmond
Muslimische Frauen
zwischen Tradition
und Emanzipation
dtv 11098

Paul Noack:
Olympe de Gouges
1748 – 1793
Kurtisane und
Kämpferin für
die Rechte der Frau
dtv 30319

Régine Pernoud:
Königin der
Troubadoure
Eleonore von
Aquitanien
dtv 30042

Christine de Pizan
Das Leben einer
außergewöhnlichen
Frau im Mittelalter
dtv 11192

Herrscherin
in bewegter Zeit
Blanca von Kastilien,
Königin
von Frankreich
dtv 30359

Giovanni Pettinato:
Semiramis
Herrin über Assur
und Babylon
dtv 11402

Christa Rotzoll:
Frauen und Zeiten
Porträts
dtv 11352

Helga Schubert:
Judasfrauen
Zehn Fallgeschichten
weiblicher Denunzia-
tion im Dritten Reich
dtv 11523

Eva Weissweiler:
Clara Schumann
Eine Biographie
dtv 30344

Erzählte Lebenshilfe

Frauen berichten vom Kinderkriegen
Hrsg. v. Doris Reim
dtv 10242

Die geheimnisvolle Villa
Kinder der Kinderklinik Tübingen erzählen Geschichten zu einem Bild
Herausgegeben von Michael Klemm, Gerlinde Hebeler und Werner Häcker
Mit einer Zeichnung
dtv 30316

Gabriele M. Grafenhorst:
Abtreibung
Erfahrungsberichte zu einem Tabu
dtv 30300

Germaine Greer:
Daddy
Die Geschichte eines Fremden
dtv 30302

Torey L. Hayden:
Sheila
Der Kampf einer mutigen Lehrerin um die verschüttete Seele eines Kindes
dtv 30056

Kein Kind wie alle anderen
Wie eine Lehrerin mit ungewöhnlichen Methoden ihren Schülern zu einem besseren Leben verhilft
dtv 30004

Hüten und Hassen
Geschwister-Geschichten
Hrsg. v. Günter Franzen und Boris Penth
dtv 11512

Ich habe ein behindertes Kind
Mütter und Väter berichten
Hrsg. v. Edith Zeile
dtv 10859

Harlan Lane:
Mit der Seele hören
Die Lebensgeschichte des taubstummen Laurent Clerc und sein Kampf um die Anerkennung der Gebärdensprache
dtv 11314

Robert Lane:
Robby
Ein Zeugnis für die unglaubliche Kraft des Menschen, Leid durch Verständnis und Liebe zu überwinden
dtv 30016

Dorothee Lehmann:
Dagmar
Der gemeinsame Weg einer Mutter und ihres mongoloiden Kindes zu Reife und Lebensfreude
dtv 11372

Doris Lund:
Eric
Der wunderbare Funke Leben
dtv 11259

Jacques Lusseyran:
Das wiedergefundene Licht
Die Lebensgeschichte eines Blinden im französischen Widerstand
dtv/Klett-Cotta
dtv 30009

Das Leben beginnt heute
Erinnerungen und Begegnungen
dtv/Klett-Cotta
dtv 30083

Klaus Möckel:
Hoffnung für Dan
Aus dem Alltag mit einem behinderten Kind
dtv 30355

Christopher Nolan:
Unter dem Auge der Uhr
Ein autobiographischer Bericht
dtv 30314

Clara C. Park:
Eine Seele lernt leben
Der erfolgreiche Kampf einer Mutter um ihr autistisches Kind
dtv 30347

Claus Stephani:
Niemandmensch:
Bericht einer Gedemütigten
Originalausgabe
dtv 30324

Anneliese Ude:
Betty
Protokoll einer Kinderpsychotherapie
dtv 30034

Tränen im Regenbogen
Phantastisches und Wirkliches aufgeschrieben von Mädchen und Jungen der Kinderklinik Tübingen
dtv 30331

Anneliese Ude-Pestel:
Ahmet
Geschichte einer Kindertherapie
dtv 10070

Dietmar Zöller:
Wenn ich mit euch reden könnte ...
Ein autistischer Junge beschreibt sein Leben
dtv 30018

Europa im Mittelalter

R. Allen Brown:
Die Normannen
dtv 11390

Ferdinand Gregorovius:
Geschichte der Stadt
Rom im Mittelalter
Vom V. bis XVI.
Jahrhundert
Vollständige Ausgabe
in 7 Bänden
Herausgegeben von
Waldemar Kampf
Mit 234 Abbildungen
dtv 5960

Franz Irsigler,
Arnold Lassotta:
Bettler und Gaukler,
Dirnen und Henker
Außenseiter in einer
mittelalterlichen Stadt
Köln 1300 – 1600
dtv 11061

Norbert Ohler:
Reisen im Mittelalter
dtv 30057

Régine Pernoud:
Christine de Pizan
Das Leben einer
außergewöhnlichen
Frau und Schriftstellerin im Mittelalter
dtv 11192

Königin der
Troubadoure
Eleonore von
Aquitanien
dtv 30042

Herrscherin in
bewegter Zeit
Blanca von Kastilien,
Königin
von Frankreich
dtv 30359

Barbara Tuchmann:
Der ferne Spiegel
Das dramatische
14. Jahrhundert
dtv 10060

Das Buch

Menschliches, Allzumenschliches offenbart sich im Leben vieler Berühmtheiten aus Literatur, Kunst, Politik und Geschichte. Auch sie waren nicht gefeit gegen die kleinen Anfechtungen des Alltags, besaßen mehr oder weniger ausgeprägte Schrullen und hatten mit Ärgernissen und Ängsten verschiedenster Art zu kämpfen. So befanden sich beispielsweise Mozart, Rembrandt, Balzac und Marx in ständiger Geldnot, während Shakespeare, Voltaire und Beaumarchais stets auf gutes Einkommen bedacht waren. Alles andere als ein Kostverächter war der große Dichterfürst Goethe, und diese Leidenschaft für üppiges Tafeln teilte er mit Karl dem Großen, Heinrich VIII., Händel, Flaubert und dem zeitweise über zweieinhalb Zentner schweren Bismarck. Nicht unter Übergewicht, sondern unter massiven Alkoholproblemen litten Edgar Allan Poe, E. T. A. Hoffmann, Gottfried Keller und Charles Baudelaire ... Genies ganz privat hat Gerhard Prause alias Tratschke betrachtet und vermittelt jenseits dessen, was Schul- und Geschichtsbücher verzeichnen, die zwar keineswegs überraschende, aber ungemein tröstliche Einsicht: Genies sind auch bloß Menschen!

Der Autor

Gerhard Prause, am 16. Mai 1926 in Hamburg geboren, ist promovierter Historiker und ›Zeit‹-Autor. Er schrieb zahlreiche Essays, Hörspiele, Fernsehdokumentationen und Sachbücher, darunter: ›Niemand hat Kolumbus ausgelacht‹ (1966 und 1991), ›Genies in der Schule‹ (1974 und 1987), ›Herodes der Große‹ (1977 und 1990), ›Tratschkes Lexikon für Besserwisser‹ (1984); er ist auch Autor der Rätselserie ›Tratschke fragt: Wer war's?‹.